# Peter DeLeos Odyssee



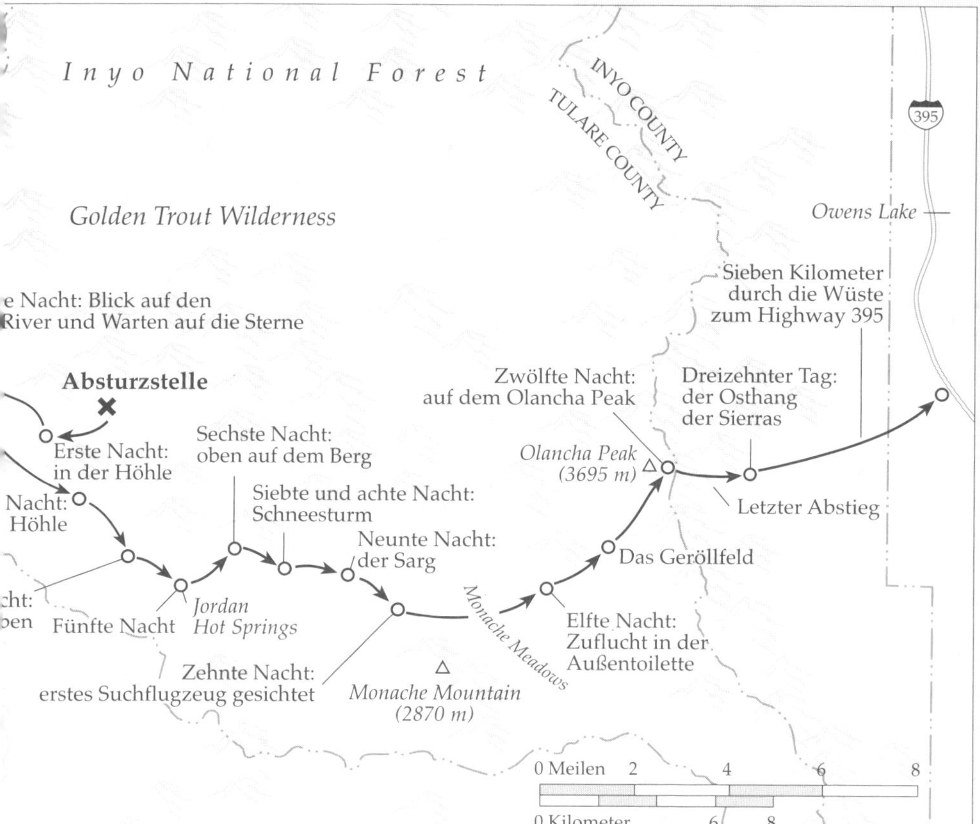

Peter DeLeo

**CRASH**

Peter DeLeo

# CRASH

*Mein Überlebenskampf*
*in den kalifornischen Sierras*

Mit achtzehn Fotos, drei Abbildungen im Text
und einer Karte

Aus dem Amerikanischen
von Thomas Bertram

MALIK

Die amerikanische Originalausgabe erschien 2005
unter dem Titel »Survive. My Fight for Life in the High Sierras«
bei Simon & Schuster in New York.

ISBN-13: 978-3-89029-318-9
ISBN-10: 3-89029-318-2

Redaktion: Eva Clausen
Vorsatzkarte: cartomedia, Karlsruhe
Fotos: Peter DeLeo
Satz: Satz für Satz. Barbara Reischmann, Leutkirch
Druck und Bindung: Ebner & Spiegel, Ulm
Printed in Germany

*www.malik.de*

*Für meinen Dad, Rocco John DeLeo Sr., der mich anfeuerte und mir mit seiner rückhaltlosen Liebe zeigte, was Stärke und Mut bedeuten.*

*Zum Gedenken an Wave Hatch und Lloyd Matsumoto, meine beiden Freunde, die mich zu leben lehrten.*

*Allen Angehörigen der Civil Air Patrol, die auf der Suche nach vermißten Fliegern in den blauen Himmel aufstiegen und niemals zurückkehrten.*

# Inhalt

# Der Absturz von Maule N5629J

## 27. November 1994

»Joshua Approach, Maule N5629-Juliet, over«, sage ich.

Meine beiden Passagiere hören über die Bordsprechanlage mit. Aber alles, was wir empfangen, sind atmosphärische Störungen.

»Kein Problem, Lloyd«, sage ich. »Solange diese Berge die Funkübertragung stören, können wir keine Verbindung bekommen. Normalerweise nehmen wir in der Gegend von Owens Valley mit der Flugsicherung Kontakt auf.«

Ich kontrolliere die Instrumententafel. Der Höhenmesser zeigt 3660 Meter über dem Meeresspiegel an, eine sichere Höhe in diesem Teil der kalifornischen Sierra Nevada, obwohl die höchsten Gipfel hier bis zu viertausend Meter und mehr aufragen. Unsere Fluggeschwindigkeit beträgt 233 Stundenkilometer, und unser Steuerkurs ist 020 Grad, während wir in Richtung Inyo Mountains und Death Valley fliegen. Ich halte die Maschine gerade und reguliere die Höhenrudertrimmung, ein Rad auf dem Boden, mit dessen Hilfe sich das Flugzeug im Flug in eine horizontale Lage bringen läßt, und Maule N5629-Juliet beruhigt sich.

»Junge, ist das kalt hier oben«, stößt Lloyd zwischen klappernden Zähnen hervor. »Aber ich liebe es«, fügt er mit einem breiten Grinsen von einem Ohr zum anderen hinzu. Sein Gesichtsausdruck läßt keinen Zweifel daran, daß Lloyd Matsumoto, ein 57jähriger Sozialarbeiter bei der Stadt Long Beach, sich prächtig amüsiert. Es ist sein erster Ausflug dieser Art, und fasziniert von all den eindrucksvollen Aussichten, ist er unschlüssig, was er zuerst fotografieren soll, also macht er Schnappschüsse von allem, was er sieht.

Kalte Luft dringt ins Cockpit, so daß ich einen Blick auf die Außentemperaturanzeige werfe. Minus 23 Grad Celsius – kein Wunder, daß mir kalt ist. Ich ziehe einen Handschuh aus und mache den Reißverschluß an meiner Jacke zu.

Das ohrenbetäubende Dröhnen des 235-PS-Motors und der rhythmische Propellerschlag dringen ebenfalls bis ins Cockpit. Zum Glück dämpfen unsere Kopfhörer das meiste von diesem Außenlärm, und wir drei können uns über die Bordsprechanlage mühelos verständigen.

»Welche Route nehmen wir diesmal?« fragt Waverly »Wave« Hatch von dem Sitz hinter mir und Lloyd. Im Gegensatz zu Lloyd ist Wave ein erfahrener Flieger. Er weiß, daß wir von unserer gegenwärtigen Position aus nach Yosemite, zum Mammoth-Mountain-Skigebiet oder zum Owens Valley fliegen können. Vom Mount Whitney aus können wir Lee Vining ansteuern, einen kleinen Flugplatz, der etwas nördlich von Mammoth Lakes in 2073 Metern Höhe an den Ufern des Mono Lake in der Nähe der Staatsgrenze von Nevada liegt.

»Wieso nehmen wir nicht Kurs nach Osten, sehen uns den Mount Whitney an und fliegen anschließend weiter zum Owens Valley?« schlage ich vor.

Ich suche den Himmel nach anderen Flugzeugen ab. Nicht eines in Sicht. Was für ein außergewöhnlicher Anblick. Obwohl Alaska sich der 16 höchsten Gipfel in den Vereinigten Staaten rühmen kann, darunter der 6189 Meter hohe Mount McKinley, ist der kalifornische Mount Whitney mit seinen 4419 Metern der höchste Gipfel in den 48 *lower states*, dem amerikanischen Kernland. Im Jahr 1864 von dem amerikanischen Geologen Josiah Dwight Whitney entdeckt, erhebt sich dieser gewaltige Gipfel an der östlichen Grenze des Sequoia-Nationalparks. Der Mount Whitney und die umliegenden Viertausender ziehen Bergsteiger und Wanderer aus der ganzen Welt magisch an. Aus der Luft kann man erkennen, daß die Hänge des Mount Whitney von uralten Gletschern poliert wurden, die einst bis zu den Tälern der Flüsse Owens und Kern hinabreichten. Die Gletscher sind heute verschwunden, dafür bedeckt jetzt nach den jüngsten Winterstürmen ein drei Meter dicker Sockel aus Schnee den Berg.

Nicht mehr als 160 Kilometer von dem hoch aufragenden Mount Whitney entfernt, liegt der tiefste Punkt der westlichen Hemisphäre, Death Valley, ein Gebiet von der Größe Connecticuts und im Sommer der heißeste Ort in Nordamerika. Touristen kommen in Scharen, um sich neben einem Schild mit der Aufschrift »Badwater, 282 feet/66 meters below sea level« fotografieren zu lassen. Auf dem Höhepunkt der Sommersaison erreichen die Temperaturen 50 Grad Celsius und mehr.

In diesem entlegenen Gebiet wimmelt es von wildlebenden Tieren. Während wir die Berge und die Hochwüste überfliegen, können wir im Dornengestrüpp und in den durch Regenfälle ausgewaschenen Schluchten Hirsche und Kojoten sehen. Der windgepeitschte Gipfel des Mount Whitney ist die Heimat zäher Schwärme kleiner Finken. Wenn sie nicht gerade nach Almosen von Wanderern suchen, verschlingen diese zahmen, braunen und rosafarbenen Vögel die Insekten, die aus niedrigeren Höhen den Hang emporgeweht oder in schmelzendem Eis eingeschlossen wurden oder auf der Oberfläche der Schneefelder festgefroren sind. Besser zu sehen sind rings um das Seeufer und in dessen Nähe die Beifußhühner, Sumpfwaldsänger, Zwergschwäne, Falken, Eulen, Enten, Blaukehlhüttensänger, Nordamerikanischen Wiesenpieper und Indigofinken in allen möglichen Größen und Farben. Sobald sie das Dröhnen des Flugzeugs über dem See vernehmen, strömen sie in dichter Formation zusammen, und ihre Bewegungen werden plötzlich heftig, unstet und plump.

Das Spiegelbild der Maule im Mono Lake unter uns ist beruhigend und vermittelt mir ein Gefühl inneren Friedens. Dies ist eine der wahren Freuden des Fliegens. Wolken jedweder Form und Größe rahmen die Aussicht ein. Ich werfe einen prüfenden Blick auf die Instrumententafel, wobei ich besonders auf unseren Treibstoffverbrauch achte. Bei einem Kolbenmotor, der einen Vergaser statt einer Einspritzanlage hat, muß der Pilot, um die maximale Motorleistung zu erreichen, mit Hilfe des *Lean Mixture*-Knopfs das Treibstoff-Luft-Gemisch regulieren. Wenn man den Knopf herauszieht, wird der Treibstoffanteil reduziert, das Gemisch also »magerer« gemacht. Drückt man den Knopf hinein, wird das Gemisch angereichert. Ist der Treibstoffzufluß zu stark, wird die PS-Zahl reduziert, die Motorleistung sinkt, und es wird unnötig Sprit verbraucht.

Die Maschine ist mit drei durchsichtigen Türen ausgestattet, zwei vorn und eine hinten. Die meisten Leute, die mit der Maule geflogen sind, erinnern sich an die »Gewächshaus«-Sicht, die diese Plexiglastüren bieten. Für manche ist die Maule ein fliegendes Glasbodenboot.

Was wir überall um uns herum sehen, ist atemberaubend. Die majestätischen Gipfel sind von frisch gefallenem Schnee bedeckt. Die spanischen Siedler benannten diese Berge nach dem höchsten Gebirgszug ihres Heimatlandes, der Sierra Nevada, was »verschneite Bergkette« bedeutet. Hier und da können wir riesige Sequoias sehen, Mammutbäume, die dreißig und mehr Meter über der weißen Erde aufragen.

Ich folge dem Verlauf des Kern River mit seinen gefrorenen Wasserfällen und riesigen Eissäulen. Jedesmal wenn ich hier vorbeikomme, verspüre ich aufs neue den Wunsch, mit dem Eisklettern anzufangen. Nachdem ich den Blick dann über diese phantastische, derart zerklüftete und eisige Wildnis habe schweifen lassen, bin ich froh, hier oben in 3660 Metern Höhe zu fliegen, wo ich mich durch eine bloße Drehung des Steuerhorns leicht aus dieser Einöde davonmachen kann.

Der Fluß wird in diesem Abschnitt von steilen, felsigen Canyonwänden begrenzt, und am Ufer sind gewaltige, mit Schnee und Eis bedeckte Felsbrocken postiert wie Wächter, die über die Stromschnellen herrschen.

Während ich die Gebirgslandschaft erfasse, suche ich ständig nach einer Stelle, an der ich die Maschine wenden oder sie, falls das notwendig sein sollte, landen könnte. Es wäre eine harte Bruchlandung hier draußen in dieser Wildnis. Ich suche nach einer Lichtung, einem weißen Fleck. Lloyd und Wave ahnen nicht, daß ich auf all meinen Flügen häufig nach solchen Lichtungen Ausschau halte, auch wenn ich zuversichtlich bin, daß ich niemals eine brauchen werde.

»Okay, Wave«, sage ich, »in 15 Minuten wechsle ich die Tanks und fange an, Treibstoff aus der anderen Tragfläche zu verbrennen.«

»Wir sind genau im Zeitplan«, antwortet Wave.

Um das Gewicht in den Tragflächen auszugleichen, so daß das Flugzeug mit minimalen Steuerimpulsen gerade und horizontal fliegt, muß ich den Treibstoff in jeder Tragfläche gleichmäßig verbrennen. Zu diesem Zweck stellt man eine Stoppuhr im Einstundentakt und schaltet dann den Treibstoffhahn von der einen Tragfläche auf die andere um.

Ich bin durchgefroren bis auf die Knochen. »Diese Maule-Heizungen taugen einen Dreck«, rufe ich frustriert aus. Ein Teil des Problems ist, daß die Plexiglastüren der Maule nicht ausreichend abgedichtet sind, um zu verhindern, daß kalte Luft ins Cockpit dringt. Überdies bin ich für die Kälte nicht entsprechend angezogen. Alles, was ich anhabe, sind ein T-Shirt, ein Kapuzen-Sweatshirt, eine leichte, zweischichtige Skijacke, eine kurze und eine lange Unterhose, Jeans, Tennissocken und Turnschuhe. Zum Glück habe ich meine Gore-Tex-Skihandschuhe und außerdem eine Sonnenbrille, um die Augen vor den starken Strahlen zu schützen. Und aus sentimentalen Gründen trage ich meine ganz persönliche

Maule-Mütze, eine weiße Baseballkappe mit dem aufgestickten Bild einer Maule.

»Wenn du willst, können wir dafür sorgen, daß diese Heizung eine ganze Ecke besser funktioniert«, sagt Wave. Er ist nicht nur ein erfahrener Pilot und gelernter Flugzeugmechaniker, sondern hat auch das Talent, alles zu bauen und zu reparieren. Ich sehne den Tag herbei, an dem ich mit meiner Maule eine Kaltfront mit dem Luxus einer guten Heizung an Bord durchfliegen kann.

Es ist so eisig im Cockpit, daß wir alle bei jedem Atemzug dicke Dampfwolken ausstoßen. Ich ziehe meine Sweatshirtkapuze über. Gleich wird mir ein bißchen wärmer. Propeller und Motor lieben – im Gegensatz zu mir – die Kälte. Kältere Luft hat eine größere Dichte, und der Propeller greift sie besser. Ich schaue auf die Uhr. Es ist erst 10.25 Uhr, eine ideale Zeit für Flüge in den Bergen, weil die Luft noch dicht, frisch und kühl ist. Nur noch ein paar Stunden, und die Sonne wird anfangen, die Luft langsam zu erwärmen und dünner zu machen.

Unabhängig vom Gelände achte ich stets auf die kleinste Veränderung der atmosphärischen Bedingungen. Bäume, die sich im Wind wiegen, können ein Zeichen drohender Abwärts- und Aufwärtsströmungen sein und auf Turbulenzen hindeuten. Die Winde können so stark werden, daß sie das Flugzeug vom Kurs abdrängen.

Als Folge von Turbulenzen hin und her geschleudert zu werden ist ein unangenehmes Erlebnis. Eine kleine Maschine, die durch Turbulenzen fliegt, ähnelt einem in einer Getränkedose herumhüpfenden Kieselstein. Es wurden sogar schon Flugzeuge auseinandergerissen und gewaltsam zu Boden gedrückt. Tragflächen wurden durch Windscherung – eine plötzliche Änderung von Windgeschwindigkeit und -richtung – abgerissen, wodurch das Flugzeug hilflos zur Erde trudelte.

Außerdem achte ich genau auf die Farbe des Untergrundes. Wo immer ich eine Veränderung bei der Geländefarbe sehe, rechne ich mit verwirbelter Luft. Diese ist auf eine ungleichmäßige Erwärmung und Abkühlung der Erdoberfläche zurückzuführen. Gesteine, vor allem dunkle, und Asphaltstraßen absorbieren die Hitze der Sonnenstrahlen schnell, während Staub, Bäume, Büsche und Wasser die Hitze langsamer aufnehmen. Es ist wie beim Autokauf. Vielleicht gefällt einem die Farbe Schwarz, aber man weiß, daß sie im Sommer extrem heiß werden wird; ein weißes Auto hingegen reflektiert die Hitze und sorgt dafür, daß der Wagen kühler bleibt. Luftmassen, die mit unterschiedlicher Geschwindigkeit von verschiedenartigen Oberflächen aufsteigen, sind eine Ursache von Turbulenzen.

»Warum fliegen wir auf dem Rückweg nicht nach Santa Barbara zum Abendessen?« schlägt Wave vor.

»Großartige Idee«, sage ich und wende mich dann an Lloyd.

»Der Laden in Santa Barbara wird dir super gefallen.«

Lloyd fummelt mit seiner Kamera herum, ohne sich zu äußern. Ich kann nicht erkennen, ob er Bilder macht oder bloß herumspielt. Schließlich fragt er: »Was gibt's in Santa Barbara?«

»Wenn man mit dem Flugzeug ankommt, wird man von einem Auto abgeholt und zu einem Restaurant mit Meerblick gebracht«, sage ich. »Nicht nur, daß das Essen großartig ist; während man ißt, kann man auch noch zusehen, wie andere Flugzeuge und Helikopter starten und landen. Wenn man dann soweit ist und gehen möchte, wird man wieder von einem Auto abgeholt und an seinem Flugzeug abgesetzt.«

Die Vorstellung gefällt Lloyd außerordentlich, und die Begeisterung steht ihm ins Gesicht geschrieben. Wave filmt unterdessen weiter mit seiner Videokamera und nimmt ein Gewitter auf. Was mich betrifft, so bin ich im siebten Himmel. Ich liebe die Berge. Ich liebe die Maule. Ich liebe den

Sound ihres dröhnenden Motors. Und dann fange ich an zu überlegen: »Mann, ich kann es kaum erwarten, mit dieser Kiste nach Alaska und anschließend um die ganze Welt zu fliegen.«

Da ich ein paar Turbulenzen erwarte, schnalle ich mich an und ermahne Lloyd und Wave, das gleiche zu tun. Die Maule ist mit einem einfachen Sicherheitsgurtsystem ausgestattet – ein Gurt umschließt die Taille und der andere geht quer über die Brust und über die Schulter, genauso wie in einem Auto.

»Es ist wirklich scheußlich da unten«, sage ich. »Nicht eine flache Stelle zu finden. Selbst ein Helikopter hätte Schwierigkeiten zu landen.«

Im allgemeinen sind Abstürze im Gebirge tödlich. Nur sehr wenige Menschen haben solche Unfälle überlebt, so daß sie hinterher über das entsetzliche Erlebnis sprechen konnten. In vielen Fällen werden die Flugzeuge nie gefunden, und es ist nicht ungewöhnlich, daß ein Wrack Jahre später von einem Jäger oder Wanderer entdeckt wird. Da die Maule mit niedrigen Geschwindigkeiten fliegen kann, könnte die Aufprallgeschwindigkeit im Falle eines Absturzes geringer sein, womit die Passagiere eine bessere Chance hätten, den Absturz zu überleben.

Leider haben der Pilot und die Passagiere, die vorn sitzen, keine guten Chancen. Gewöhnlich sterben sie, weil sie die Wucht eines Aufschlages unmittelbar zu spüren bekommen. Es kann sein, daß Motor, Instrumententafel und Steuerhorn sie bis zur Unkenntlichkeit zerquetschen. Gezackte Metallstücke reißen das Fleisch auf. Lebenswichtige Organe können durchbohrt werden. Falls das Opfer die Wucht des Absturzes überlebt, erstickt es möglicherweise an seinem eigenen Blut. Rettungsmannschaften haben in der Vergangenheit grausige Entdeckungen gemacht: Finger, Gliedmaßen und Fleischfetzen in den Bäumen im Umkreis der Absturzstelle. Ich habe schon oft darüber nachgedacht, wie es wäre, einen Absturz zu überleben, eingeklemmt in dem Wrack, und dann zu sterben, wenn die Maschine in Flammen aufgeht.

Lloyd entdeckt einen schönen Gipfel und hebt die Kamera ans Auge. Ich konzentriere mich aufs Fliegen, wenngleich ich höre, wie Wave aus dem hinteren Teil des Flugzeugs sagt: »Immer höher hinauf in die High Sierras.« Es wird Zeit für einen weiteren schnellen Blick auf die Instrumententafel. Plötzlich inmitten dieses kurzen Checks – *BAMM!*

Wir sind unvermittelt in eine Zone mit heftig verwirbelter Luft geraten. Die Nase der Maule wird mit Gewalt nach unten gedrückt, während das Heck nach oben gestoßen wird. Unsere Fluggeschwindigkeit beträgt 233 Stundenkilometer. Ich will versuchen, horizontal zu fliegen, und nehme deshalb schnell Gas weg, um die Geschwindigkeit zu reduzieren. Wenn sie in Turbulenzen gerät, muß die Maule zwischen 160 bis 200 Stundenkilometer machen, andernfalls kommt es möglicherweise zu schweren Schäden am Flugwerk – einem verdrehten Rumpf oder verbogenen Tragflächen. Wenn das passiert, kann das Leitwerk sich verklemmen, wodurch die Maschine praktisch fluguntüchtig wird. Das Flugzeug wird hin und her geschleudert, und die Tragflächen biegen sich nach oben und unten.

Ich drücke auf den Knopf der Bordsprechanlage. »Haltet euch fest, Jungs. Lloyd, komm nicht an die Steuerung.«

Zum Glück fliegen wir in sicherer Höhe, so daß wir Zeit haben, uns zu erholen. Ein weiterer Stoß verwirbelter Luft erschüttert uns, und ich fühle mich gewichtslos in meinem Sitz, in einer Art von Schwerelosigkeit. Sobald ich den Schub reduziere, wechselt das Motorengeräusch von einem heftigen Dröhnen mit hartem und schnellem Propellerschlag zu einem ruhigen, regungslosen Leerlauf. Höhenmesser und Variometer zeigen einen Höhenverlust an. Ich kann hören, wie alle möglichen Sachen herumgeschleudert werden. Während ich mit der linken Hand das Steuerhorn kontrolliere, packe ich mit der Rechten die Querstreben über mir. Ich fürchte, das Bewußtsein zu verlieren, wenn ich mit dem Kopf zu hart gegen die Streben aus Metall schlage. Ich bewege die Fußpedale, die das Steuerruder kontrollieren, und versuche, die Maule in eine gerade, horizontale Lage zu bekommen. Der Geschwindigkeitsmesser zeigt jetzt 185 bis 195 Stundenkilometer an, was gut ist. Ich suche rasch das Gelände nach einer Lichtung ab. Die Berge, Felsen und Bäume, die nur Augenblicke zuvor ein erhabener Anblick gewesen waren, sind nun Schreckensbilder direkt aus der Hölle.

Endlich fängt sich die Maschine, und ich gebe Gas, um sie wieder steigen zu lassen. Das Schlimmste scheint vorüber zu sein. Ich sondiere das Terrain, um zu sehen, wie ich das Flugzeug am besten wenden kann. Die Höhe der Berge vor uns übersteigt unsere gegenwärtige Flughöhe bei weitem. Wir haben im Handumdrehen ungefähr neunhundert Meter verloren. Aus diesem Schlamassel gibt es nur zwei Auswege. Entweder wir steigen und fliegen über die Berge, oder wir wenden. Wenn wir drehen, kann es sein, daß wir weiter an Höhe verlieren und möglicherweise erneut in den verwirbelten Bereich geraten.

Ich komme zu dem Schluß, daß uns ein Steigflug bei voller Geschwindigkeit eigentlich sicher über die Berge bringen müßte. Ich gehe in einen steilen Steigflug und fliege weiter geradeaus. Nur eine knappe Minute später spüre ich, obwohl ich mit Vollgas fliege, daß das Flugzeug nicht schnell genug steigt, um die vor uns liegenden Berge zu schaffen. Als ich sehe, daß der Druck im Ansaugkrümmer niedrig ist, ziehe ich den Gasgriff heraus und schiebe ihn schnell wieder hinein, in der Hoffnung, daß der Vergaser vielleicht nicht ganz geöffnet war. Die Maule erwacht wieder zum Leben, aber ich weiß, daß sie nicht so kräftig losgeht, wie sie eigentlich sollte.

»Haltet durch, Leute, wir haben ein Problem.« Im Cockpit

herrscht absolute Stille. Die Bäume an den Hängen vor uns scheinen immer größer zu werden.

»Macht euch darauf gefaßt, daß wir möglicherweise abstürzen«, schreie ich in dem Moment über die Bordsprechanlage, als ich ein paar weiße Flecken in der Nähe erspähe. »Die Maschine steigt einfach nicht.« Ich bin davon überzeugt, daß wir, wenn ich jetzt zu wenden versuche, möglicherweise völlig unkontrolliert direkt in die Bäume rasen. Schlimmer noch, das Flugzeug könnte überziehen und verkehrt herum abstürzen. Sollte das passieren, würden wir mit Sicherheit sterben.

»Beißt die Zähne zusammen, wir stürzen ab! Ich werde versuchen, sie in die Bäume schweben zu lassen und etwas Geschwindigkeit herauszunehmen.«

Wir gleiten nun knapp über die Baumwipfel. Alles erscheint jetzt als ein Streifen unscharfer Bilder. Instinktiv weiß ich, daß ich die Maschine abbremsen und den Flug verlängern muß, um eine unbewaldete Stelle zu erreichen, die ich direkt vor uns sehe. Es ist nicht gerade eine Lichtung – groß genug vielleicht für einen Helikopter –, aber sie ist unsere einzige Chance.

Wave und Lloyd sind still. Wir befinden uns kurz vor der Lichtung, als wir zum erstenmal die Bäume streifen. Ich kann hören, wie lautstark Teile des Flugzeugs abgerissen werden. Ich versuche, noch während es passiert, den Schaden einzuschätzen, so daß ich die Maschine mit dem, was vom Leitwerk noch übrig ist, gegensteuern kann.

»Beißt die Zähne zusammen! Wir sind noch nicht ganz da!« Der Motor dröhnt. Ich ziehe das Steuerhorn zurück, um die Nase des Flugzeugs anzuheben. Die Tragflächen flattern, wodurch sie wie Landeklappen wirken und die Maschine langsamer machen. Ich will sie durch die Bäume sinken lassen wie einen Helikopter. Ich höre es krachen und dröhnen, als sie wieder die Baumwipfel streift. Wir fliegen so langsam, wie es geht, trotzdem werde ich so heftig durchgerüttelt, daß ich die Hand nicht ruhig genug halten kann, um den Gasgriff zu finden, ihn zurückzuziehen und den Motor abzustellen; ebensowenig kann ich den Stromkreis-Hauptschalter finden, damit ich den Strom abschalten kann, um ein Feuer durch Funkenflug zu verhindern. Ich habe das Gefühl, daß eines der Querruder und eine Seite des Höhenruders zerstört wurden. Noch mehr Teile des Flugzeugs werden abgerissen. Ich will nicht, daß die Räder sich in den Bäumen verfangen, weil ich fürchte, daß wir dann nach unten gezerrt und in den Boden gerammt werden.

Die Sekunden fliegen dahin. Während die Maule weiter die Baumwipfel rasiert, stelle ich mir vor, wie ich von einem einzelnen Ast, der seitlich durch das Flugzeug dringt, auf meinem Sitz aufgespießt werde. Ich frage mich, wen es zuerst erwischen wird. Wave, der hinten sitzt, hat den sichersten Platz; Lloyd und ich sind am wenigsten geschützt. Angesichts der Tatsache, daß Rumpf und Heck dieser leichten Maule mit Stoff statt mit Aluminium bespannt sind, male ich mir aus, wie der Ast eines Baumes den Bauch der Maschine durchschlägt, meine Beine oder meinen Oberkörper festnagelt und mich anschließend in zwei Hälften reißt, während das Flugzeug seinen Sturzflug fortsetzt.

Wir haben keine Eigengeschwindigkeit mehr. Wir sind im Begriff, wie ein Stein etwa dreißig Meter weit nach unten in etwas zu fallen, das wie eine tiefe Schlucht aussieht.

Plötzlich höre ich eine tonlose Stimme von hinten über meine linke Schulter hinweg fragen: »Werde ich sterben?« Nach einer kleinen Pause, die sich scheinbar ewig hinzieht, antwortet eine Stimme zu meiner Rechten: »Nein.« Einen Moment lang herrscht Stille, dann habe ich plötzlich das Gefühl, aus dem Cockpit gehoben zu werden. Für den Bruchteil einer Sekunde blicke ich durch das abgerissene Dach des Flugzeugs nach unten und sehe uns drei dem Tod entgegenrasen. Jeder von uns ist von Dunkelheit umgeben. Die dichten Schatten, die mich umhüllen, lichten sich, während jene, die Wave umfangen, nur ein klein wenig heller werden. Lloyd bleibt im Dunklen.

Nachdem die Maule es knapp geschafft hat, die dreißig Meter hohen Mammutbäume zu überfliegen, steuert sie auf ihre letzte Ruhestätte zu. Noch ist das Dröhnen des Motors deutlich hörbar. Das Flugzeug schlingert und wirft mich trotz des angelegten Sicherheitsgurtes zur Seite. Ich fliege weiter die Maschine und bin entschlossen, sie mit einem weichen Aufprall zu Boden zu bringen. Es ist unsere einzige Überlebenschance.

Ich knirsche mit den Zähnen, verziehe den Mund und sage mir: »Na los, du kannst es schaffen.« Wieder strecke ich, während mein Körper hin und her geworfen wird, die Hand aus und versuche, den Gasgriff zurückzuziehen. Das letzte Dröhnen. Und jetzt der letzte Propellerschlag.

Ich schreie: »Wir schlagen auf!«

# Flucht aus dem Wrack

## 27. November

Maule N5629-Juliet schaffte es bis zur Lichtung. Nun ruht sie auf ihrer linken Tragfläche, auf Motor und Propeller, und das Heck steht aus der Schneedecke hervor. Das Flugzeug wird überragt von den umliegenden Mammutbäumen, Steinblöcken und Felszacken. Ein eisiger Bach – der Oberflächenabfluß von tagsüber geschmolzenem Schnee – durchfließt die Lichtung. Wir befinden uns auf etwa zweieinhalbtausend Metern Höhe in einer schattigen Zone im Innern einer großen Schlucht. Wir sind in der kalifornischen Golden Trout Wilderness.

Die einzigen Zeugen unseres Unglücks sind die wildlebenden Tiere, die das riesige, zerklüftete Territorium der Sierra Nevada bewohnen. Es herrscht vollkommene Stille. Ich bin auf dem Cockpitsitz eingeklemmt. Blut von Schnittwunden am Kopf läuft mir über das Gesicht und teils in die Augen. Ich versuche, mit dem rechten Auge klar zu sehen. Objekte scheinen ein- und ausgeblendet zu werden, und ich sehe doppelte Bilder, dreifache Bilder, dann wieder doppelte. Während ich mich bemühe, meine Sehkraft auf dem rechten Auge wiederzuerlangen, habe ich das Gefühl, als sei mir ein Stück Stahl durch das linke Auge in den Schädel getrieben worden. Wieder verschwimmen die Dinge, und alles vermengt sich grau in grau.

Ich huste und merke, daß mir das Atmen Schwierigkeiten bereitet. Jedesmal wenn ich huste, schmecke ich eine frische, warme Blutlache, die sich in meinem Mund rings um die

Zunge bildet. Ich versuche, das Blut auszuspucken, aber ich schnappe nach Luft. Folglich schlucke ich etwas davon, und etwas tropft mir aus den Mundwinkeln.

Während ich wechselweise das Bewußtsein verliere und wiedererlange, sagt mir eine innere Stimme: »Keine Panik, bleib ganz ruhig und denk nach.« Ich werde von Instrumententafel und Steuerhorn eingeklemmt, das, wie sich herausstellt, abbrach, nachdem es mir die Rippen auf der rechten Seite gebrochen hatte. Da die Instrumententafel schwer gegen meine Brust drückt und mir die Rippen quetscht, ist es mir praktisch unmöglich, mich zu rühren.

In diesem Moment merke ich, daß meine Arme und Hände unter der Instrumententafel festgeklemmt sind. Der einzige Teil meines Körpers, den ich bewegen kann, ist mein Kopf, und auch das nur unter extremen Schwierigkeiten.

Noch immer benommen, bin ich mir nicht sicher, wie lange ich schon abwechselnd ohnmächtig und bei Bewußtsein bin. Wieder wird mir die vollkommene Stille in der Maschine bewußt. Als ich probiere, klar zu sehen, ist noch immer alles verschwommen. Ich versuche herauszufinden, was los ist, und dann verliere ich erneut das Bewußtsein. Ich möchte sprechen, kann aber keine Worte bilden.

Weil das Flugzeug auf Nase und linker Tragfläche – meiner Tragflächenseite – ruht, trage ich Lloyds volles Gewicht, der von der Seite auf mir lehnt und mich gegen meine Tür drückt. Er ist auf dem Kopilotensitz eingeklemmt. Wegen seines etwas massigen Körpers quetscht ihn die Instrumententafel ein, wobei sie ihn beinahe in Brusthöhe aufspießt und seine inneren Organe durchbohrt. Gleichzeitig zwingt uns die Schwerkraft, weil das Heck gerade in die Luft ragt, uns nach vorn zu beugen. Das bedeutet, daß ich auch noch Waves volles Gewicht trage, der sich von hinten auf mich lehnt und mich gegen das drückt, was von der Instrumententafel noch übrig ist.

Ich durchbreche die Stille mit einem Stöhnen, weil die

Schmerzen unerträglich sind. Als ich dann huste, stoße ich Blut auf. Ich versuche, tief durchzuatmen, und schnappe auf einmal nach Luft. Mit kaum gefüllter Lunge murmele ich: »Wave, bist du da?« Er antwortet nicht.

Ich kann jetzt Teile meines Körpers spüren, die von dem Metall aufgerissen wurden. Während ich in dem Sitz eingeklemmt bin, mache ich langsam eine Bestandsaufnahme meines Körpers. Ich kann weder meine Hände noch meine Füße sehen, weil sie unter der verbogenen, demolierten Instrumententafel stecken. Langsam hebe ich den Kopf und versuche, Hände und Füße zu bewegen, um festzustellen, ob ich gelähmt bin, aber es gelingt mir nicht. Vollkommen erschöpft von der Anstrengung, fällt mein Kopf nach vorn. Ich bin überzeugt, daß es bloß eine Frage der Zeit ist, bis die Maule in Flammen aufgeht.

Mit einem sonderbaren Lächeln sacke ich nach vorn zusammen. Ich erinnere mich an eine Zeit, als ich in ein bestimmtes Mädchen verliebt war. Wir verbrachten so viel Zeit miteinander, wie zwei Menschen es nur konnten. Ich kann sie noch immer gehen und lächeln sehen; ich halte ihre Hand, während sie mit mir spricht, und ich starre in ihre großen, schönen blauen Augen. Obwohl ich mich nach ihrer Gesellschaft sehne, danke ich Gott, daß sie nicht an Bord von Maule N5629-Juliet ist.

»Junge, ich habe sie geliebt.«

Ich versuche, aus dieser Wahnvorstellung herauszukommen, denn der Tod scheint unmittelbar bevorzustehen.

Die qualvollen Schmerzen lassen mich beim Atmen erschaudern. Wieder durchbreche ich die Stille, als ich aufstöhne. Mein Verstand unternimmt einen weiteren Versuch, wieder Herr der Lage zu werden, und langsam öffnet sich mein rechtes Auge. Ich probiere erneut, mit Fingern und Zehen zu wackeln. Ich kann sie bewegen, also weiß ich, daß ich zumindest kurzfristig durchhalten kann. Mein Rückenmark ist unversehrt, und ich bin nicht gelähmt. Dann kippt mein

Kopf sehr langsam vornüber, und mein Auge schließt sich, während ich versuche, wieder zu Kräften zu kommen.

Noch einmal murmele ich: »Wave, bist du da?«

Es entsteht eine Pause, und dann erwidert Wave mühsam: »Auaaa, auaaaa. Ja, ich bin hier.«

Ich hole kurz Luft und sage: »Lloyd, bist du da?«

Eine weitere Pause, und Lloyd schnappt nach Luft. »Ich schaff's schon.«

»Wave, hol uns hier raus. Ich kann mich nicht bewegen. Lloyd ist auch eingeklemmt.«

»Ja, ja, einen Moment noch.«

Zeit vergeht, aber Wave und Lloyd rühren sich nicht.

»Wave, sieh zu, daß du aus dem Flugzeug rauskommst!« sage ich. »Es wird in Flammen aufgehen!«

»Ja, ja, einen Moment noch.«

»Lloyd, bist du da?«

Lloyd versucht noch immer, Luft zu holen. »Ja, einen Moment noch. Ich schaff's schon.«

Aber nichts rührt sich im Cockpit. Nur wenn ich den Anfang mache, kommt das Gespräch in Gang. »Wave, du mußt sofort raus hier!« verlange ich.

»Ich krieg meinen Gurt nicht auf. Ich versuche es, aber er steckt fest.«

»Wir haben nicht viel Zeit. Beeil dich.«

Wave sagt: »Ich krieg ihn nicht zu fassen.«

Zwischen Husten und Blutaufstoßen gelingt es mir zu sagen: »Na schön, Jungs, versucht euch nicht auf mich zu lehnen. Ich werde sehen, ob ich hier rauskomme.«

Plötzlich verringert sich Waves Gewicht von hinten. Aber für Lloyd ist es wegen der Schwere seiner Verletzungen und des Winkels der Maschine fast unmöglich, sich zu rühren. Ich lehne mich mit der rechten Schulter und dem Kopf vorsichtig gegen ihn und drücke langsam nach rechts, um eine Lücke zwischen uns zu schaffen. Er kippt erneut nach links, also drücke ich wieder nach rechts, während ich ihn aufmuntere: »Nicht schlappmachen, Kumpel. Ich werd' uns hier rausholen.«

Zum erstenmal kann ich Lloyds Gesicht sehen. Er schnappt verzweifelt nach Luft. »Ich schaff's schon«, sagt er. »Einen Moment noch.«

Lloyds Augen sind geschlossen, und sein Oberkörper ist nach vorn zusammengesackt. Er scheint sich aufs Atmen zu konzentrieren, um am Leben zu bleiben. Aber er blutet aus dem Mund und erstickt an seinem eigenen Blut. Obwohl ich es möchte, bin ich außerstande, ihm zu helfen.

Meine Tür ist im Schnee vergraben und so sehr zertrümmert, daß ich sie nicht aufbekomme. Lloyd und ich sind eingeklemmt, Wave kommt nicht an seinen Sicherheitsgurt. Und Lloyd scheint die schlimmsten Verletzungen erlitten zu haben. Unsere einzige Überlebenschance besteht darin, daß es mir gelingt, mich aus dem Wrack zu befreien.

Während ich versuche, die Kräfte für einen Ausbruchsversuch zu sammeln, beginne ich den Wald zu riechen und die kalte Luft im Gesicht zu spüren. Mit dem rechten Auge, dem einzigen, das funktioniert, kann ich nur diffus meine Atemwolken erkennen.

Im Cockpit ist es nicht länger still. Wave stöhnt bei jedem Atemzug vor Schmerzen; und als ich den Kopf langsam nach rechts drehe, sehe ich, daß Lloyd hustet und keine Luft bekommt.

Die Schmerzen scheinen nachzulassen, wenn ich die Augen schließe. Es ist so leicht, einfach eingeklemmt zu bleiben und zu warten, bis das Flugzeug in Flammen aufgeht. Ich fange an zu überlegen: »Warum dagegen ankämpfen? Es ist zu schwer. Es wird schon alles in Ordnung kommen.« In diese Gedanken platzt eine andere Stimme hinein: »Wenn ich sterbe, dann wenigstens bei dem Versuch.«

Die beiden Oberlichter der Maule befinden sich beinahe direkt über den Sitzen von Pilot und Kopilot. Diese Fenster erlauben den beiden, andere Flugzeuge auszumachen, die über ihnen fliegen, ich aber werde sie nutzen, um aus dem Flugzeug zu entkommen. Nachdem ich tief durchgeatmet habe, stöhne und fauche ich wie ein Tier in der Falle. Ich will versuchen, ein Fenster herauszubrechen, und bringe deshalb meinen Kopf in Stellung und hole gegen die Scheibe aus. Der dumpfe, pochende Schmerz vom Schlag meines Schädels gegen das Fenster dürfte dem ähneln, den man bei dem Versuch erleben würde, die Windschutzscheibe eines Autos mit dem Kopf zu zertrümmern.

Ich beschließe, systematisch vorzugehen. Ich schraube mich nach oben und hole immer wieder mit dem Kopf aus, wobei ich die Berührungspunkte an Fenster und Kopf wechsle. Mit jedem Ausholen scheine ich stärker und entschlossener zu werden und verfalle in einen langsamen Schlagrhythmus.

Schließlich halte ich erschöpft inne und stöhne auf. Ich kann Wave ebenfalls stöhnen hören, und Lloyd schnappt noch immer nach Luft. Wir müssen hier raus.

Als ich fortfahre, meinen Kopf gegen die Scheibe zu rammen, wird aus meinem Stöhnen plötzlich eher ein wütendes Brüllen. Ich weiß, daß ich Fortschritte mache, denn das Fenster scheint sich bewegt zu haben. Nachdem ich noch ein paarmal ausgeholt habe, merke ich, daß zwischen meinem Kopf und dem Fenster Platz ist. Ich höre einen Moment auf und ruhe mich aus, denn die nächste Phase wird ziemlich schmerzhaft werden.

Ich versuche, tief einzuatmen, aber meine offensichtlich gebrochenen Rippen auf der rechten Seite hindern mich daran, beide Lungenflügel vollständig zu füllen. Ich frage: »Lloyd, bist du da? Lloyd?«

Es folgt eine lange Pause. »Ich schaff's schon«, sagt er.

»Wave, bist du da?«

»Ich komme noch immer nicht an meinen Gurt«, sagt er schwach.

Jetzt, wo ich etwas Spielraum habe, mit dem ich arbeiten

kann, bin ich bereit zu einem abschließenden Versuch. Ich bringe meine Füße auf dem, was von Steuerungspedalen und Flugzeugboden noch übrig ist, in Stellung und fange an, langsam mit den Beinen zu drücken. Aber der stechende Schmerz, der sich sofort einstellt, ist so heftig, daß ich es auf der Stelle bleibenlasse. Mir wird klar, daß mein linker Knöchel gebrochen ist.

Ich hole tief Luft, um all meinen Mut zusammenzunehmen. Ächzend schiebe ich mich auf das Dachfenster zu. Wegen des fehlenden Spielraums bin ich gezwungen, den Kopf schräg zu halten, aber schließlich gelingt es mir, meine Arme unter der zerstörten Instrumententafel hervorzuziehen. Ich rutsche wieder nach unten auf meinen Sitz und stöhne vor Schmerzen. Meine rechte Schulter scheint ebenfalls gebrochen zu sein, und ich habe das Gefühl, daß die Rotatorenmanschette gerissen ist. Es gibt keine Worte, um den brennenden Schmerz zu beschreiben.

Doch während ich noch nach Luft schnappe, weiß ich, daß ich es weiter versuchen muß. »Nicht schlappmachen«, sage ich zu Lloyd und Wave, »ich werde aus diesem Wrack ausbrechen.«

Ich drücke mit meinem unversehrten Bein, und da ich beide Arme frei habe, erreiche ich diesmal eine gewisse Hebelwirkung, weil ich mich am Inneren der Maschine abstützen kann. Ich ramme Kopf und linke Schulter gegen das Fenster, ein harter Schlag. Die Scheibe springt heraus.

Als ich Kopf, Schultern und Arme durch die Öffnung stecke, achte ich darauf, mir nicht an dem freiliegenden schartigen Metall die Haut aufzureißen. Als ich mich halb aus dem Flugzeug herausgewunden habe, halte ich aus purer Erschöpfung inne und beuge mich nach vorn, so daß mein Magen und meine gebrochenen Rippen auf den Fensterrahmen zu liegen kommen. Woraufhin mir ein heftiger Schmerzensschrei entfährt. Sofort verlagere ich sämtlichen Druck vom Brustkorb weg auf die gebrochene Schulter.

Ich fürchte, daß ich mir die Lunge durchbohre, wenn ich meine Rippen nicht schütze. Wenigstens kann ich den Ellenbogen benutzen, um mein Gewicht zu stützen. Endlich bin ich aus dem Fenster heraus. Ich rutsche mit dem Gesicht voran zur Tragfläche hinüber und dann mit ausgestrecktem linkem Arm kopfüber in den Schnee. Der Schnee dringt mir in die Jacke, und vor Kälte verspüre ich ein Stechen am ganzen Körper. Aber ich bin so müde und habe solche Schmerzen, daß ich einfach auf der kalten Schneedecke liegenbleibe.

Ich weiß, daß ich steif gefroren sein werde, sobald die Sonne untergeht, wenn ich jetzt naß werde. Also robbe ich zurück an die Maule. Dort setze ich mich keuchend und stöhnend mit leicht angezogenen Beinen hin.

Augenblicke später bahne ich mir einen Weg zur Nase des Flugzeugs, um den Motorraum auf Feuer zu untersuchen. Ich bin beeindruckt von den widrigen Umständen unserer Lage. Nur wenige Schritte zu laufen erschöpft mich bereits. Ich lehne mich gegen den Motorraum, kann aber weder Rauch sehen noch riechen. Dafür höre ich ein *tiss, tiss,* das Geräusch von Schnee, der auf dem Motor schmilzt. Der gleichmäßige Rhythmus des Geräuschs verrät mir, daß der Motor zwar noch heiß, aber nicht glühend heiß ist. Der Lufttemperatur und dem *tiss*-Geräusch nach zu urteilen, schätze ich, daß ich ungefähr zehn Minuten bewußtlos war und vielleicht weitere dreißig Minuten damit verbracht habe, aus dem Wrack zu entkommen.

Die linke Tragfläche steckt im Schnee und scheint niedriger oder auf gleicher Höhe mit dem Motor zu sein, die rechte hingegen ragt in die Luft. Wegen Treibstoffs, der auf den Motor herabtropft oder mit dem Auspuff in Berührung kommt, kann das eine potentielle Gefahr sein. Als ich um das Flugzeug herum auf Lloyds Seite gehe, schnuppere ich nach Benzin. Ich schätze, bei diesen Temperaturen wird der Motor in weiteren fünfzehn Minuten zu kalt sein, um noch in Brand geraten zu können. Auch der Hauptstromschalter macht mir Sorgen. Das Sicherste, was man im Falle eines Absturzes tun kann, ist, den Hauptstrom abzuschalten. Ich weiß nicht genau, ob ich den Schalter umgelegt habe, aber jetzt werde ich den Strom auf gar keinen Fall abstellen. Die dabei möglicherweise entstehenden Funken könnten einen Brand auslösen.

Ich erreiche Lloyd und spreche ihn laut an. Er spürt meine Anwesenheit und sagt wieder: »Ich schaff's schon, einen Moment noch.« Diesmal ist seine Stimme schwächer. Er ist so fest eingeklemmt in dem Flugzeug, daß ich ihn in meinem Zustand allein nicht befreien kann. Ich beschließe, zuerst Wave zu helfen.

Ich bahne mir einen Weg zur Rücksitztür. Ständig stolpere ich über schneebedeckte Baumstämme und Steine. Ich frage Wave, ob er an seinen Gurt kommen könne, und er verneint. Ich versichere ihm, wir seien vor Feuer sicher und hätten Zeit. Ein Blick auf den Rücksitz sagt mir, daß es äußerst schwierig sein wird, an Wave heranzukommen. Die Türen sind zu stark beschädigt, als daß Wave durch sie entkommen könnte. Vielleicht kann ich durch die geborstene Glastür greifen und seinen Gurt lösen.

Es wird einige Zeit dauern, Wave zu befreien, also sage ich ihm, er solle durchhalten. Da ich mich in den Schnee werde legen müssen, wenn ich versuche, in das Wrack hineinzugreifen, um ihn loszumachen, beschließe ich, mir noch ein paar zusätzliche Sachen anzuziehen. Ich werfe einen Blick in den Gepäckraum, wo ich normalerweise ein Paar Sorel-Schneestiefel und eine Skihose aufbewahre, und da sind sie. »Okay, Wave, halte durch. Ich werde die Turnschuhe ausziehen und in Skihose und Stiefel schlüpfen. Dann mache ich dich los, okay?«

»Ja, ja, okay.«

Ich kann meine Finger nicht gebrauchen. Ich kann nicht einmal eine Faust machen, weder mit der linken noch mit der rechten Hand. In jeder habe ich mindestens zehn tiefe Schnitte. Die Finger wie Angelhaken benutzend, ziehe ich zuerst die Flugzeugplane heraus. Sie erfüllt etwa den gleichen Zweck wie eine Bootsplane und wird um die Frontscheibe der Maschine, die Seitenfenster und die Fenster des Schiebedachs geschlagen, um diese Bereiche vor der Sonne zu schützen. Ich breite die Plane im Schnee aus, greife noch einmal in den Gepäckraum und angle mir einzeln meine Stiefel und dann die Skihose. Dann stelle ich mich auf die Plane und versuche, meinen linken Turnschuh mit einem Tritt vom Fuß zu bekommen. Der jähe Schmerz aus dem gebrochenen Knöchel geht mir durch und durch. Ich kneife die Augen fest zusammen und streife zuerst den linken und dann den rechten Turnschuh ab. Ich schaffe es, die Skihose und dann die Stiefel anzuziehen. Als ich versuche, sie zuzubinden, kann ich kaum die Finger bewegen, also verknote ich die Schnürsenkel so gut ich kann, damit ich sie nicht verliere.

Mühsam stammelnd rufe ich Wave zu: »Okay, ich komme jetzt. Wenn ich deinen Gurt löse, wirst du vornüberkippen, also mach dich darauf gefaßt. Ich möchte nicht, daß du auf die Instrumententafel fällst.«

»Okay.«

Ich knie mich hin und greife mit dem linken Arm in den zerstörten Flugzeugrumpf. Mein Gesicht wird gegen die Außenseite der Maschine gedrückt, als ich hineingreife und wie ein Blinder nach der Gurtschnalle taste. Endlich finde ich den Gurt und arbeite mich nach unten zu der Schnalle vor. Ich fummle daran herum, kann aber nichts greifen. Ich knirsche mit den Zähnen und bekomme die Finger mit aller Gewalt gerade krumm genug, um die Schnalle öffnen zu können. Wave ist frei.

»Wie komme ich hier raus?« fragt er

»Geh so raus wie ich, durch das Oberlicht.«

»Ich kann den Weg nicht finden, hilf mir!«

»Okay, warte einen Moment. Laß mich erst auf die andere Seite der Maschine gehen.«

»Okay.«

Erneut stolpere ich durch den Schnee, aber mit den Stiefeln und der Skihose habe ich mehr Selbstvertrauen. Ich klettere wieder auf das Flugzeug und sage Wave, er soll an meinem Arm hochklettern. Ich lange mit dem linken Arm hinein. Wave packt ihn und benutzt ihn wie einen Wegweiser, um sich durch das zerfetzte Wrack zu bewegen. Als er sich dem Dach nähert, sage ich ihm, er soll aufpassen und mit dem Kopf nicht an dem gezackten Metall entlangschrammen. Ich bin ihm im Weg, also rutsche ich wieder von der Maschine herunter und falle in den Schnee.

Wave klettert vom Wrack herunter und stapft durch den Schnee. Während er sich den Pulverschnee von Jacke und Hose klopft, versichert er mir, daß ihm nichts fehle. Er nimmt an, daß er mit ein paar Prellungen davongekommen ist. Ich liege im Schnee und blicke zu ihm hoch. Er sagt: »*Wow, woo*, das war der Hammer. Ich kann gar nicht glauben, daß wir einen Absturz im Gebirge überlebt haben.«

Ungefähr eine Viertelstunde ist verstrichen, seit ich mich aus dem Wrack befreit habe. Ich rappele mich hoch. »Komm, laß uns Lloyd rausholen. Aber bevor wir anfangen, mußt du mir bei etwas helfen.«

»Was soll ich machen?«

»Zieh mir den Stahl aus dem linken Auge, okay?«

Wave sagt mir, daß er bei dem Licht nicht genug sehen könne, also begeben wir uns zu einer Stelle, die nicht von Bäumen beschattet wird. Er zieht seine Handschuhe aus, und ich lege den Kopf in den Nacken. Wave meint, er könne wegen des ganzen Blutes auf meinem Gesicht nichts erkennen. Um besser sehen zu können, waschen wir das Blut mit Schnee ab. Dann legt er mir seine Finger aufs Gesicht und zieht das auseinander, was von meinem linken Lid und der Augenbraue noch übrig ist.

»Ich sehe nichts«, sagt Wave. »Dein Auge ist vielleicht noch unversehrt, aber dein Augenlid ist eingerissen, und dein Gesicht und dein Kopf schwellen allmählich echt übel an. Außerdem hast du Schnitte und klaffende Wunden im Gesicht und am Kopf.«

Wave marschiert zu Lloyds Tür. Ich folge ihm in den Fußabdrücken, die ich vorhin im Schnee hinterlassen habe. Wieder spreche ich Lloyd laut an. Es kommt keine Antwort, aber er atmet. Wir versuchen, die Tür zu entfernen, aber ich habe keine Kraft. »O Mann«, sagt Wave besorgt, »er ist schlimm eingeklemmt.«

Wir verbringen eine Dreiviertelstunde mit dem Versuch, Lloyd zu befreien, ohne Erfolg. Wir zerren an der Tür; wir probieren, den Sitz zurückzuschieben; wir versuchen sogar, die Haltegriffe an dem Sitz abzubrechen. Was wir brauchen, ist eine Winde, um das geborstene Metall auseinanderzuziehen, oder eine Säge, um uns den Weg frei zu machen.

Da ich meine Hände und Finger nicht voll gebrauchen kann, bitte ich Wave, sich den ELT-Notsender zu schnappen. Zum Glück ist Wave mit der Maule vertraut und weiß, daß der Sender sich unter dem Pilotensitz befindet. Als Diplom-Flugwerk- und Triebwerksmechaniker hat Wave an der Maule gearbeitet und ist oft mit ihr geflogen.

Der ELT-Sender, der das Format eines großen Walkie-Talkies hat, setzt ein Signal an in der Luft befindliche Flugzeuge und vorbeikommende Satelliten ab. Nachdem die Außenantenne ausgefahren ist, muß der Sender, falls er sich beim Aufprall nicht automatisch eingeschaltet hat, von Hand aktiviert werden.

Wenn wir Lloyd retten sollen, müssen wir schnell Hilfe holen. Aber es gibt ein Problem. Als wir zu diesem Flug aufbrachen, hatten wir kein festes Ziel, daher haben wir keinen Flugplan hinterlegt. Das bedeutet, daß zwei oder mehr Tage vergehen können, bevor überhaupt irgend jemand merkt, daß wir verschwunden sind. Der gesunde Menschenverstand gebietet, daß wir sofort eine Bestandsaufnahme unserer Vorräte machen und irgendeinen Überlebensplan ausarbeiten.

Wir durchsuchen das Heck des Flugzeugs, um festzustellen, welche Notfallausrüstung sich an Bord befindet. Es gibt zwei große Zeltplanen, jeweils mit einer blauen und einer silbernen Seite. Wenn wir die Flugzeugplane dazunehmen, besitzen wir drei Planen. Wir finden etwa sechs Meter Seil und drei Leuchtraketen. Auf dem Rücksitz liegen ein Feuerzeug und ein Messer. Und in der Flugtasche finden wir zwei Maglite-Taschenlampen, eine große und eine kleine. Im Gepäckraum sind 8,5 Liter Öl, außerdem die aus Holz und Seil gefertigten Bremskeile für die Räder. Eine Tasche aus schwarzem Segeltuch enthält verschiedene Werkzeuge: Schraubzwingen, ein Zange, Schraubenzieher, eine Drahtschere, Reservezündkerzen und Draht. Weiter finden sich ein Reserveschlauch für das Heckrad und ein leerer Plastikkanister.

Wir gehen zum Bug der Maschine und fangen an, unsere Möglichkeiten durchzugehen. Erstens, wie lange würde es dauern, bis irgend jemand sich fragt, wo wir sind, oder bevor wir offiziell als vermißt gelten? Wenn man berücksichtigt, daß es Sonntag ist, der 27. November, 12.45 Uhr, hätten wir Glück, wenn Waves Mitbewohner oder mein Geschäftspartner am Montag nachmittag anfinge, sich über unser Ausbleiben zu wundern. Aber ich bin Single, mir gehört eine Software-Firma und ein Anteil an einem anderen Unternehmen. Es wäre nicht ungewöhnlich, wenn ich mich erst am späten Montag nachmittag oder gar am Dienstag, möglicherweise sogar erst am Mittwoch mit meinem Partner in Verbindung setzte.

Mein Vater, der sich bei mir zu Hause hier in Kalifornien aufhält, handelt möglicherweise auch nicht schnell. Da er behindert und bei Schnee und Eis nicht sehr gut zu Fuß ist, besucht er mich jedes Jahr, wenn in Neuengland die kalte Jahreszeit beginnt. Möglicherweise wartet er ebenfalls ein paar Tage, bevor er sich fragt, wo ich stecke. Er denkt vielleicht, daß ich einen Ausflug gemacht habe, und möchte mein Privatleben respektieren.

Wave, der als Flugwerk- und Triebwerksmechaniker auf dem Flughafen von Long Beach arbeitet, hat ebenfalls relativ flexible Arbeitszeiten. Wahrscheinlich würde er nicht vermißt werden, wenn er zwei oder drei Tage lang nicht zur Arbeit erschiene. Sein Mitbewohner könnte mißtrauisch werden, wenn er am Sonntag abend nicht zurückkäme. Von Lloyd wußte ich, daß er allein lebte. Möglich, daß er heute am frühen Vormittag jemanden über den Ausflug informiert hat. Aber selbst wenn er es getan hätte, woher sollte irgend jemand wissen, wo wir stecken? Wave und mir ist ziemlich klar, daß wir vielleicht sehr lange Zeit hier sein werden, wenn der Notsender nicht funktioniert.

Selbst wenn am Dienstag eine Suche nach uns beginnt, woher sollte irgend jemand unsere genaue Position kennen? Und falls wir mit mehr Schnee eingedeckt werden, könnte eine Such- und Rettungsaktion von vornherein ausgeschlossen oder zumindest verzögert werden. Hier im Herzen der Sierra Nevada, gut siebzig Kilometer von der nächsten Stadt entfernt, können Unwetter eine Woche dauern. Außerdem können wir in unserer Höhe von fast dreitausend Metern mit einer tagelangen Wolkendecke rechnen, wodurch eine Rettung verhindert würde.

Falls das Wetter umschlägt und die Wolken sich heben, verbringen die Suchmannschaften möglicherweise Zeit damit, einhundertsechzig Kilometer weiter nördlich nach uns zu suchen. Aber selbst wenn in unserer Höhe gute Sicht herrscht, es auf dreieinhalbtausend Metern aber bewölkt ist, kämen die Suchtrupps nicht über die Pässe, und das würde sie ebenfalls daran hindern, zu uns vorzustoßen.

Wenn wir außerordentliches Glück haben, findet uns vielleicht ein Suchtrupp und landet ungefähr fünfzig Meter weiter mit einem Helikopter, aber die Chancen dafür stehen schlecht. Selbst wenn sie wüßten, wo wir sind, aber nicht zu uns herfliegen könnten, würde es ein paar Tage dauern, uns mit Schneemobilen und auf Pferden zu erreichen, weil die Schneemobile sie nur ein Stück weit bringen könnten. Den Rest der Strecke müßten die Rettungskräfte zu Fuß zurücklegen, und für den Rückweg würde das – dann für uns alle – das gleiche bedeuten.

Lloyd braucht sofort ärztliche Hilfe, wenn sein Leben gerettet werden soll, und dafür besteht eine schwache bis gar keine Chance. Um diese Zeit des Jahres wird es in den Bergen um kurz nach vier Uhr nachmittags dunkel. Im günstigsten Fall werden wir in der Lage sein, das ELT-Notsignal abzusetzen, und am Montag gerettet werden. Wave und ich kommen beide zu dem Schluß, daß das sehr unwahrscheinlich ist und wir uns darauf einstellen sollten, mindestens fünf bis sieben Tage zu überstehen. Die große Unbekannte ist das Wetter: Wird Mutter Natur es gut mit uns meinen?

Da es passieren kann, daß die Übertragung stark gestört wird, falls der Berg das Funksignal blockiert, beschließen wir, daß der Sender oben auf dem Gipfel oder in der Nähe aufgestellt werden sollte. Er müßte dann nachts wieder nach unten gebracht und warm gehalten werden, um die Batterien zu schonen. Der ELT-Sender läuft nur mit kleinen 1,5-Volt-Batterien, und tagsüber werden die kalten Temperaturen sie stetig schwächen, die extreme Kälte nachts aber würde sie ruinieren.

Wir können ein Feuer machen. Falls ein Flugzeug über uns hinwegfliegt, können wir ihm Zeichen geben, indem wir Öl hineingießen und so schwarzen Rauch erzeugen. Wir können das Feuer mit dem restlichen Treibstoff in den Benzinleitungen und vom Boden der Tanks entzünden. Aus den Planen und Flugzeugteilen können wir ein Lager bauen. Die Maule könnte uns, da sie aus Stoff besteht, vom Erdboden isolieren. Im Gegensatz zu einem Flugzeug aus Metall leitet sie die Kälte nicht.

Ihr Heck ragt fast senkrecht aus dem Schnee heraus. Da Seiten- und Höhenruder nicht vollständig zerfetzt sind und beide nicht zwischen Bäumen und Felsen eingeklemmt, sondern frei zugänglich sind, könnten wir diese zwei großen Steuerflächen mit unseren bescheidenen Werkzeugen abmontieren.

Dann könnten diese Flächen als Dach, Wände und Boden dienen. Das Höhenruder mit seiner weißen Ober- und roten Unterseite könnte als Dach verwendet werden, mit der roten Seite nach oben, zum Himmel, damit Suchflugzeuge uns besser ausmachen können. Der Stoff, der den Bauch und den oberen Teil des Rumpfs bedeckt, könnte zerschnitten, in großen Bahnen abgezogen werden und zusammen mit Ästen und Zweigen dazu beitragen, das Lager vor dem Wind zu schützen.

Die horizontale Höhenflosse könnte so lange aufgestemmt, gebogen und mit Schlägen bearbeitet werden, bis sie abbricht. Da sie denselben Anstrich hat wie das Höhenruder, könnte sie ebenfalls beim Bau des Daches nützlich sein, und ihre rote Seite sollte auch gen Himmel zeigen. Die rote Motorhaube besteht aus Fiberglas und könnte für Teile des Daches und der Seiten verwendet werden.

Es gibt noch eine andere Möglichkeit: Wir könnten versuchen, zu Fuß aus diesem Gebiet herauszukommen. Aber wenn wir beide gehen, wird Lloyd sich selbst überlassen bleiben. Außerdem wird ein Suchflugzeug viel größere Schwierigkeiten haben, uns zu sehen, wenn wir unterwegs sind. Ein rotes Flugzeug oder ein Lager mit einem roten Dach im weißen Schnee ist viel leichter auszumachen als ein Mensch im dichten Wald.

Wir wissen, daß wir uns recht bald entscheiden müssen, falls wir zu Fuß losmarschieren wollen. Im Moment sind wir noch am belastbarsten, aber mit jedem Tag, der vergeht, werden unsere körperlichen Kräfte schwinden, und die Kälte wird uns erschöpfen. Unser Lebensmittelvorrat besteht aus einem Laib Früchtebrot, einer Flasche Wasser, einer Flasche Saft und ein paar Äpfeln.

Selbst wenn wir beim Wrack bleiben und nur wenig herumlaufen, werden wir in kurzer Zeit an Gewicht verlieren. Unser Körper wird schnell Kalorien verbrennen, bloß um eine ausreichende Körpertemperatur aufrechtzuerhalten. Wenn wir ein paar Tage warten, bevor wir losmarschieren, kann es sein, daß wir schwächer und durchgefrorener sind und wahrscheinlich schon gegen Unterkühlung und Erfrierungen ankämpfen. Unsere Aussichten auf eine erfolgreiche Reise würde das drastisch verschlechtern.

Wie wäre es, wenn wir uns aufteilen? Wenn einer von uns bleibt und der andere versucht, zu Fuß aus dem Gebiet herauszukommen? Wave und ich sind uns einig, daß dies unsere Überlebenschancen verdoppeln könnte. Falls der ELT-Sender kein Signal aussendet oder die Berge zu wolkenverhangen sind, würde eine Suche aus der Luft verzögert. Derjenige, der zu Fuß losmarschiert, könnte den Ersatzplan ausführen.

Aber welchem Weg würde der Wanderer folgen? Wave und ich einigen uns auf eine Route. Wer auch immer beim Wrack bleibt, könnte, falls die Maule entdeckt wird, den Rettungstrupp über die vorher verabredete Marschroute führen. Wave und ich glauben, daß man am besten aus den Bergen herauskommt, wenn man nach Süden läuft, auf den Kern River stößt und dann dem Verlauf des Flusses nach Johnsondale folgt. Es ist ein Gebiet mit Stellplätzen für Wohnwagen, und dort könnte ein Telefon sein, obwohl viele der Leute, die das Frühjahr und den Sommer über dort leben, inzwischen weg sein werden. Die Entfernung beträgt etwa siebzig Kilometer Luftlinie.

Ich sehe Wave ins Gesicht und sage: »Tut mir leid –«

Bevor ich fortfahren kann, unterbricht er mich. »Das hier ist nicht deine Schuld. Du konntest nichts machen.«

Solange ich Wave kenne, hat er mich nicht ein einziges

Mal unterbrochen oder so energisch gesprochen. Ich sehe nur einen einzigen blauen Fleck auf seiner Stirn. Er trägt noch die Brille, die er während des Fluges aufhatte.

Er sieht mich an. »Falls du gehst, kannst du es schaffen?«

Da mir klar ist, was Wave fragt, überlege ich kurz und blicke zu Boden, und dann hebe ich langsam den Kopf. »Ja, aber es wird nicht von heute auf morgen passieren. Es ist ein langer Weg über schwieriges Gelände, und der Schnee ist tief.«

»Wie lange, glaubst du, wirst du brauchen?«

»Ich bin ziemlich übel zugerichtet, und wie ich schon sagte, Wave, der Schnee ist tief, wirklich tief. Wenn ich in kein Unwetter gerate, vielleicht eine Woche, vielleicht fünf Tage.«

»Wahnsinn. Was mußt du mitnehmen, wenn du gehst?«

Ich überlege, bevor ich antworte. Ich denke an die Dinge, die ich brauche, indem ich im Geiste eine Checkliste durchgehe: Socken, Stiefel, Skihose, Jacke, Handschuhe, Sweatshirt. »Ich kann es mit nichts weiter schaffen als den Sachen, die ich anhabe.«

»Bist du sicher?«

»Ja.«

»Okay«, sagt Wave.

Nachdem die Entscheidung gefallen ist, sehen wir einander an, aber keiner von uns sagt ein Wort. Ich gehe hinüber auf Lloyds Seite der Maschine.

»Lloyd, Lloyd.«

Lloyd bewegt den Kopf ein wenig und flüstert: »Ich schaff's schon.«

Ich lege ihm die Hand auf die Schulter. »Lloyd, ich gehe Hilfe holen. Halt die Ohren steif, Kumpel.« Ich starre ihn ein paar Augenblicke lang an und füge dann leise hinzu: »Leb wohl, Kumpel. Leb wohl, Lloyd Matsumoto.« Es kommt keine Antwort. Es bricht mir das Herz. Ich möchte ihn trösten, aber ich kann nicht. Ich fühle mich hilflos.

Ich gehe um das Flugzeug herum und klettere ein Stück in die Maule hinein. Ich ziehe die Flugtasche heraus, nehme meine Brieftasche heraus, in der sich mein Führerschein und 295 Dollar in bar befinden, und stecke beides in die Innentasche meiner Jacke. Wenn ein Jäger, Wanderer oder Angler meine Überreste findet, wird der Führerschein helfen, mich zu identifizieren, und meiner Familie und meinen Freunden Gewißheit über mein Schicksal verschaffen.

Ich gehe wieder zu Wave. Ich bin stolz, seine Bekanntschaft gemacht zu haben. Seit ich ihm zum allererstenmal begegnet bin, ist er auf ruhige, besonnene und gelassene Art stets mit einem Rat zur Hand. Er bittet mich, ihm meine Marschroute noch einmal zu nennen. Ich wiederhole: »Nach Süden gehen, auf den Kern River stoßen und Johnsondale finden. Richtig?«

»Ja«, bekräftigt er. Dann wiederholt er unseren Plan für den Notsender und das Öl auf dem Feuer, um schwarzen Rauch zu erzeugen, und die Möglichkeiten, das Lager jeden Tag ein wenig zu verbessern. Und er sagt, daß er alles in seinen Kräften Stehende für Lloyd tun werde und weiter versuchen wolle, ihn aus dem Wrack zu befreien.

Als wir uns umarmen, sehe ich ihm direkt in die Augen und sage: »Wave, wenn du einen Fehler machst, stirbst du.«

Wave nickt. »Ja, ich weiß.«

Ich gebe ihm meine Maule-Mütze und lächle ihn an. »Paß gut darauf auf, denn ich werde zurückkommen, um sie zu holen.«

Er grinst. »Sie wird dasein.«

# Der Beginn der Reise

## 27. November

Ich folge dem Bach, immer Schritt für Schritt. Es ist ein Kampf, einfach nur einen Fuß vor den anderen zu setzen. Ständig verliere ich das Gleichgewicht, wenn ich ein Bein aus dem Tiefschnee ziehe, um es vorwärts zu bewegen. Ich habe das Gefühl, als sei ich an einen Platz gebunden wie eine massive Betonstatue. Einzuatmen und meinen linken Lungenflügel mit Luft zu versorgen ist eine Riesenaufgabe. Als ich zum erstenmal kontrolliere, wie weit ich insgesamt gekommen bin, sind es schätzungsweise nicht mehr als vierzig Schritt.

Unter großer Anstrengung drehe ich den Kopf nach rechts, um einen letzten flüchtigen Blick von Wave und der Maule zu erhaschen. Trotz der Bäume kann ich seinen Hinterkopf und sein vom Wind zerzaustes Haar sehen, als er zu Lloyd geht. Anscheinend sucht er nach einer Möglichkeit, ihn aus dem Wrack zu befreien.

Mein Magen krampft sich zusammen, und ich zittere leicht. Allmählich frage ich mich, ob ich es schaffen kann. Ich warte auf eine Antwort, aber es kommt keine. Dann nicke ich, nicht sehr überzeugend, mit geschlossenen Augen, und mein Ja wirkt wie ein Hilferuf.

Beim Weitergehen nutze ich jeden Baum als Stütze. Nach einer Weile kommt es mir so vor, als läge direkt zu ihren Füßen viel weniger Schnee. Die tiefhängenden Zweige schützen die Stämme ein wenig davor. Wenn ich mich also von Baum zu Baum bewege, verhindere ich, daß meine Füße völlig naß werden und erfrieren, vor allem, weil ich immer noch außerstande bin, mir die Stiefel zuzuschnüren.

Ich bleibe erneut stehen, um mit einem Blick über die Schulter die Maule zu erspähen. Aber inzwischen bin ich so tief im Wald, daß die Hohlwege, Felsen und Bäume mir einen letzten Anblick des Flugzeugs verwehren. Ich versuche, die Richtung, in der die Maule liegt, einzugrenzen, und studiere deshalb die Fußabdrücke, die ich im Schnee hinterlassen habe. Ich sehe sie im Zickzack von Baum zu Baum verlaufen. Eines ist sicher: Die Maule ist verschwunden, sie ist außer Sichtweite.

An diesem ersten Marschtag setze ich mir zwei Ziele. Erstens will ich versuchen, mich an die Schmerzen zu gewöhnen. Und zweitens will ich einen nach Süden gelegenen Gipfel erreichen. Weil er stärker der Sonne ausgesetzt ist, kann es dort etliche Grad wärmer sein.

Ich muß dringend aus diesem schattigen Hohlweg heraus. Die Sonne wird bald untergehen, und ich muß vor Einbruch der Dunkelheit meine Stiefel und meine Kleidung trocknen. Ich fange an, mich nach Kräften anzutreiben. Bei jedem Schritt fährt mir ein stechender Schmerz von meinem zerschmetterten linken Knöchel durchs Bein. Irgendwann finde ich einen Stock, aber ich kann ihn nicht wie eine gewöhnliche Krücke benutzen, weil ich in regelmäßigen Abständen über Felsvorsprünge klettern und mich an Kanten aus Schnee und Eis entlanghangeln muß.

Bis jetzt bin ich dem Verlauf eines nach Süden fließenden Baches gefolgt. Nun ändere ich meine Marschrichtung nach Südwesten, um einen nahe gelegenen Bergkamm zu erreichen. Wenn es mir gelingt, ihn zu erklettern, kann ich vielleicht dem kalten Schatten entkommen und von der warmen Sonne empfangen werden. Inzwischen schnappe ich wiederholt nach Luft, eine Mahnung, daß Zeit von entscheidender Bedeutung ist. Sieh lieber zu, daß du ohne Ruhepause vorankommst, sage ich mir. Wenn ich es bloß bis zu einer höher gelegenen Stelle auf diesem Kamm schaffe, wo die Sonne auf die Felsen niederbrennt, dann kann ich auf den erwärmten Steinen meine Sachen trocknen.

Schließlich gelange ich in die Tiefen eines steilen Hohlweges, und ich weiß, daß der Anstieg, der vor mir liegt, strapaziös sein wird. Der Schnee reicht mir bis zum Oberkörper, und die Bäume bieten, wenn überhaupt, nur wenig Hilfe. Mir wird klar, daß ich mir meine Kräfte sorgfältig einteilen und daß ich hellwach bleiben muß, will ich diese Herausforderung bestehen. Ich gewöhne mir eine Routine an. Ich laufe ein paar Schritte mit nach vorn verlagertem Körpergewicht, und wenn ich einen Baum erreiche, lehne ich mich kurz an ihn. Von Zeit zu Zeit rutscht der Schnee unter mir und befördert mich ein Stück weit den Hohlweg hinunter. Aber indem ich mich an der Baumreihe entlangbewege, kann ich jedesmal, wenn ich auf eine glitschige Stelle gerate und zu schlittern anfange, wieder mit der linken Hand nach einem der Bäume in der Nähe greifen. Gelegentlich versuche ich, wenn ich ins Rutschen komme und keinen Ast zu fassen kriege, den Sturz durch die Bäume abzubremsen und auf diese Weise zu verhindern, daß ich den Hohlweg hinunterstürze. Bald sehe ich die ersten Sonnenstrahlen, die zwischen den Bäumen hindurchblinzeln. Aber noch befinde ich mich viel zu weit unterhalb des Gipfels, um die Sonne ganz auszunutzen. Der Kamm, den ich erklettere, ist ungefähr dreitausend Meter hoch, und ich habe kaum die Zweitausender-Marke geschafft. Werde ich es schaffen, die Kammlinie zu erreichen, bevor die Sonne untergeht? Wird mir, falls ich noch höher hinaufgehe und der Anstieg länger dauert, noch genügend Zeit bleiben, meine Sachen zu trocknen? Oder sollte ich gleich hier an Ort und Stelle mit dem Trocknen anfangen?

Ich beschließe, zu bleiben, wo ich bin, und das Sonnenlicht maximal auszunutzen. Meine Sachen kann ich auf Felsen trocknen, die knapp hundert Meter entfernt sind. Sobald ich in ihre Reichweite komme, kann ich die von ihnen abstrahlende Wärme spüren.

Ich fange an, meine Jacke – ein zweischichtiges Modell – so auszuziehen, wie ich es normalerweise tun würde, aber sofort verspüre ich unerträgliche Schmerzen, die von meinen gebrochenen Rippen und der zerschmetterten Schulter ausgehen. Die einzige Möglichkeit, die Jacke auszuziehen, besteht darin, mich ihrer mit einem eleganten Links-Rechts-Hüftschwung langsam zu entledigen. Dann trenne ich Innen- und Außenjacke voneinander und drapiere sie auf den Felsen.

Erschöpft und kaum noch fähig mich auf den Beinen zu halten, setze ich mich einfach auf die weiche, warme Erde und mache mich bereit, meine Stiefel auszuziehen. Der rechte rutscht mir leicht vom Fuß. Als ich Anstalten treffe, den linken behutsam über meinen zerschmetterten, geschwollenen Knöchel zu ziehen, wappne ich mich. Ein jäher Schmerz jagt mir durchs Bein. Es tut so fürchterlich weh, daß ich abrupt aufhöre, umkippe und mit einem Schrei, der die eisige, einsame Wildnis durchdringt, loslasse.

Ich mache ein paar Minuten Pause, bis ich meine Beherrschung wiedergefunden habe. Beim zweiten Versuch ist der Schmerz trotzdem noch so heftig, daß ich nach Luft schnappe und die Zähne zusammenbeiße. Als der Stiefel sich endlich abstreifen läßt, bin ich vollkommen geschwächt von der Anstrengung. Noch immer keuchend, nehme ich die Innenschuhe aus den Stiefeln und lege beides zusammen auf die wärmsten Felsen zum Trocknen.

Die Skihose rutscht mir schnell von den Beinen. Ich drapiere sie auf dem Felsen mit dem wenigsten Sonnenlicht, weil sie am schnellsten trocknen wird. Nachdem ich Socken, Jeans und lange Unterhose ausgezogen habe, lege ich auch sie zum Trocknen aus. Ich trage ein Sweatshirt. Angesichts einer gebrochenen rechten Schulter und zahlreichen lädierten Rippen scheint es ewig zu dauern, dieses eine Kleidungsstück auszuziehen. Es ist eine derart schmerzvolle Erfahrung, daß ich mich davor fürchte, das Sweatshirt später wieder anzuziehen.

Zum Schluß stehe ich in T-Shirt und Unterwäsche da. Obwohl mir kalt ist, bleibe ich im Schatten. Als Kind habe ich gelernt, daß die Sonne unser bester Freund sein kann, aber man muß sie respektieren. Sie kann dazu führen, daß ich in wenigen kurzen Stunden dehydriert bin, vor allem in größeren Höhen. Ein Mensch kann wahrscheinlich dreißig Tage ohne Nahrung überleben, aber an Dehydrierung und Durchfall, die dem menschlichen Körper sämtliche Mineralien und Nährstoffe entziehen und ihn ohne Brennstoff zurücklassen, stirbt er unweigerlich in nur ein bis zwei Tagen.

Während ich an einem schattigen Plätzchen sitze, kaue ich auf Schnee herum und versuche, soviel Wasser aufzunehmen wie möglich. Da ich den größten Teil des Tages im Schatten verbracht habe, fühle ich mich nicht ausgetrocknet.

Es gibt drei Untersuchungen, die ich noch an mir durchführen muß, damit ich weiß, wieviel ich mir körperlich abverlangen kann. Eine habe ich bereits unterwegs vorgenommen, als ich Speichel ausspuckte und ihn auf Blut untersuchte. Ich habe den ganzen Tag über Blut gespuckt. Eine Zeitlang wurde es schlimmer, dann ließ es nach, aber es hörte nie ganz auf. Jetzt muß ich Wasser lassen und den Urin auf Blut untersuchen, aber ich habe zuviel Angst.

Ich stehe auf und mache mich auf das Schlimmste gefaßt. Als ich anfange zu pinkeln, sehe ich, daß mein Urin leicht rot verfärbt ist. Während ich weitermache, versuche ich einzuschätzen, ob ich unter natürlichen Bedingungen wieder gesund werde oder ob ich mir ein Organ durchstochen habe. Ich ärgere mich über diesen Gedanken, weil ich weiß, daß es nichts gibt, was ich tun kann. Selbst wenn ich die Kraft habe, am Leben zu bleiben, wird ein perforiertes Organ mich in ein paar Tagen erledigen. Wenn es wirklich schlimm ist, werde ich den Morgen nicht mehr erleben.

Ich hole ein paarmal tief Luft, bevor ich mich an die Untersuchung meines Rektums mache. Dann höre ich auf. Ich will die Antwort gar nicht wissen. Statt dessen beschließe ich, mein linkes Auge zu testen. Wenn ich Schnee dagegen presse, um die Schwellung zu lindern, ist das äußerst schmerzhaft. Ich habe mir heute schon die ganze Zeit, jedesmal wenn ich eine Pause machte, Schnee auf das linke Auge getan. Es war sehr schwierig, mit nur einem Auge zu marschieren, weil meine Tiefenwahrnehmung beeinträchtigt ist. Falls ich auf irgendein extrem »technisches Terrain« stoße, kann sich das auf mein Urteilsvermögen auswirken.

Schließlich nehme ich allen Mut zusammen für den letzten Test. Ich benutze die Fingerspitzen der linken Hand, um den Bereich um mein Rektum abzutasten, und ich unterziehe meine Unterwäsche einer Sichtprüfung. Leider finde ich Spuren von Blut in der Unterwäsche und an meinen Fingerspitzen. Ich werde mich mehrmals am Tag untersuchen müssen, um meinen Zustand zu kontrollieren.

Vorsichtig setze ich mich wieder hin, um auszuruhen. Ich drehe mich in Richtung des Wracks und halte nach Rauch Ausschau. Ich frage mich, was Wave gerade macht. Hat er den Notsender auf dem Bergkamm aufgestellt und ein Feuer angezündet? Hat er eine Möglichkeit gefunden, Lloyd aus dem Wrack zu befreien. Ist Lloyd noch am Leben?

Ich erinnere mich, wie ich Lloyd Matsumoto im Sommer 1992 in Long Beach zum erstenmal begegnete. Mir gehörte damals eine erfolgreiche Software-Firma namens HyperSoft Integration Systems. Jeden Nachmittag spielte ich in einer Sportkneipe am Strand, dem Yankee Doodle's, Poolbillard. Das Yankee Doodle's verfügte über ungefähr dreißig normal große, professionelle Tische, die alle mit eigenem Fernseher ausgestattet waren und ein Telefon hatten, von dem aus man Pizza, Sandwiches oder Bier ordern konnte. Ich selbst trinke keinen Alkohol, und das Essen im Yankee Doodle's habe ich tatsächlich nie probiert, aber es war ein guter Platz, um Pool zu trainieren.

Eines Nachmittags, als ich mit meinem Freund Gary spielte, kam Lloyd mit seinem Queue in der Hand lächelnd an unseren Tisch. Er wagte nicht, uns während der Partie zu stören. Aber bevor Gary gehen mußte, machte er uns miteinander bekannt, und ich lud Lloyd zu einem Spiel ein.

Lloyd musterte den Tisch und fragte: »Was möchtest du spielen?«

»Nine Ball, Straight Pool, Eight Ball – mir ist alles recht«, sagte ich. Er spielte für sein Leben gern Nine Ball, also spielten wir Nine Ball.

Ich stellte rasch fest, daß Lloyd ein wahrer Poolkünstler war. Mit Stolz und Präzision vollführte er seine Stöße. Er hielt sein Queue fest und ruhig, und beim Spiel bewegten sich nur sein Ellenbogen und sein Unterarm. Mir war klar, daß ich nicht entfernt an diese Klasse heranreichte und auf meinen Untergang zusteuerte.

Wie ein geschickter Chirurg arbeitete Lloyd sich um den Tisch herum und versenkte strategisch jede Kugel, während er seinen nächsten Stoß plante. Er hatte sich nicht einmal warm gespielt, und er stand im Begriff, das Rack abzuräumen. Vielleicht weil er japanischer Abstammung war, lächelte er nach jedem Stoß zerknirscht.

Nachdem wir eine Weile gespielt hatten, erzählte ich Lloyd, daß ich als kleiner Junge zum erstenmal Pool gespielt, das Spiel aber nie ernst genommen hätte. Jetzt sei ich soweit und begierig darauf, es richtig zu erlernen. Wir spielten bis in die Nacht hinein. Sobald er anfing, mir ein paar Tips zu geben, merkte ich, daß Lloyd durch und durch integer war, ein Mensch, den zum Freund zu haben ich mich geehrt fühlen würde.

Nachdem Lloyd mich mehrere Monate lang intensiv angeleitet hatte, wurde mein Spiel besser. Wir trafen uns mehrmals die Woche zum Pool. Um Thanksgiving, Weihnachten und Neujahr herum, wenn das Geschäft für mich flau war, spielten wir vormittags und nachmittags. Sobald das Yankee Doodle's überfüllt und die Luft zu verräuchert war, gingen wir. Ich habe Lloyd nie trinken oder rauchen sehen. Ich erfuhr, daß er zwei Söhne über zwanzig hatte und von seiner Frau getrennt lebte. Er war gerade dabei, sich wieder mit ihr zu versöhnen.

Etwa um die gleiche Zeit, als ich Lloyd kennenlernte, steckte ich in Verhandlungen über den Erwerb eines 50-Prozent-Anteils an einem Unternehmen namens X-ALLOY. Die Firma kaufte bei großen Raumfahrtunternehmen, Atomkraftwerken und Schrottplätzen überschüssige Edelmetall-Schweißstäbe auf und verkaufte sie an kleinere Maschinenfabriken und Raumfahrt-Subunternehmer weiter. Ich kannte Kevin Doyle, den Inhaber, seit 1985, als er und ich uns auf dem College eine Wohnung geteilt hatten. Seit 1991 Alleininhaber der Firma, suchte Kevin jetzt nach einem Partner mit etwas Kapital und Geschäftserfahrung, um das Unternehmen voranzubringen. Im Juni 1992 wurden wir Partner. Das Büro von X-ALLOY war gut einen Kilometer vom Yankee Doodle's entfernt. Also drehte ich jeden Tag während der Mittagspause meine Runde vom HyperSoft-Büro zum Yankee Doodle's und dann weiter zum Büro von X-ALLOY.

Die Arbeit bei X-ALLOY weitete sich rapide aus. Binnen sechs Monaten stellten wir den Betrieb der Firma auf EDV um und steigerten den Absatz um etwa 350 Prozent. Angesichts der Tatsache, daß auch HyperSoft konstant weiterlief, begrüßte ich den Neujahrstag 1993 mit positiven Aussichten.

Als ich in der vierten Klasse war, kaufte mein sechs Jahre älterer Bruder Rocco sich ein Minibike – das ultimative Spielzeug. Meine Eltern kauften ein zweites Minibike, das meine Schwester Denise und ich uns teilen sollten. Denise fuhr so selten damit, daß es im Grunde meins wurde. Rocco und ich fuhren auf unseren Minibikes so ziemlich überall hin. Als Rocco anfing, Dinge zu tun, für die ich noch zu klein war, begann ich mich stark für Karate zu interessieren. Meine nächsten paar Jahre waren vollkommen ausgefüllt mit Minibike und Karate.

Immer wenn mein Minibike kaputtging und repariert werden mußte, kam mir mein Dad zu Hilfe. Er nahm es mit in seine Werkstatt, und entweder schweißte er es oder fertigte spezielle Teile dafür an, damit es zuverlässiger würde. Eines Tages ließ Rocco mich in den Sandgruben in der Nähe unseres Hauses auf seinem Motorrad fahren. Obwohl ich zu klein war, um mit den Füßen auf den Boden oder an die Fußrasten zu kommen, setzte Rocco mich auf die Maschine, ließ den zweiten Gang einschnappen und sagte mir, ich solle langsam die Kupplung kommen lassen und gleichzeitig Gas geben.

Während ich am Gasgriff drehte, lief er neben mir her, um zu helfen, das Motorrad im Gleichgewicht zu halten, bis es rollte. Dann brauste ich davon, wobei ich mich mit aller Kraft am Lenker festhielt. Weil ich keinen Halt an den Fußrasten fand, ließen die Beschleunigungskräfte mich auf der Sitzbank nach hinten rutschen. Ich riß das Gas mehrmals so heftig auf, daß ich im Rutschen mit der Nase auf den verchromten Tankdeckel schlug. Gleichzeitig schoß ich mit den Beinen hoch bis auf Sitzhöhe, so daß meine Füße am Ende über dem hinteren Schutzblech in der Luft hingen.

Ich verliebte mich in die Kraft und die Beschleunigung des Motorrads. Wenn es Zeit wurde, dieses Raketenschiff zu stoppen, fuhr ich immer zurück zu Rocco, der, während ich mich ihm näherte, längsseits gerannt kam, neben mir herlief und versuchte, den Lenker zu packen, so daß er die Kupplung kontrollieren konnte. Manchmal mußte ich mehrere Annäherungsversuche machen, bevor Rocco richtig feste zupacken und mir beim Anhalten helfen konnte. Nachdem ich die explosive Leistung des Motorrads erst einmal erlebt hatte, kehrte ich nie mehr zu meinem Minibike zurück.

Als der Herbst des Jahres 1992 näher rückte, planten mein enger Freund Brad Hazen und ich eine Motorradtour. Ausgangspunkt sollte Idaho, Montana oder Wyoming sein; von dort aus wollten Brad und ich auf unseren Geländemaschinen durch die zerklüfteten Rocky Mountains und anschließend über die Grenze nach Kanada fahren. Dann sollte es weiter etwa anderthalbtausend Kilometer nach Norden gehen. Wir würden den Flüssen voller Lachse folgen und quer über endlose Wiesen mit blühenden Blumen fahren. Hin und wieder hatten wir vor, neben den Gleisen der kanadischen Eisenbahn herzufahren, wollten aber stets auf unbefestigten Straßen bleiben und in kleinen Städten nur auftauchen, wenn es unbedingt notwendig war. Unsere Tour sollte ungefähr einen Monat dauern und in der Brooks Range in Alaska enden.

Weil wir mit den Geländearten, die wir durchqueren würden, vertraut waren, wußten wir um die enorme Vorbereitung, die erforderlich war, damit die Tour ein Erfolg würde. Trotzdem waren wir am Ende unserer Planung nicht in der Lage, ein entmutigendes Problem zu lösen: Wie würden wir mitten in der Wildnis an Benzin kommen, um unsere Motorräder aufzutanken?

Wir studierten detaillierte Karten von Kanada und verbrachten Stunden in der Bibliothek. Die Entfernungen waren, gestützt auf unsere Berechnungen, so gewaltig, daß uns mit Sicherheit der Sprit ausginge. Natürlich könnten wir die Straßen nehmen, aber das hatten wir schon getan. Diesmal wollten wir durch die Wildnis fahren und die Rockies pur erleben. Mehrere Wochen wälzten wir das Problem. Dann ging mir eines Tages das sprichwörtliche Licht auf. Ich stürzte hinüber zu Brad und verkündete: »Wir können den Sprit vergraben.«

Er sah mich, den Kopf halb schräg, an und lachte. Ich erklärte, daß ich einen Pilotenschein machen, ein Buschflugzeug kaufen und unsere geplante Route zuerst mit dem

Flugzeug festlegen könnte. Nachdem wir die Route ausgesucht hätten, würden wir sie abfliegen, den Sprit vergraben und die Stellen mit GPS markieren. Dann würden wir einen GPS-Sender an unseren Motorrädern montieren und die vorher festgelegten Depots ansteuern. Das wäre der coolste Weg, die Rockies, Kanada und Alaska zu sehen.

Flugzeuge hatten mich schon immer fasziniert. Als Junge ließ ich Cox-Modellflugzeuge fliegen, die vorn einen winzigen Verbrennungsmotor mit Propeller hatten und mittels einer Verbindungsleine, die man festhielt, gelenkt wurden. Das Flugzeug flog in Kreisen herum, so daß ich lediglich Steig- und Sinkflug kontrollieren konnte. Ich ließ jedesmal den Motor an und gab das Flugzeug dann meiner Mutter, die es festhielt, während ich zu dem etwa sechs Meter entfernten Handsteuergriff rannte. Dann schrie ich: »Laß los.« Der Flieger hob ab, und ich flog ihn.

Ich kaufte mir ein paar Flugzeitschriften, durchforstete die örtlichen Gelben Seiten und fing an, mich nach den erforderlichen Schritten zum Erwerb eines Pilotenscheins zu erkundigen: wie lange es dauert, wo die nächsten Flugeinrichtungen waren, was es kosten würde und andere Überlegungen. Ich fragte Leute am Flughafen von Long Beach nach Fixed Base Operators, kurz FBO's. Das sind kommerzielle Unternehmen, die eine Reihe von Dienstleistungen rund ums Fliegen anbieten, darunter die Reparatur sowie der Verleih und Verkauf von Privatmaschinen und der Einsatz von Charterflügen. Viele dieser Abfertigungsbetriebe reparieren und warten Flugzeuge für Flugschulen. Nachdem ich mit zehn verschiedenen Schulen gesprochen hatte, beschloß ich, meine Ausbildung bei Jack's Aircraft, einer Einrichtung am westlichen Ende des Long Beach Airport, zu machen.

Jack besaß damals drei Flugzeuge, eine Cessna 172 und zwei vom Typ 152. Ich lernte einen Fluglehrer kennen und fing dann im März 1993 mit der Ausbildung an. Ich flog ein paarmal die Woche und verbrachte zahlreiche Stunden in der Schule am Boden.

Auf dem Weg zu meiner Poolpartie in der Mittagspause schaute ich fast täglich in der Flugzeughalle vorbei. Nach Feierabend, normalerweise gegen 16.30 Uhr oder 17 Uhr, machte ich einen zweiten Besuch. Als ich mich eines Nachmittags für einen Flug richtete, ging ich hinaus auf das Rollfeld und sah jemandem zu, der an einer Fünf-Meter-Tragfläche arbeitete, die auf eine Werkbank montiert war. Es war ein grauhaariger Kerl mit Brille, schätzungsweise Ende Vierzig. Ich fing an, ihm alle möglichen Fragen über die Tragfläche, die er gerade reparierte, zu stellen. Er erklärte, was er machte, und stellte sich als Wave Hatch vor.

Jedesmal wenn ich zu der Flugzeughalle ging, legte ich großen Wert darauf, auf einen Schwatz bei Wave vorbeizuschauen. Er nahm seine Arbeit ernst, und mir wurde recht schnell klar, daß er ein begabter Handwerker war. Mehrmals entdeckte ich andere Flugwerk- und Triebwerksmechaniker, die während eines Projekts Waves Zustimmung suchten oder ihn um Rat oder Hilfe baten.

Wave war immer fröhlich, machte ständig Witze und war äußerst großzügig. Er arbeitete auch noch bei McDonnell Douglas Aircraft, und er fuhr Motorrad, was uns auf natürliche Weise verband. Wave war geschieden und hatte eine siebenjährige Tochter, die bei seiner Exfrau lebte. Im Zuge der Entwicklung unserer Freundschaft merkte ich irgendwann, daß ihn die Tatsache, daß er mit seiner Tochter nur begrenzte Zeit verbringen konnte, außerordentlich beunruhigte.

Bis Juni 1993 arbeitete ich weiter mit Lloyd an der Verbesserung meines Pool-Spiels, während ich gleichzeitig von Wave alles über Flugzeuge erfuhr. In Erwartung des Erwerbs meiner Fluglizenz begann ich mich nach einem Flugzeug umzusehen, das ich kaufen könnte. Ich zog vier Maschinen in die engere Wahl: die Cessna 182, Cessna 180, Cessna 185 und die Maule.

Die Cessna 182 hatte ein konventionelles Fahrgestell, das heißt ein Bugrad und zwei Räder unter dem Bauch. Obwohl der Preis sich im Rahmen meines Budgets bewegte, wäre diese Anordnung der Räder für die Buschlandungen in der Wildnis, die Brad und ich vorhatten, unpraktisch. Wenn die Maschine nur ein Rad vorn hatte, könnte der Propeller auf unebenen Start- und Landebahnen auf den Boden auftreffen.

Die beiden anderen Cessnas, die 180 und 185, auch als STOL-Heckschleifer bekannt, sind für Kurzstarts und -landungen auf Behelfsflugplätzen konstruiert. Da diese Maschinen zwei Räder vorn und ein Rad am Heck haben, stehen sie gewöhnlich nicht parallel zum Boden nach hinten, sondern etwas abgewinkelt, wodurch mehr Bodenfreiheit unter dem Propeller entsteht. Heckschleifer können niedrig und langsam fliegen, und sie sehen aus wie alte Jagdflugzeuge aus dem letzten Krieg.

Ich favorisierte die 185, bis ich die Maule sah. Die Maule M-5 ist ebenfalls ein STOL-Heckschleifer, aber weil sie viel leichter ist, hat sie einen besseren Steigwert. Die Bauweise erinnerte mich an einen Strandbuggy. Die Rumpfkonstruktion nach Art eines Überrollkäfigs überzeugte mich davon, daß sie möglicherweise einer kontrollierten Bruchlandung standhielte. Verglichen mit der Cessna 180 oder 185, bietet die Maule im Rumpf weniger Stauraum. In besserem Zustand und mit einer insgesamt geringeren Flugzeit war die Maschine, die ich ins Auge gefaßt hatte, jedoch ungefähr 25 000 Dollar billiger.

Ich hatte Ende Mai eine 1978er Maule M-5 mit weniger als 1300 Flugstunden gefunden. Bei Privatflugzeugen ist eine jährliche Inspektion vorgeschrieben. Die Maschine wird peinlich genau auf Risse, Korrosion, Kabelverschleiß und Motorleistung hin überprüft. Außerdem muß das Flugzeug die sogenannten *airworthy directives* – Richtlinien für die Flugtauglichkeit – erfüllen, das sind Veränderungen oder Modernisierungen, die nach Maßgabe einer von der Bundesluftfahrtbehörde herausgegebenen Richtlinie an dem Flugzeug vorgenommen werden müssen.

Die Luftfahrtbehörde ist die Polizei des Himmels. Wird ein sogenannter *annual*, die Jahresinspektion, durchgeführt, arbeitet der Flugwerk- und Triebwerksmechaniker anhand einer Checkliste, die er Punkt für Punkt durchgeht. Weil normalerweise jedes Flugzeugmodell anders konstruiert ist, sind die Checklisten von Modell zu Modell verschieden. Der Flugzeugeigner erhält eine Liste mit Modifikationen und Reparaturen, die durchgeführt werden müssen, um die Maschine erneut flugtauglich zu machen.

Ich erstand Maule N5629J am 28. Juni 1993, kurz nachdem sie die Jahresinspektion durchlaufen hatte. Für einen Heckschleifer mit über 200 PS verlangt die FAA eine Zusatzausbildung des Piloten und einen entsprechenden Nachtrag im Pilotenschein – eine Genehmigung für Hochleistungs-Heckräder. Zusammen mit dem Pilotenschein kann man zusätzliche Genehmigungen für Schwimmer, Kufen und Hochleistungs-Heckschleifer erwerben.

An einem Sonnabend im August beendete ich meinen Kurs, bestand meinen Prüfungsflug und erhielt meine private Pilotenlizenz. Ich hatte seit ihrem Kauf mit der Maule geübt, und am darauffolgenden Donnerstag erhielt ich meinen Nachtrag für Hochleistungs-Heckschleifer.

Wave war ganz wild darauf, das Flugzeug zu sehen. Sobald ich ihn mit der Maule bekannt gemacht hatte, freundeten die beiden sich schnell an. Wave und ich fingen an, die Maule an ein oder zwei Tagen die Woche für etwa eine Stunde und an den Wochenenden für etwa fünf Stunden zu fliegen. Wir flogen hinaus zu den Wüsten Kaliforniens und

Arizonas und landeten auf ausgetrockneten Seen, um Fotos zu machen. Wir legten eine Route fest, die über acht ausgetrocknete Seen und ungefähr fünfzig unbefestigte Straßen führte, die diese Seen miteinander verbanden. Ich benutzte diese Gebiete, um zu üben, und arbeitete ununterbrochen an meinen Buschlandetechniken.

Wave und Lloyd waren sich bis zu diesem Flug nie begegnet. Nun liegt Lloyds Leben in Waves Hand, und ich bin der Ersatzplan, indem ich versuche, zu Fuß aus der Wildnis der Sierra Nevada herauszukommen. Ich blicke erneut zurück in die Richtung der Maule, kann aber keinerlei Rauch entdecken. Vielleicht hat Wave ein kleines Feuer nur wegen der Wärme brennen, während er darauf wartet, daß ein Flugzeug über ihn hinwegfliegt. In diesem Moment wird er Rauch erzeugen.

Meine Skihose und die Innenjacke trocknen relativ schnell, so daß ich beide wieder anziehe, während ich darauf warte, daß meine restliche Kleidung trocken wird. Da die Sonne weiterwandert und immer schwächer wird, verlagere ich meine Sachen ständig, um sie so lange wie möglich den wärmenden Strahlen auszusetzen.

Während ich meine restlichen, noch leicht feuchten Sachen schon anziehe, lasse ich die Innenschuhe zum Trocknen draußen, bis die Sonne vollständig hinter dem Berg verschwindet. Die Einsätze sind fast trocken, aber die Stiefel sind innen noch naß. Wenn ich sie in die Stiefel schiebe, saugen sie die Feuchtigkeit auf und frieren mir möglicherweise während der Nacht, wenn die Temperatur weit unter null Grad fällt, die Füße ein.

Es wird Zeit, mich nach einem Platz umzusehen, wo ich für die Nacht unterkriechen kann. So ideal der Bergkamm tagsüber auch ist, solange er in der Sonne liegt, wenn ich über Nacht hierbleibe, könnte er zu meiner Grabstätte werden. Ich muß einen von Bäumen umsäumten Platz finden, wo ich Zweige und Kiefernnadeln finde, die ich verwenden kann, um mir ein Nest zu bauen. Die Bäume werden mich vor den Winden schützen, die in dieser Höhe bis auf 160 Stundenkilometer auffrischen können und die Lufttemperatur drastisch sinken lassen. Sollte es während der Nacht schneien, werden die Bäume, Zweige und Kiefernnadeln mich vor dem kalten, nassen Schnee schützen. Ich suche bis unmittelbar vor Einbruch der Dunkelheit, aber ich kann keine geeignete Stelle finden. Ich weiß, daß ich im Dunkeln nicht weitermachen sollte, weil es zu gefährlich ist. Es gibt hier Felswände, die bis zu einhundertfünfzig Meter tief steil abfallen. Und die Vorsprünge, auf denen frisch geschmolzener Schnee liegt, gefrieren unmittelbar nach dem Verschwinden der Sonne, was sie äußerst gefährlich macht.

Endlich entdecke ich in gut zwanzig Meter Entfernung etwas, das wie eine Höhle aussieht. Ich klettere äußerst vorsichtig zu der Stelle hoch, weil ich Angst habe, daß sie möglicherweise von einem Bären oder Puma bewohnt sein könnte. Der Boden der Höhle ist relativ eben, und ein Teil davon ist nichts anderes als gewöhnliche Erde. Ein in der Luft hängender Geruch nach Wild deutet darauf hin, daß ein großes Tier hier innerhalb der letzten paar Tage Zuflucht gesucht hat. Es liegt Schnee am Ausgang und im hinteren Bereich, wo er zwischen den darüberliegenden Felsen hindurchgerutscht ist.

Diese Höhle ist so groß, daß mehrere Personen hineinpassen. Wenn ich aufrecht sitze, ist mein Kopf etwa fünfzehn Zentimeter von einer dünnen Eisschicht entfernt, die an der Felsdecke festgefroren ist. Obwohl die Höhle extrem kalt ist, bin ich hier vor den Winden geschützt, und sie ist trocken. Ich schiebe meinen geschundenen Körper von den eiskalten Steinen herüber zu dem Bereich mit der Erde. Wegen des fehlenden Sonnenlichts ist der Untergrund hier ebenfalls gefroren, aber der Boden aus Erde wird meinen Körper nicht so schnell auskühlen wie die Steine.

Die Sonne ist untergegangen, und ich warte nun geduldig, daß mein rechtes Auge sich an die pechschwarze Dunkelheit gewöhnt. Ich strecke meinen schmerzenden Körper auf dem Boden aus. Aber ich stelle fest, daß sich mir lockere Steine in Rücken und Seiten bohren, also setze ich mich aufrecht hin und versuche, möglichst viele dieser Steine wegzuräumen. Sobald ich ein schmales Ruhebett für meinen Körper freigeräumt habe, lege ich mir einen Stein unter den Kopf, der mir als Kopfkissen dienen soll.

Während ich unter pochenden Schmerzen daliege, muß ich an meinen Vater denken, der allein in meinem Haus in Long Beach ist. Er ist halbseitig gelähmt, und man hat Bulbärparalyse bei ihm diagnostiziert, eine Lähmung der Zungen-, Gaumen- und Kehlkopfmuskeln infolge einer Hirnschädigung. Um herumlaufen zu können, ist er jetzt auf eine Gehhilfe angewiesen. Trotzdem ist er ein paarmal schwer gestürzt, wobei er mit dem Kopf aufschlug und sofortige ärztliche Hilfe benötigte. Das Essen und Trinken kann ihm ebenfalls schwerfallen, weil feste Nahrung oder Flüssigkeit ihm oft im Hals steckenbleibt, so daß er würgen muß. Wenn so etwas passiert, muß sofort jemand bei ihm sein und das sogenannte Heimlich-Manöver durchführen, eine Nothilfemaßnahme bei drohender Erstickung. Weil ich ihn nicht gern allein lasse, kümmere ich mich, wenn ich verreise, immer darum, daß jemand bei ihm bleibt oder mehrmals am Tag nach ihm sieht.

Ich hoffe, daß mein Geschäftspartner Kevin Doyle oder sein Bruder Rick in meinem Haus vorbeischaut. Ich habe eine große Doppelgarage, die zur Hälfte mit Schweißstäben gefüllt ist, die auf Paletten lagern. Wenn eine Bestellung für das Material eingeht, schickt Kevin gewöhnlich Rick rüber, um die Bestellung zu bearbeiten. Danach schaut Rick immer noch auf einen Plausch bei meinem Dad vorbei. Sollte dieser Routinefall bald eintreten und Rick anfangen, sich nach meinem Verbleib zu erkundigen, bemerkt er möglicherweise, daß etwas nicht stimmt. Vielleicht wird er auch zu dem Schluß kommen, daß man meinen Dad nicht alleine lassen sollte. Ich kann nur das Beste hoffen.

Es ist gegen sechs Uhr abends. Ich kann keinen klaren Gedanken mehr fassen. Mein Körper fängt langsam an zu zittern. Mein Genick wird durch das steinerne Kissen so kalt, daß ich es wegnehme und den Kopf auf den gefrorenen Boden lege. Das Zittern wird stärker. »Urrrrrr, urrrrr«, stoße ich hervor. Mein Körper versucht Wärme zu erzeugen, um meine innere Körpertemperatur auf ein normales Niveau zu bringen. Es ist nichts Ungewöhnliches, wenn ein Mensch am ganzen Körper kontrolliert zittert. Aber mein Zittern gerät nach kurzer Zeit derart außer Kontrolle, daß ich beinahe schon von Krämpfen geschüttelt werde.

Ich ziehe die Innenschuhe etwa zur Hälfte aus den Stiefeln, so daß ich ungehindert mit den Zehen wackeln kann. Ich habe ein Bild vor Augen, wie ich in dieser Höhle völlig einfriere, bis am Ende nur noch mein rechtes Auge in meinem Schädel hin und her kullert und auf meinen reglosen Leichnam starrt. Mir fällt ein, was ich heute zu Wave gesagt habe: »Wenn du einen Fehler machst, stirbst du.« Nachdem ich in die Höhle gelockt worden bin, weil sie trocken und eben war, wird mir jetzt klar, daß ich einen tödlichen Fehler begangen habe. In nur einer einzigen Stunde hat die Höhle meinem Körper sämtliche Wärme entzogen. Ich hätte hier nicht hineingehen dürfen.

Höhlen sind im Winter am besten, wenn ein Feuer da ist, um die Steine zu erwärmen, oder wenn eine Plane, ein Zelt oder ein Schlafsack verfügbar ist, um den menschlichen Körper vor den kalten Steinwänden zu schützen. Ansonsten sind sie feucht und kalt und kühlen den Körper aus. Ich habe nichts als die feuchten Kleidungsstücke am Rücken und meine nassen Stiefel – Bedingungen, die den Wärmeverlust schnell vorantreiben. Dennoch will ich es nicht riskieren, nach einem besseren Platz zu suchen. Meine Möglichkeiten sind begrenzt, folglich beschließe ich, die Dunkelheit in der Höhle abzuwarten.

Mein Körper bebt so heftig, daß meine Beine ausschlagen, während Rücken und Schultern sich verrenken und ein paar Zentimeter vom Boden abheben. Dieser Zustand stellt sich so plötzlich ein, daß ich ihn nicht kommen sehe. Ich beginne, die Zehen hin und her zu bewegen sowie Bizeps und Bauchmuskeln anzuspannen. Gleichzeitig fange ich an, die Arme zu bewegen und meine Oberschenkelmuskeln anzuspannen. Ich atme anders, um Luft durch die Nase einzuziehen und durch den Mund in meine Jacke auszuatmen. Bei jedem Atemzug spüre ich, wie die aus meinem Mund strömende Luft mir die Brust wärmt.

Ich fange an, all dies in einer sehr langsamen, aufeinander abgestimmten rhythmischen Bewegung zu tun. Mein Körper beruhigt sich allmählich, und als ich aufhöre, bleibt er flach auf dem Erdboden liegen. Ich habe eine Lösung gefunden, die mich davor bewahren wird, ein menschliches Eis am Stiel zu werden. Die Botschaft des Anfalls ist vollkommen klar: Wenn du schläfst, stirbst du. Ich muß mir selbst sagen, daß ich das zwölf Stunden hintereinander schaffen kann, kein Problem. Ich versuche, die Übungen beizubehalten. Aber meine Verletzungen zermürben mich.

Ich döse ein, und die Kälteschauer und die Krämpfe kehren langsam zurück. Irgendwie werde ich wach und sage: »Nein! Wenn du schläfst, stirbst du. Also los, eins, zwei, drei, vier...« Ich zähle ungefähr bis tausend. Ich setze die Aufwärmübungen fort. Ein paar Stunden vergehen; die ganze Zeit über sage ich mir ständig, daß ich die Übungen weitere zwölf Stunden durchhalten kann. Ich versuche, die Nacht lebend zu überstehen, aber ich weiß, daß ich mich ausruhen und mir Energie aufsparen muß. Wenn ich den ganzen Tag marschieren und die ganze Nacht gegen Bedingungen unter dem Gefrierpunkt ankämpfen muß, werde ich in einem solchen Tempo Kalorien verbrennen, daß ich binnen kurzer Zeit keine Reserve mehr übrig haben werde.

Daheim in meinem Haus klingelt in dieser Nacht ein paarmal das Telefon. Einer dieser Anrufe kommt von meiner Schwester Denise. Da Anrufe durch ein Firmen-Voicemail-System laufen, kann mein Vater sie zu Hause nicht annehmen. Denise hinterläßt eine Nachricht und bittet Dad oder mich, sie zurückzurufen. Es erfolgt nie ein Rückruf.

## Sternenlicht und Lichtstern

28. November

Die Temperatur sinkt weiter. Ich bin erschöpft vom Kampf gegen die Kälte. Ich bin gezwungen, immer kürzere Pausen zu machen. In dem Moment, in dem ich mit den Aufwärmübungen aufhöre, werden meine Fingerspitzen und Zehen taub. Ich male mir aus, wie Erfrierungen mich langsam, aber sicher von den Zehen aufwärts über Füße und Knöchel bis hinauf zu den Knien zersetzen. Ich stelle mir vor, wie meine Finger erst hart gefrieren wie Eiszapfen, dann spröde werden und schließlich in winzige Fleisch- und Knochenstückchen zersplittern.

Meine Jacke ist noch immer hochgeschlossen und geht mir bis übers Kinn. Ich versuche, meinen Brustraum zu wärmen, indem ich weiter so tief, wie ich kann, durch die Nase einatme und kräftig durch den Mund ausatme. Ich bemühe mich, ein Gefühl der Disziplin aufrechtzuerhalten, spüre jedoch, daß ich nicht genug Sauerstoff bekomme. Ich fange an, mit aller Kraft stärker durch die Nase einzuatmen, um den Sauerstoffvorrat zu vergrößern.

Ich habe das Gefühl, ich ersticke, und will mir unbedingt Jacke und Sweatshirt ausziehen. Ich greife mit der linken Hand nach oben und ziehe den Reißverschluß mit einem Ruck nach unten, so daß mein Gesicht vollständig der bitteren Kälte ausgesetzt ist. Trotzdem schnappe ich weiter nach Luft. Ich reiße mir die Sweatshirtkapuze vom Kopf.

Mit leicht angezogenen Knien setze ich mich aufrecht hin. Mein Atem geht allmählich langsamer und findet zu einem natürlichen Rhythmus. Ich kauere mich zusammen, das Kinn sinkt mir auf die Brust, und ich muß unwillkürlich auf den Erdboden blicken. Während ich das rechte Auge schließe, nicke ich ganz langsam mit dem Kopf und sage immer wieder ja.

Ich habe gerade etwas erlebt, das mein Begriffsvermögen übersteigt, möglicherweise irgendeinen durch Unterkühlung ausgelösten Anfall von Wahn. Mein erster Gedanke ist: Disziplin. Mir wird bewußt, daß ich vielleicht zusammenbreche, wenn ich über einen längeren Zeitraum extremen Bedingungen ausgesetzt bin.

Disziplin... Disziplin... Disziplin. Ja, das ist die Antwort. Wenn es mir gelingt, auf mein langjähriges hartes Kampfsport-Training zurückzugreifen, kann ich vielleicht die Willenskraft aufbringen, weiter klar zu denken. Ich werde gezwungen sein, gegen viele Dämonen zu kämpfen – reale wie eingebildete.

Obwohl ich mich über mich ärgere, weil ich Kopf und Gesicht den Elementen ausgesetzt und den Rhythmus aus Ein- und Ausatmen, der mir die Brust wärmte, unterbrochen habe, lächle ich ein wenig. Ich bin zufrieden. Mir wird klar, daß ich mich, wenn ich überleben will, von meiner zivilisierten, häuslichen Lebensweise werde verabschieden müssen. Statt dessen werde ich mir meine tief im Innern schlummernden tierischen Instinkte erschließen müssen.

Ich ziehe mir die Kapuze wieder über den Kopf und binde sie mir mit meinen nutzlosen Fingern so gut ich kann zu. Dann ziehe ich den Reißverschluß meiner Jacke hoch, so daß der Kragen meinen Mund bedeckt und mir bis zur Nasenspitze reicht. Langsam finde ich wieder in meinen Atemrhythmus und setze die Aufwärmübungen fort. Entspann dich! Denk logisch! Bleib ruhig! Disziplin, Konzentration.

Eine kleine Partie meines Gesichts kann ich indes nicht schützen: die Nase und den Bereich, der normalerweise von einer Skibrille verdeckt wird. Ich habe einfach nicht genug

Kleidungsstücke, um mein Gesicht komplett abzudecken. Die untere Stirnpartie, Nase und Wangen beginnen leicht zu kribbeln. Ich lege mich so in der Höhle hin, daß das erblindete linke Auge der Öffnung der Höhle zugewandt ist, und fange an zu blinzeln, Grimassen zu schneiden und die Gesichtsmuskeln zu straffen, damit das Kribbeln aufhört.

Irgendwann ist das Gefühl stärker als ich. Ich lange mit der rechten Hand nach oben und reibe mir das Gesicht. Als ich mit dem Handschuh über die Schrammen und Schnittwunden fahre, fühlt es sich naß und glitschig an. »Ausgeschlossen«, denke ich.

Diese neue Entwicklung nimmt plötzlich meine ganze Aufmerksamkeit in Anspruch. Ich drehe mich auf die linke Seite, so daß ich mit dem rechten Auge in Richtung Höhleneingang blicken kann. Schneeflocken werden sachte in den Eingang geweht. Ich begrüße die weiße Bestie mit äußerstem Respekt und fange an, mit den in die Höhle hineintreibenden Flocken zu sprechen. Ich versuche, mich auf einzelne Flocken zu konzentrieren, während sie anmutig zu Boden schweben und anfangen, sich zu sammeln und ineinander zu verhaken, bis sie einen festen weißen Untergrund bilden. Gedanken über die natürliche Reinheit jeder Schneeflocke führen zu einer düstereren Erkenntnis. So schön sie auch sind, darf man sie keinesfalls unterschätzen. Wenn die Schneeflocken mit ungeschützter Haut in Berührung kommen, schmelzen sie und verwandeln sich in Wasser. Während der Körper die gefrorenen Flocken schmilzt, muß er schwerer arbeiten, um seine Kerntemperatur aufrechtzuerhalten. Das Eiswasser kann in die Kleidung gelangen, was binnen weniger Stunden zu einer gefrorenen Leiche führt.

Der Schneeschauer hält eine Weile an und geht dann vorüber. Ich halte meinen Atemrhythmus aufrecht und mache weiter meine Aufwärmübungen. Die ganze Nacht hindurch erwische ich mich mehrmals dabei, daß ich mich auf die linke Seite drehe, um sehen zu können, ob es wieder zu schneien begonnen hat. Mehrere Stunden vergehen, und ich weiß, daß ich bald wieder unterwegs sein werde. Noch zeigt sich kein Schimmer Tageslicht, aber schon erscheint die Dunkelheit weniger undurchdringlich. Während ich die Veränderung beobachte, werden alle meine Sinne geschärft, und ich spüre vor Aufregung ungeahnte Kräfte. Ich weiß, daß ich eine sehr lange und scheußliche Nacht überstanden habe.

Obwohl mein Körper erschöpft und der Schmerz allgegenwärtig ist, brenne ich darauf, den Ort zu verlassen, der sich in eine tiefgekühlte Hölle verwandelt hat. Ich krieche zum Eingang der Höhle, blicke hinaus nach Westen, sehe aber nur die die Berge einhüllende Dunkelheit.

Sobald ich aus der Höhle heraus bin, stelle ich mich mit Hilfe meines Wanderstocks auf die Füße. Ich finde sogleich die Stelle, wo mein Marsch gestern endete. Ich bewege mich vorsichtig, weil das Dunkel vor Morgengrauen es meinem unversehrten Auge erschwert, das steile, tückische Gelände klar und deutlich zu erkennen.

Als ich mit der Überquerung des Berges beginne, merke ich sofort, daß der Schnee eine ganz andere Beschaffenheit hat als gestern. Heute sinken meine Stiefel nicht bei jedem Schritt ein, es sei denn, ich stemme die Hacken kräftig nach unten. Der Schnee ist von den Minustemperaturen der Nacht so gefroren, daß ich nur etwa zweieinhalb Zentimeter durch die harte Oberfläche dringe. Jedesmal wenn ich den linken Fuß in den Schnee bohre, fährt mir ein heftiger, stechender Schmerz durch den geschwollenen, zerschmetterten Knöchel. Um die Schmerzen zu lindern und den unbrauchbar gewordenen Knöchel zu schonen, schleife ich den linken Fuß einfach über die Schneedecke und bohre den rechten in den Schnee, um genug Haftung zu bekommen, damit ich nicht den Berg hinunterrutsche.

Über ein weiteres Anzeichen, daß ich Fortschritte mache, bin ich ebenfalls erfreut. Zwar entdecke ich nach wie vor beim Husten kleine Blutspuren, aber bei weitem nicht so viele wie gestern. Vielleicht hatte mein Organismus während der zehn oder zwölf Stunden, die ich in der Höhle lag, ein wenig Zeit zu heilen. Leider erweist sich dies als Wunschdenken. Während ich durch den Schnee trotte, schnappe ich nach Luft und fange häufiger an zu husten. Nach einer Reihe von Keuchorgien sehe ich, daß mein Schleim von blutigen Schlieren durchzogen ist.

Da ich nun den zweiten Tag Blut huste, muß ich meinen Urin untersuchen. Ich zögere, weil ich das Ergebnis eigentlich gar nicht wissen möchte. Aber schließlich lasse ich widerstrebend Wasser. Sehr zu meiner Überraschung verspüre ich keinen körperlichen Schmerz. Aber ich knirsche mit den Zähnen, während ich mit dem rechten Auge blinzle, und erneut verwandelt der Urinstrahl den weißen Schnee zuerst in ein goldenes und dann in ein dunkleres Gelb mit einem Schuß blutig-roter Tönung. Ich habe nur einen Gedanken: »Das ist nicht gut!« Trotzdem bleibt mir nichts anderes übrig als weiterzumachen bis zum Umfallen.

Endlich bricht der Tag an. In ein paar Stunden werde ich den direkten, austrocknenden Strahlen der Sonne ausgesetzt sein, sobald sie über dem gut siebzig Kilometer weiter östlich gelegenen Olancha Peak aufgeht. Ich muß mir eine Strecke überlegen, auf der ich beim Marschieren geschützt bin.

Nachdem ich einen halben Kilometer nach Westen gelaufen bin, will ich hoch genug klettern, um das umliegende Terrain aus der Vogelperspektive überblicken zu können. Ich muß feststellen, wie das Gebiet im Süden, wo der Kern River sich durch die Berge schlängelt, beschaffen ist.

Bevor ich den direkten Aufstieg versuche, mache ich eine kurze Pause. Der gefrorene Schnee hat meinem zerschmetterten linken Knöchel weit mehr Schmerzen bereitet, weil er mich zwang, wegen der Bodenhaftung die Hacken in den Boden zu stemmen. Allerdings hat er mir auch einen großen Vorteil verschafft: Da ich nicht die schiere rohe Kraft aufwenden muß, die erforderlich ist, um wie gestern durch hüfthohen Schnee zu stapfen, verbrauche ich weniger Energie.

Bald erreiche ich in etwa zweitausend Metern Höhe einen anspruchsvollen Abschnitt, der Bergsteigerausrüstung erfordert. Vor mir ragt eine Felswand aus der Südflanke des Berges hervor. Fast senkrecht, ist sie etwa zwanzig Meter hoch und fünf Meter breit. Weil die Felsplatte nach Süden liegt und die Bäume sie nicht vom Licht aussperren, ist sie stark der Sonne ausgesetzt und ihre Mitte schnee- und eisfrei. Aus den Spalten und Unebenheiten in der rauchgrauen Felsoberfläche wachsen kleine Bäume heraus.

Ich suche nach einer alternativen Route, aber alles, was ich sehe, sind schneebedeckte, zerklüftete Felsen mit riesigen, knapp zwei Meter langen Eiszapfen, die unter den Felsvorsprüngen herabhängen. In der Ferne sind mehrere gefrorene Wasserfälle zu sehen. An einigen Stellen ist das schnee- und eisbedeckte Gelände offen, aber es ist extrem steil. Obwohl diese offenen Zonen verlockender aussehen als die Felswand, gibt es zwei sehr wichtige Faktoren, die ich berücksichtigen muß.

Erstens liegen diese offenen Zonen ebenfalls nach Süden, wodurch sie sich täglich erwärmen und abkühlen. Zweitens schneit es in der Sierra Nevada im Winter regelmäßig. Der Neuschnee sorgt in Kombination mit der ständigen Erwärmung und Abkühlung des bereits vorhandenen Untergrunds aus Schnee und Eis dafür, daß instabile Schichten entstehen, was das Gebiet zu einer perfekten Brutstätte für Lawinen macht.

Ich stelle mich mit dem Bauch direkt an die Felswand. Ich trage meine zerfetzten Handschuhe und benutze nur die linke Hand, um die Wand über mir nach Spalten und Unebenheiten abzutasten, an denen ich mich hochziehen könnte. Gleichzeitig scharre ich mit den Füßen an der Wand und suche mit den Zehen nach einem Halt am Fels, so daß ich mich mit den Beinen nach oben drücken kann.

Das Vorwärtskommen gestaltet sich langsam und ermüdend. Jedesmal wenn ich neuen Halt gefunden habe, gelingt es mir, fünfzehn bis zwanzig Zentimeter vorwärts zu kommen. Wegen meines zerschmetterten Knöchels versuche ich links nur die Ferse zu benutzen. Nachdem ich knapp sieben Meter zurückgelegt habe, werfe ich einen Blick nach unten. Wie eine Spinne klammere ich mich einzig mit einem kleinen Teil der linken Ferse, den rechten Zehen und den linken Fingerspitzen unbeholfen an den Fels.

Indem ich meine rechten Zehen gegen einen kleinen Vorsprung drücke, habe ich weiter Haftung am Fels und gewinne Stabilität, während ich mich kurz ausruhe. Die Größe des Vorsprungs entspricht ungefähr dem Hals einer Bierflasche. Ich strecke den linken Arm über den Kopf und schiebe die Fingerspitzen von unten in eine kleine Spalte, die hilft, den Druck auf meinen Füßen zu mindern. Mein Handschuh dient als Polster zwischen den tiefen Schnitten in meinen Fingern und dem feinen, rasiermesserscharfen Belag auf der winzigen Spalte, aber er gestattet mir nicht, den Fels gründlich zu untersuchen und eine vertraueneinflößende Stelle zu ertasten. Mein rechter Arm bleibt an meiner Seite in Reserve und wartet geduldig auf jenen entscheidenden Moment, wo er mir zu Hilfe kommt. Ich weiß, daß meine rechte Schulter zertrümmert wurde, also werde ich ihn nur sparsam einsetzen.

Ich erreiche eine Stelle direkt unterhalb eines kleinen Buschs, der einen knappen Meter schräg über mir aus dem Fels herauswächst. Meine linke Hand ist geschickt positioniert, so daß ich an dem Felsen verankert bin. Ich darf nicht loslassen, sonst stürze ich im freien Fall über zehn Meter tief auf die Felsen unter mir.

Die Stelle ist sehr schwierig, und ich muß mir diesen Busch zunutze machen. Statt die linke oder rechte Hand zu

Hilfe zu nehmen, um ihn zu packen, recke ich Hals und Oberkörper, so weit ich kann, und versuche, mein Kinn über die Wurzel des Buschs zu schieben, so daß ich mich besser hochziehen kann. Aber die Anstrengung ist zwecklos. Selbst nachdem ich mich ganz ausgestreckt habe, fehlen mir noch immer ungefähr dreißig Zentimeter bis zu der Wurzel.

Während ich mich mit der linken Hand sicher festhalte, suche ich mit der linken Ferse und dem rechten Fuß nach einem alternativen Halt. Etwas weiter oben am Fels finde ich neue Stellen, aber sie sind weniger sicher. Bereit, es erneut an der Wurzel zu probieren, strecke ich vorsichtig beide Beine aus. Meine Haftung am Fels ist minimal. Ich kann spüren, wie ich rechts am Fels rutsche.

Verzweifelt drücke ich mich mit der Brust gegen die Felswand und hoffe, meine Zehen etwas vom Druck entlasten zu können. Vorübergehend stabilisiert, sehe ich, daß der Wurzelansatz zwar noch mehrere Zentimeter von meinem Kinn entfernt ist, einige Zweige jedoch in der Nähe meines Gesichts herabhängen.

Ich schließe das rechte Auge, um es mir nicht auszustechen, als ich den Kopf auf das borstige Geflecht aus Zweigen zubewege. Dann presse ich einen der Zweige mit der rechten Wange gegen den Fels. Systematisch, Zentimeter für Zentimeter, schiebe ich meinen Kopf hoch auf den Wurzelansatz zu. Jetzt, wo ich den groben, stacheligen Zweig mit der Wange fest eingeklemme, kann ich mich langsam mit den Beinen hochdrücken und weitere zehn Zentimeter an Höhe gewinnen. Als ich beide Beine ganz ausstrecke, spüre ich, wie ich mit den Zehen des rechten Fußes Halt verliere.

Da der Wurzelansatz jetzt nur noch ein winziges Stück entfernt ist, bekomme ich ihn mit dem Kinn zu fassen und sichere mich ab, indem ich mir das Gestrüpp zwischen Kinn und Brust klemme. Zwar bin ich jetzt in Sicherheit, aber die stacheligen Zweige drücken sich in meinen Adamsapfel, so daß ich keine Luft bekomme. Mit der linken Hand suche ich mir rasch einen anderen Halt und ziehe mich weit genug hoch, um nicht zu ersticken. Der knifflige Abschnitt ist überwunden.

Sobald ich das Gefühl habe, einen sicheren Halt am Fels zu haben und richtig im Gleichgewicht zu sein, blicke ich nach Süden. An einem klaren Himmel sehe ich in 10-Uhr-30-Position einen Stern. Wie außergewöhnlich! Angeblich sollen Sterne nicht zu sehen sein, wenn die Sonne aufgegangen ist. Aber dieser Stern brennt hell.

Er ist mandelförmig und steht so, daß sein spitz zulaufendes Ende nach unten zeigt. Ein extrem helles, weißes Licht geht strahlenförmig von den äußeren Rändern aus, und eine diagonale Linie von oben rechts nach unten links brennt ebenso hell. Die beiden inneren Hälften geben ein trüberes Licht ab, eine hat etwas Gräuliches. Der Kern scheint durch das starke Licht von den äußeren Rändern und der diagonalen Linie erleuchtet zu werden.

Ich weiß nicht, was ich von diesem merkwürdigen Stern halten soll. Angstvoll blicke ich nach unten und hoffe, daß er verschwinden wird. Augenblicke später ist er noch immer da. Ich fühle mich hin- und hergerissen. Ich möchte ihm näher kommen, aber gleichzeitig möchte ich seine Existenz fliehen. Hier bin ich, oben auf einem Berg, verwirrt durch das, was ich sehe, und dennoch bemüht, klaren Verstand zu bewahren. Ich kann mich nur wundern: Was geht hier vor? Bin ich der einzige, der das hier sieht? Ist das überhaupt möglich? Obwohl ich ein schweres körperliches Trauma erlitten habe, dürfte ich eigentlich keine Anfälle von Wahnvorstellungen haben. Daß ich vor Hunger unter Halluzinationen leide, dafür ist es noch zu früh. Wenn man bedenkt, daß ich gerade eine Wand erklommen habe und dabei eine Reihe schwieriger Entscheidungen treffen mußte, glaube ich, daß meine geistigen Fähigkeiten intakt sind.

Das Licht bleibt unbeweglich. Ich weiß noch immer nicht, worum es sich handelt, aber ich bin überzeugt, daß es weder ein Stern noch ein Flugzeug oder ein Helikopter ist. Mein rechtes Auge tränt und alles verschwimmt. Während ich mich mit der linken Hand festhalte, reibe ich mir das Auge und die Wange an der Schulter, um die Tränen abzuwischen. Ich will dieses helle Licht absolut scharf erkennen können. Während ich mich noch immer festhalte, lehne ich mich zurück, von der Wand weg, und strecke mich nach Kräften, um dem Licht näher zu kommen, so daß ich mit ihm sprechen kann. Aber als ich den Mund aufmache, um dem hellen Licht eine Frage zu stellen, stammle ich.

Ich muß wiederholt mit dem rechten Auge blinzeln, als ich versuche, es immer weiter zu öffnen, um dieses Phänomen zu begreifen. Während ich nach Luft schnappe, beginnt das rechte Auge erneut zu tränen, und dann fange ich an zu weinen. Ich recke den Hals empor und finde endlich den Mut, mit diesem mächtigen hellen, weißen Licht zu sprechen. »Mom, bist du das?« frage ich. Ich muß alle Kraft, über die ich verfüge, aufbieten, um diese vier einfachen Worte zu äußern. Als ich es dann tue, bin ich erleichtert, aber ich weiß nicht, was ich von alldem halten soll. Ich denke, daß meine Zeit vielleicht um ist. Ich habe das Licht gesehen, und sie kommen mich holen. Dann schießt mir ein anderer Gedanke durch den Kopf: Ist es möglich, daß es sich um irgendein leitendes Licht handelt, das mich fortan auf meiner ganzen Reise begleiten wird? Bei dieser Überlegung beruhige ich mich allmählich wieder.

Ermutigt drehe ich den Kopf, um mich dem Felsen zuzuwenden, und klettere weiter. Ich schiebe mich ungefähr zwei Meter höher, immer noch in demselben Schneckentempo. Nachdem ein paar Minuten vergangen sind, möchte ich erneut zu dem Licht aufschauen, aber ich zögere. Als ich Halt gefunden habe, werfe ich endlich einen Blick nach oben, und da ist es, hell wie zuvor. Es ist sonst nichts am Himmel. Ich bin nicht allein.

Erfüllt von einem inneren Kraftquell, glaube ich jetzt, daß

ich alles schaffen kann. Mir ist, als erlebte ich einen spirituellen Orgasmus, als dieses Gefühl ausströmt und durch meine Venen und Arterien fließt. Es ist eine Empfindung, die anders ist als alles, was ich bisher erlebt habe. Ich bin überzeugt, daß ich den Rest dieser Felswand in der beruhigenden Gewißheit hinaufklettern kann, daß »sie« mich nicht fallen lassen werden. Ich werde leben. Ich kann nicht sterben.

Als ich den schwierigsten Abschnitt der Wand erreiche, gehe ich ihn gestärkt an. Ich arbeite mich an diesem Teilstück vorbei, bis ich an einen Felsvorsprung gelange – ein großartiger Rastplatz. Ich blicke nach Süden, aber das brennende Licht ist verschwunden. Ich schreie nach ihm, ich habe Angst ohne dieses Licht, aber es taucht nicht wieder auf. Ich blicke nach Osten und dann nach Westen. Nichts. Ich bin wieder allein.

Als ich diesen letzten Abschnitt hochkletterte, fielen mir mehrere Fragen ein, die ich dem weißen Licht stellen wollte. Aber über den Versuch, den Mut aufzubringen, mich ihm zuzuwenden, habe ich viel zu lange gewartet. Jetzt ist das Licht verschwunden. Viele Menschen widmen ihr ganzes Leben der Erwartung und Erforschung einer spirituellen Erfahrung wie dieser. In meinem Fall stellte sie sich ein, aber ich erkannte sie nicht. Nicht genug damit, daß ich Angst hatte, begrüßte ich sie auch nicht mit dem ihr gebührenden Respekt. Wie erbärmlich. Körperlich fühle ich mich nach wie vor kräftig, aber ich bin jetzt zutiefst betrübt. Ich schließe mein unversehrtes Auge und senke voller Abscheu den Kopf.

# Am Scheideweg

## 28. November

Aus meiner gegenwärtigen Höhe von knapp zweitausend Metern ist der Kern River deutlich zu sehen, aber ich brauche einen noch besseren Blick auf die Umgebung, um alle meine Optionen abwägen zu können. Ich setze den Anstieg fort und teile mir meine Kräfte ein, indem ich alle paar Schritte eine Pause mache, bevor ich weitergehe.

Während ich ausruhe, esse ich kleine Mengen Schnee. Ich will möglichst viel Flüssigkeit aufnehmen, achte aber darauf, nicht zuviel des Guten zu tun und mich zu unterkühlen. Nach meinem Verständnis von Unterkühlung kann die Aufnahme kalter Flüssigkeiten die Körpertemperatur senken, solange der Körper strenger Kälte ausgesetzt ist.

Mit dem wenigen Schnee, den ich esse, kann ich meinen Durst nie löschen, aber ich weiß, daß ich mich unter Kontrolle haben muß, wenn ich überleben will. Meine Knochen sind noch kalt von der Nacht, die ich in der Höhle verbracht habe, und die Zehen an beiden Füßen brennen von Erfrierungen in den Anfangsstadien. Ich kenne die Anzeichen. Wenn das Blut nicht mehr schnell genug zirkuliert, verfärbt sich die ungeschützte Gewebepartie dunkelblau.

Die Sonne brennt heftig vom Himmel. Als ich für eine kurze Pause stehenbleibe, bemerke ich rechts von mir in drei Meter Entfernung einen Stein von der Größe eines Rucksacks, auf dem kein Schnee liegt – ein klares Indiz, daß er die Sonnenhitze absorbiert.

Am Boden, zu Füßen dieses warmen Steins, ist der Schnee

geschmolzen. Ich streife den rechten Handschuh ab und rühre mit den Fingern in einer kreisenden Bewegung im nassen Untergrund, um ihn schlammig zu machen. Sobald die Erde matschig wird, verteile ich sie auf Gesicht, Nacken und Ohren. Diese dünne Schlammschicht wird wie ein Sonnenschutzmittel wirken und außerdem helfen, Dehydrierung vorzubeugen.

Gegen 11.30 Uhr erreiche ich eine Höhe von etwa zweitausendsechshundert Metern, und von hier aus bietet sich mir der bislang umfassendste Blick auf das gesamte Gebiet des Kern River. Von diesem Aussichtspunkt aus kann ich mir einen realisierbaren Plan überlegen. Aber zuerst muß ich ein bißchen Hausarbeit erledigen. Da der Boden in dieser großen Höhe bereits warm und trocken ist, sind die Bedingungen ideal, um meine Kleidung zu trocknen.

Nur Socken, Stiefel und T-Shirt sind naß – das T-Shirt vom Schwitzen. Nachdem ich die Innenschuhe aus den Stiefeln genommen habe, lege ich die nassen Sachen oben auf einen großen, dunklen Stein zum Trocknen. Er liegt nicht nur ungeschützt in der Sonne, sondern gibt auch selbst Strahlungswärme ab, die ebenfalls hilft, meine Kleidungsstücke zu trocknen.

Solange ich warte, suche ich Schutz unter einer riesigen Sequoia. An ihrem Fuß liegt ein gewaltiger Haufen Nadeln, der, weil er nach Süden geht, warm, weich und trocken ist. Dieses natürliche Plüschbett bietet meinem erschöpften, geschundenen Körper einen bequemen Ruheplatz. Ich lehne mich mit dem Rücken gegen einen anderen Mammutbaum, der auf die Seite gestürzt ist. Im Moment möchte ich nur eines, mich ausruhen.

Während ich auf Schnee herumkaue, hebe ich eine Handvoll hoch und drücke sie mir aufs linke Auge, um die Schwellung zu lindern. Die Kälte des Schnees brennt in meinem Gesicht, als mir plötzlich Lloyd und Wave einfallen. Ich erinnere mich an den Plan, den Wave und ich uns ausgedacht haben – nach Süden marschieren, den Kern River finden und dann seinem Verlauf nach Johnsondale folgen.

Unter mir ausgebreitet liegt die ganze Schönheit des Kern River, der sich zwischen den hohen, tückischen Canyonwänden der Berge hindurchschlängelt. Der Fluß strömt mit solcher Geschwindigkeit dahin, daß Schnee- und Eisklumpen an seinen Ufern gewaltsam mitgerissen und in das eiskalte Wasser gewirbelt werden. Eine Möglichkeit besteht darin, dem Verlauf dieses reißenden Flusses zu folgen. In niedrigeren Lagen ist es nicht nur wärmer, der Fluß macht auch eine Richtungssuche überflüssig. Ich muß lediglich bergab marschieren und anschließend dem Fluß in die Zivilisation folgen. Seine starke Strömung führe ich auf den reichlichen Schneefall während der vergangenen Nacht zurück, verstärkt durch den natürlichen Oberflächenabfluß, da Schnee und Eis tagsüber schmelzen.

Die Schlucht, durch welche der Fluß strömt, hat kein Sonnenlicht, nur Schatten. Offensichtlich erreicht die Sonne die Schlucht nur um die Mittagszeit.

Innerhalb der Troposphäre, der Schicht, die an der Erdoberfläche beginnt und sich breiten- und wetterlagenbedingt zwischen neun und achtzehn Kilometer in den Himmel erstreckt, existiert ein sogenannter senkrechter Temperaturgradient, was bedeutet, daß die Temperatur mit zunehmender Höhe abnimmt, und zwar um durchschnittlich 6,5 Grad Celsius pro Kilometer. Da der Fluß sich auf einer Höhe von neun- bis zwölfhundert Metern unterhalb meiner gegenwärtigen Position befindet, ist es in meiner momentanen Höhe etwa 6 Grad kälter als unten am Fluß.

Ich halte nach Süden, Osten und Westen Ausschau. Alles, was ich von meinem erhöhten Standort aus sehen kann, sind schneebedeckte Berggipfel, die kein Ende zu nehmen scheinen. Ich komme mir vor wie ein Schiffbrüchiger, der gezwungen ist, Wasser zu treten, während sein suchender

Blick über die schaumgekrönten Wellen eines endlosen Meeres schweift.

Im Osten treffen zwei Berge zusammen und bilden ein sehr kleines, V-förmiges Tal. Ein eisiger Bach im Innern des Tals wird von mehreren Schneeschmelzabflüssen gespeist, von denen einer nicht weit von der Absturzstelle der Maule entfernt ist. Das Tal endet am Fuße eines weiteren Dreitausenders. Um diesen Berg von hier aus zu erreichen, wäre wohl ein mehrtägiger Marsch erforderlich.

Meine ungeteilte Aufmerksamkeit gilt mehreren dunklen Flecken in diesem Miniaturtal. Die Flecken sind gleichmäßig verteilt und erscheinen als gerade, gepunktete Linie. Weil meine unmittelbare Umgebung eine wild zerklüftete Bergwelt ist, fällt die gepunktete Linie als unnatürliches Muster auf und prägt sich mir ein.

Ich wende mein Augenmerk wieder dem Kern River zu und denke über einige der Probleme nach, die der Fluß aufwirft. Er erhält nur ungefähr eine Stunde Sonnenlicht pro Tag. Wie würde ich meine nasse Kleidung trocknen, wenn ich ihm folge? Das Sonnenlicht zur Mittagszeit würde nicht ausreichen. Außerdem, was ist, wenn sich während dieser entscheidenden Stunde Wolken vor die Sonne schieben?

Noch etwas gilt es abzuwägen. Obwohl es in niedrigeren Höhen wärmer ist, ist der Schnee dort nasser und schwerer. Höchstwahrscheinlich würde ich durchnäßt werden, während ich versuchte, durch brusthohen, matschigen Schnee zu laufen. Es würde so viel mehr Kraft erfordern, mich durch den dichten, nassen Schnee vorwärts zu kämpfen, daß ich bis Sonnenuntergang erschöpft und durchgefroren wäre. Außerdem könnte die Temperatur in den niedrigeren Höhen auf über null Grad Celsius klettern, falls die Berge Niederschlag erhalten, und ich könnte in Regen geraten.

Eine Alternative wäre, nach Westen zu marschieren und zu versuchen, eine der kleinen Städte östlich von Fresno im San Joaquin Valley zu erreichen. Ich könnte mich an südlichen Gipfeln entlangbewegen und tagsüber von der Wärme der Sonne profitieren.

Aber wie würde ich den Kern River überqueren, den wildesten und größten Fluß in diesem Gebiet? Die Wahrscheinlichkeit, einen umgestürzten Baum zu finden, der ihn in seiner Breite überspannt, ist äußerst gering, weil er viel zuviel Kraft hat, als daß irgend etwas, selbst ein umgestürzter Mammutbaum, quer zur Strömung liegenbliebe. Da überdies in jedem Frühjahr und Sommer Menschen über die Stromschnellen jagen, ist der Fluß vermutlich frei von jeglichen Hindernissen.

Eine nördliche Route würde mich zum Yosemite-Nationalpark führen, aber ich wäre tot, steifgefroren, bevor ich dort ankäme.

Nach Osten müßte ich etwa siebzig Kilometer bis zum Highway 395 marschieren, der Los Angeles mit Reno und dem Lake Tahoe verbindet. Wenn ich einer östlichen Route folgte, könnte ich mich trotzdem an den nach Süden gelegenen Gipfeln entlangbewegen. Indem ich mich von niedrigeren, wärmeren Lagen fernhielte, träfe ich weder auf Regen noch auf nassen Schnee. In größeren Höhen wäre der Schnee trockener und kälter und vielleicht gefroren, wie es heute morgen der Fall war. So hätte ich die Möglichkeit, über die Schneedecke hinwegzugleiten und würde weniger Energie verbrauchen, vor allem wenn ich bei Anbruch der Dämmerung aufbrechen und bis zum späten Vormittag weitermarschieren würde. Kurz vor Mittag wird der Schnee normalerweise naß, und der Harsch weicht auf. Ich könnte dann für den Tag Schluß machen, auf einem nach Süden gelegenen Gipfel meine Kleidung trocknen und mir einen Unterschlupf für die Nacht bauen.

Ich komme nochmals auf den Plan zurück, den ich mir mit Wave überlegt habe, nämlich dem Fluß zu folgen. Wenn ich diesen Plan jetzt ändere, woran würde ich mich dann unterwegs orientieren? Aus meiner Kindheit und der Lektüre als

Erwachsener weiß ich, daß das häufigste Problem für den Wanderer, der sich in den Bergen verirrt, darin besteht, daß er Gefahr läuft, sich endlos im Kreis zu bewegen. Ich brauche eine genaue Methode der Standort- und Richtungsbestimmung und eine Möglichkeit, mich noch einmal zu überprüfen. Ich müßte mich an den Sternen und der Art, wie der Schnee auf den Gipfeln schmilzt, orientieren, um die eingeschlagene Richtung beizubehalten.

Das führt mich zu der Frage, ob Wave schon gerettet worden ist. Wenn ja, wird der Such- und Rettungstrupp längs des Flusses nach mir suchen, während ich in Wirklichkeit mehrere Gipfel weiter sein könnte – vielleicht Dutzende von Kilometern entfernt.

Wieder starre ich nach Süden und überblicke den Kern River. Während ich den gewundenen Fluß studiere, kommt mir plötzlich das Bild eines alten hölzernen Sarges in den Sinn, so wie man sie in Western sieht. Der dünne Holzdeckel ist noch nicht ganz zugenagelt, und als ich in den Sarg schaue, sehe ich mich selbst, reglos auf dem Rücken liegend. Ein Mann fängt gerade an, ein paar letzte rostige alte Nägel in das verwitterte Holz zu schlagen, um den Dekkel zu befestigen. Als ich in das Gesicht des Mannes blicke, bin ich es. Ich schlage die letzten Nägel in meinen eigenen Sarg.

Die Entscheidung, welcher Richtung ich folge – Süden, Osten oder Westen –, ist äußerst wichtig und wird letzten Endes mein Schicksal besiegeln. Als mir klar wird, daß ich bei dieser Reise an einem Scheideweg angelangt bin, beschließe ich, zu bleiben, wo ich bin, das Problem eine Nacht zu überschlafen und meine Entscheidung am nächsten Morgen zu treffen. Für den Fall, daß ich beschließe, nach Osten oder Westen zu marschieren, und falls der Himmel heute nacht klar ist, werde ich mir eine Sternformation aussuchen, die sich leicht einprägen läßt. Entscheidend ist, daß ich niemals vergesse, in welche Richtung die Anordnung der

Sterne deutet, denn indem ich eine konkret bestimme, kann ich mir die anderen drei leicht ausrechnen.

Wieder werfe ich einen Blick nach Osten auf das V-förmige Tal. Während ich nachdenklich die dunklen Flecken im Schnee betrachte, frage ich mich immer wieder: Was zum Teufel ist das? Vielleicht sind es Obstkulturen, bei denen die Bäume in gleichmäßigen Abständen gepflanzt wurden. Die Flecken könnten aber auch die Spitzen von Zaunpfählen sein. Falls ich mit einer der beiden Ahnungen richtigliege und die Flecken künstlich sind, könnte es dort ein Telefon, eine Unterkunft, Essen, Kleidung, vielleicht eine Möglichkeit, Feuer zu machen, geben. Eventuell finde ich Material, aus dem ich mir einen Unterschlupf bauen oder Schneeschuhe basteln kann.

Während ich das rechte Auge geschlossen halte, hole ich ein paarmal tief Luft, um einen klaren Kopf zu bekommen. Ich erinnere mich an das helle, weiße Licht. Konfrontiert mit Hindernissen, die mir alles abverlangen, und natürlichen Elementen, die sich meiner Kontrolle entziehen, ist es jetzt an der Zeit, mit mir selbst ins reine zu kommen, solange ich noch kräftig bin. Ich fürchte, daß ich, sollte ich wirklich schwach oder krank werden, in Verzweiflung gerate und zu lamentieren anfange, was ich nicht will. Ich könnte durch das Eis eines zugefrorenen Flusses brechen und in die Tiefe gezogen oder unter einer Lawine begraben werden. Sollte irgend etwas davon passieren, werde ich keine Gelegenheit mehr haben, richtig Dank zu sagen und meine Abschiedsgrüße zu sprechen.

Was soll's, ich kann mich nicht beklagen. Noch bin ich kräftig, habe meine fünf Sinne beisammen und bin noch nicht soweit, daß ich schon aufgebe. Aber wenn alles zu Ende geht, auch gut. Falls ich sterbe, kann es einen besseren Ort geben als diesen? Ich bin umgeben von Natur, Ruhe und Schönheit. Ich liege nicht, an Monitore angeschlossen, in einem Krankenhausbett und werde zwangsernährt, während meine Familie und meine Freunde sich über meinen reglosen, entstellten und verkümmernden Körper beugen. Sie müssen nicht leiden, wenn sie mit Tränen in den Augen auf mein ausdrucksloses Gesicht mit den bläulichgrauen Lippen und tief in den Schädel gesunkenen Augen starren, während ich unfähig bin, sie zu erkennen.

Meine Betrachtungen in der beißenden Kälte lassen die Erinnerung an einen Augenblick in meiner Kindheit wieder aufleben, als ich beinahe erfroren wäre. Mein bester Kamerad war mein Hund Sanjaya. Ich hatte ihn nach einem Freund in der Schule benannt, dessen Familie aus Indien eingewandert war. Wir hatten ihn zusammen aus dem Teich gerettet, in dem er gerade ersäuft werden sollte.

Sanjaya hatte ein glänzendes goldenes Fell, und seine Persönlichkeit und sein Liebreiz regierten unser Haus. Wenn ich bei einem Freund übernachtete, lief Sanjaya jedesmal die Elternhäuser meiner Freunde auf der Suche nach mir ab. Bei jedem Haus bellte er und kratzte an der Tür, um zu sehen, ob ich drinnen wäre. Hatte er das richtige Haus gefunden, weckten die Eltern meines Freundes ihren Sohn und mich jedesmal, um uns zu sagen, daß Sanjaya da sei, und gewöhnlich ließen sie ihn ins Haus, damit er über Nacht bleiben konnte.

Während der strengen Winter in Connecticut, wenn die Temperaturen weit unter null Grad fielen, zogen alle es vor, drinnen zu bleiben. Das heißt alle außer Sanjaya und mir. Wir machten uns auf die Suche nach Abenteuern und wanderten quer durch den Garten hinter dem Haus, in Schnee, der mir bis über die Knie ging. Sanjaya machte bei jedem Schritt einen Satz aus dem Schnee wie ein Känguruh. Wir liefen hinunter zu den verschneiten Sandgruben, durchquerten den Wald und gingen in die Apfelplantagen. Wir waren immer allein, nur gelegentlich begegneten wir meinem Bruder Rocco, der von der Jagd zurückkam.

Er nahm mich zu jeder Jahreszeit mit auf die Jagd. Die Winter waren besonders scheußlich, weil ich immer tief im Schnee versank. Es sah jedesmal so aus, als würde ich rennen, bloß um mit ihm Schritt zu halten, während er in normalem Tempo ging.

Rocco zog die Große-Bruder-Show ab. Er fing einen Fisch, bekam ihn sicher an die Angel und erzählte mir, da sei nichts am Ende der Schnur. Dann übergab er mir die Angelrute und machte sich davon. Und plötzlich bog sich die Rute. Ich hörte, wie die Angelrolle zzzzzzz machte, und fing an, mit einem Fisch zu kämpfen, in dem Glauben, daß ich ihn tatsächlich an den Haken bekommen hätte. Bald fing ich meine eigenen Fische und lernte, mit einem Luftgewehr zu schießen. Rocco brachte mir auch bei, wie man sich aus dem, was man im Wald so fand, Bögen, Pfeile und Steinschleudern bastelte. Und darauf brachte ich es meinen Freunden bei.

Meine Lieblingswanderung mit Sanjaya führte uns zu einer dicht mit hohen Kiefern bewachsenen Stelle, die ich den »Bau« nannte. Die schweren, vollen Zweige der Bäume hingen herab und brachen beinahe unter dem Gewicht des Schnees und des Eises, die an ihnen hafteten. Im Innern dieser Baumhöhle war ich vor dem Wind geschützt. Ich liebte diesen leisen, trockenen, friedlichen Ort. Häufig entdeckte ich hier Eulen, und auf dem Hin- und Rückweg vom Bau sah ich oft Hirsche.

Bei einem meiner Abenteuer mit Sanjaya überquerte ich gerade einen zugefrorenen Teich, als ich hörte, wie das Eis zu knacken begann. Das Geräusch hallte wider, während ich beobachtete, wie das Eis über die ganze Länge des Teichs aufbrach. Sanjaya wußte, was das zu bedeuten hatte. Er fing an zu bellen, während er seine Krallen in das Eis grub und auf das Ufer zusteuerte. Sobald Sanjaya in Sicherheit war, drehte er sich herum und starrte zu mir herüber, wobei er außer Rand und Band war, herumsprang und bellte. Gefangen in der Mitte des Teichs, während rings um mich herum das Eis brach, verteilte ich mein Gewicht, indem ich alle viere von mir streckte. Ich war mir nicht sicher, welches der sinnvollste Fluchtweg war. Aber obwohl ich mich sehr langsam bewegte, immer Zentimeter für Zentimeter, tönte das Eis weiter. Ich konnte weder heraushören, woher das Geräusch genau kam, noch feststellen, wie weit es von mir weg war. Das Knacken wurde lauter. Endlich, in letzter Sekunde, erkannte ich, daß die knackenden Geräusche direkt unter mir waren. Und plötzlich fiel ich durch das Eis.

Während mein Kopf in dem eisigen Wasser untertauchte, versuchte ich die Arme oben zu behalten, um nicht von dem Eisloch weggetrieben zu werden. Wenn ich dieses Loch verlöre, säße ich unter dem Eis in der Falle. Ich brachte meinen Körper in eine neue Lage – mit den Füßen unter mir und dem Kopf über dem Wasser – und streckte die Hände aus, um auf das Eis zurückzuklettern. Aber es brach immer weiter ab, zuerst in großen Platten, dann in kleineren Stücken. Ich hörte Sanjaya bellen, aber ich konnte ihn nicht sehen. Ich versuchte, mich wieder auf das Eis zu ziehen, aber es brach in einem fort. Schließlich bekam ich den Oberkörper auf das Eis, und ich schob mich vorwärts, bis meine Beine aus dem Wasser heraus waren.

Zum Ausruhen war keine Zeit. Ich mußte rasch nach Hause, ungefähr anderthalb Kilometer, sonst würde ich erfrieren. Als ich mich etwa fünf Meter vom Ufer entfernt wieder aufrichtete, brach ich ein zweites Mal ein und sauste schnurstracks abwärts. Wieder warf ich die Hände nach oben, ein natürlicher Reflex, um nicht von dem Loch weggetrieben zu werden. Ich versuchte, aufs Eis zurückzuklettern, aber es brach weiter auf der ganzen Strecke, bis ich das Ufer erreichte, wo ich endlich stehen konnte.

Während ich anfing, durch den hüfthohen Schnee zu traben, sagte ich mir immer wieder: »Du mußt es unbedingt schaffen... du kannst es.« Da meine nassen Sachen allmählich steif froren, fiel mir das Laufen immer schwerer. Meine Haare waren Eis pur. Sanjaya rannte ein Stück voraus und drehte sich gelegentlich um, um zu sehen, ob ich stehengeblieben war. Das Gewicht meiner eiskalten, klatschnassen Sachen ermüdete mich, so daß ich irgendwann haltmachen und ausruhen wollte. Aber wieder sagte ich mir: »Nein! Lauf weiter.«

Als ich schließlich zu Hause ankam, hämmerte ich mit dem Kopf an die Vordertür. Sobald meine Mutter meinen Zustand sah, fragte sie: »Schaffst du es bis zur Kellertür?«

Ich nickte, lief durch den Schnee und wartete an der Kellertür. Meine Mutter hatte sich inzwischen ein Fleischermesser und ein paar andere Werkzeuge geschnappt und fing an, Töpfe mit warmem Wasser zu füllen. Sobald sie die Kellertür öffnete, streckte ich mich auf dem Betonboden aus, und sie fing an, auf das Eis einzuhacken, das meinen Körper bedeckte. Dann sagte sie: »Ich bin gleich zurück.«

Sie kehrte mit den Töpfen voll heißem Wasser zurück, das sie auf meine Stiefel goß. Das Wasser schmolz das meiste von dem Eis. Dann schnitt sie mit dem Fleischermesser die Schnürsenkel durch und zog mir die Stiefel aus. Anschließend goß sie heißes Wasser auf das Eis, das sich auf dem Reißverschluß meiner Jacke gebildet hatte. Dabei wiederholte sie in einer Tour: »Peter Joseph… Peter Joseph, was soll ich bloß mit dir machen? Du gehst mir nicht mehr nach draußen… nicht mehr… nie.« Sanjaya stand dabei und guckte die ganze Zeit zu, während meine Mutter sich beeilte, mir aus meinen Sachen zu helfen.

Als ich splitternackt war, wickelte sie mich in eine Decke, half mir zwei Treppen hoch und setzte mich in die Badewanne. Sie hatte schon angefangen, sie mit lauwarmem Wasser zu füllen. Mir war so kalt, daß ich heißes Wasser wollte, aber sie sagte nein. Sie erklärte, daß meine Haut eiskalt sei und das heiße Wasser sie verbrennen würde. Als mein Körper sich an die Wassertemperatur gewöhnte, gab sie mehr heißes Wasser hinzu. Sie paßte die Wassertemperatur die ganze Zeit ständig an und wickelte meinen Kopf in Handtücher, damit ich warm blieb. Sanjaya lag nur gut einen Meter weit weg auf dem Fußboden, starrte mich an und winselte gelegentlich.

Es war knapp gewesen, aber wenn ich jetzt darauf zurückblicke, war es vielleicht ein Omen dessen, was noch kommen sollte. Ich darf den Mut nicht sinken lassen, so wie ich es als Junge auch nicht getan habe. Damals bin ich durchgekommen, und wenn ich entschlossen genug bin, kann ich auch jetzt durchkommen.

Denise ruft wieder bei mir zu Hause in Long Beach an, aber niemand ruft sie zurück. Sie fragt sich, ob ich meinen Vater ins Krankenhaus bringen mußte. Bis dahin hat auch Kevin den ganzen Tag über mehrere Voicemail-Nachrichten hinterlassen, weil er einige geschäftliche Dinge besprechen möchte. Meine HyperSoft-Kunden rufen an – normaler Geschäftsbetrieb. Waves Mitbewohner, Jim Hallorine, hat das Gefühl, daß etwas nicht stimmt; er setzt sich mit Waves Exfrau in Verbindung und erzählt ihr, Wave sei am Sonntag zu einem Flug aufgebrochen und nicht zurückgekehrt. Die beiden beschließen, auf Nummer sicher zu gehen und bei der Civil Air Patrol eine Vermißtenmeldung abzugeben.

Da ich erwarte, daß die Sonne in Kürze hinter den Gipfeln im Westen versinken wird, kontrolliere ich meine Innenschuhe und Socken. Sie sind trocken. Die Stiefel selbst sind noch feucht, obwohl wesentlich trockener als vergangene Nacht. Es wird Zeit, mir meinen Unterschlupf zurechtzumachen.

Der beste Platz ist draußen unter freiem Himmel, so daß ich die Sterne sehen kann. Ich finde eine relativ trockene Stelle, aber sie liegt an einem steilen Hang. Nachdem ich dünne Zweige zu einem Haufen aufgeschichtet habe, breche ich von den umliegenden Kiefern ein paar frische Zweige ab. Weil ich Rinde brauche, reiße ich von einem in der Nähe umgestürzten Mammutbaum mehrere große Streifen ab. Ich lege mich so hin, daß meine Füße im Fuß eines umgestürzten Baumes verhakt sind. So kann ich nicht den Berg hinunterrutschen, selbst wenn ich mitten in der Nacht einnicke.

Ich benutze nur die linke Hand und fange an, meine Füße mit den Zweigen zuzudecken, die ich nach unten presse, während ich die Äste knicke und zusammenstecke, um meine Kleidung vor der frostigen Luft zu schützen. Auch die Beine aufwärts stecke ich weiter Zweige ineinander. Oben auf die Schicht Zweige lege ich die Rinde, falls es anfangen sollte zu schneien oder zu frieren. Anschließend decke ich mir, so gut ich kann, die Brust ab. Zum Schluß lege ich mir ein Bündel Zweige auf Gesicht und Schultern. Meinen Kopf plaziere ich so, daß ich direkt in den Himmel blikken kann. Ich will mir meine Chance auf himmlische Navigation nicht vermasseln.

Die Sonne ist bereits seit ein paar Stunden untergegangen. Während ich geduldig auf die ersten funkelnden Sterne warte, versetze ich mich langsam in eine tiefe, rhythmische Meditation, indem ich durch die Nase einatme und durch den Mund in meine Jacke ausatme. Ungefähr fünfhundert Meter über den Berggipfeln haben sich die Wolken geteilt. Als sie über mich hinwegziehen, sehe ich zwischen den Wolkenfetzen nach und nach die Sterne. Gerade als ich meine, mir eine Konstellation aussuchen zu können, versperren mir jedoch neue Wolken die Sicht. Falls es die ganze Nacht über dichtbewölkt bleibt, wird es wärmer sein, aber ich brauche unbedingt Klarheit über die Position der Sterne. Das der Erwärmung zugrundeliegende Prinzip ist denkbar einfach. Die Sonne erwärmt tagsüber den Boden und damit die unmittelbar darüberliegenden Luftmassen. Warme Luft steigt nach oben, weil sie leichter ist und eine geringere Dichte hat, während kalte Luft herabsinkt. Die Wolken dienen als natürliche Barriere. Sie hindern die warmen Luftmassen daran, sich aufzulösen, und verhindern auf diese Weise, daß die kalte Luft auf Bodenhöhe herabsinkt.

Endlich zeigt sich eine große Lücke in der Wolkendecke, und ich entdecke eine Sternschnuppe. Schon will ich einen Wunsch äußern, lasse es dann aber. Ich habe in meinem ganzen Leben noch nie eine Sternschnuppe zum Anlaß genommen, mir selbst etwas zu wünschen, sondern immer nur jemand anderem. Wenn ich verloren bin, nun gut, aber ich werde mir nicht selbst etwas wünschen. Lachend weise ich mich darauf hin, daß ich in den nächsten paar Tagen noch jede Menge Sternschnuppen zu sehen bekommen und reichlich Gelegenheit haben werde, mir selbst etwas zu wünschen. Also äußere ich einen Wunsch für meinen Dad. Anschließend wende ich mich meiner ernsthafteren Aufgabe zu. Ich entdecke drei Sterne, die nach Osten zeigen, und direkt neben ihnen stehen drei andere, die nach Süden zeigen. Juhu! Auftrag ausgeführt. Wenn ich mich morgen entschließe, nach Osten zu gehen, habe ich eine Möglichkeit, mir selbst den Weg zu weisen.

In der Abgeschiedenheit der wilden Bergwelt überschlagen sich meine Gedanken, während ich über die verschiedenen Routen nachdenke, denen ich folgen könnte. Die Entscheidung, die ich treffe, wird binnen Stunden über mein Schicksal bestimmen und vielleicht auch über das von Wave und Lloyd. Meine Gedanken wandern zu dem zerschellten Flugzeug, und ich frage mich, führt Wave den Plan aus, ist Lloyd noch am Leben? Dann machen meine Gedanken einen Sprung, und mir fällt ein, wie kalt es ist. Ich habe mich im Griff, rufe mir aber selbst in Erinnerung, daß ich mich davor hüten muß einzuschlafen; wenn doch, werde ich sterben. Unablässig wiederhole ich, was inzwischen mein Mantra geworden ist: »Disziplin, Disziplin.«

Dann wende ich mich den anstehenden Problemen zu. Welche Richtung wird es sein, DeLeo, Süden, Westen oder

Osten? Die schwarzen Flecke im Schnee im Osten, eine Überquerung des Kern River im Westen oder der Marsch nach Süden den Fluß entlang, wie es der mit Wave ausgearbeitete Plan vorsieht. Immer wieder gehe ich jedes Detail im Kopf durch. Vielleicht übersehe ich etwas, eine weitere Möglichkeit. Nein, ich glaube nicht.

Ich höre ein Geräusch in der stillen Dunkelheit – ein sehr leises Geräusch. Wahrscheinlich ein Hirsch. Ich lausche geduldig, um es wieder zu hören. Binnen Augenblicken ist das Knacken eines gewaltigen Astes zu hören. Ein Hirsch kann es nicht sein – diese Tiere bewegen sich zu anmutig. Und ein Puma ist zu geschickt, um etwas so Großes unbeabsichtigt zu zerbrechen. Ich konzentriere mich auf das Geräusch und woher es kommt. Wieder ist das Knacken eines Astes zu hören. Was auch immer diese Laute fabriziert, es ist massig.

Das Zerbrechen von Ästen und trampelnde Geräusche sind zu hören, während das Tier in meine Richtung kommt. Ich kann nicht sagen, ob ich in Windrichtung liege und das Biest mich wittern kann. Ich muß es warnen, daß ich hier bin, daß ich unter diesem Berg aus Zweigen und Rinde verborgen bin, und es daran hindern, auf mir herumzuspazieren. Andernfalls wäre ich wegen des enormen Gewichts des auf mich tretenden Tiers gezwungen, mich zu bewegen. Dadurch würde ich es bloß erschrecken oder bedrängen und ihm einen Grund geben anzugreifen.

Es bleibt dort stehen, wo ich meine Kleidungsstücke zum Trocknen ausgebreitet hatte. Ich kann es atmen und schnauben hören, als es meinen Geruch aufnimmt, der noch an den Steinen und Bäumen haftet. Es ist ein Bär.

Er hält inne, dann steuert er furchtlos direkt auf mich zu. Wegen seiner enormen Größe spüre ich jedesmal die Erde unter mir beben, wenn der Bär eine seiner mächtigen Tatzen auf dem Boden aufsetzt. Unter dem Gestrüpp hervor beginne ich den Text eines alten Liedes zu singen:

*In the jungle, the mighty jungle*
*The lion sleeps tonight.*

Ich wiederhole die Zeilen ein paarmal, dann summe ich die Melodie. Der Bär stutzt, tritt aber keineswegs den Rückzug an, also stimme ich das einzige andere Lied an, dessen Text mir im Gedächtnis ist:

*What the world needs now is love, sweet love,*
*That's the only thing that there's just too little of.*

Ich fange an, die Melodie ein paarmal zu summen. Dann wiederhole ich den Text und singe aus Leibeskräften.

Das Knacken der Zweige verstummt. Als ich mit dem Singen aufhöre, um zu verschnaufen, höre ich bei jedem aufgeregten Herzschlag, wie mir das Blut in den Ohren pocht und durch den Kopf braust. Ich horche gespannt auf die nächste Bewegung des Bären und komme mir vor wie bei einem Katz-und-Maus-Spiel. Der Bär rührt sich nicht. Ich glaube, er spürt meine Gegenwart, weiß aber nicht, womit er es zu tun hat.

Wegen des Schnees, der auf den Bergen liegt, ist das Futterangebot um diese Zeit des Jahres knapp, was diesen Bären auf seiner Suche nach Nahrung neugieriger und aggressiver macht. Meine Erfahrung mit Tieren in freier Wildbahn hat mich gelehrt, daß ein Tier, das hungrig ist oder seine Jungen beschützt, sehr gefährlich und unberechenbar sein kann. Tiere sind wie viele Menschen, die ich kenne: Hunger macht sie aufgeregt und reizbar.

Die Schwarzbären in der Sierra Nevada halten keinen Winterschlaf, obwohl sie durchaus ruhen. Sie bewegen sich langsamer und seltener. Während des vergangenen Winters habe ich viele Male die kalifornischen Sierras überflogen. Bei einigen dieser Flüge entdeckte ich Schwarzbären im offenen, verschneiten Gelände. Aus der Luft sah ich häufig große Mengen dunklen Kots auf dem sauberen weißen Schnee. Zusammen mit dem Kot konnte ich die Fährte eines Bären sehen, die von der Stelle wegführte. Ich flog jedesmal sehr tief darüber hinweg, um zu sehen, ob ich seinen großen, dunklen, pelzigen Körper vor dem Hintergrund des hellen Schnees ausmachen konnte.

Bei der näheren Beschäftigung mit ihnen erfuhr ich, daß die meisten Amerikanischen Schwarzbären, obwohl ihr Fell farblich von blond, zimt- und schokoladenbraun bis zu schwarz variieren kann, tatsächlich schwarz oder dunkelbraun getönt sind. Sie sind ungefähr 1,50 bis 1,80 Meter groß, haben kleine Augen und runde Ohren. Zwar sehen sie schlecht, aber sie haben ein gutes Gehör und verfügen über einen feinen Geruchssinn. Obwohl der kleinste der nordamerikanischen Bären, wiegt der Amerikanische Schwarzbär noch immer 150 bis 200 Kilogramm. Der größte bekannte Schwarzbär wog 364 Kilo, und der älteste registrierte Schwarzbär war dreißig Jahre alt.

Die Stille wird durchbrochen, als das massige Tier sich langsam nähert und seine Tatzen nur ein kleines Stück von mir entfernt auf den Boden setzt. Ich ziehe eine imaginäre Linie zwischen mir und dem Bären. Wenn er diese Linie überschreitet, muß ich die Deckung des Gestrüpps verlassen, mich hinstellen und meinen Wanderstock schwenken, um ihm zu zeigen, daß ich hier das Sagen habe.

Ich fange wieder an zu singen und bete, daß der Bär sich zurückzieht. Nachdem ich ein paar Takte gesungen und gesummt habe, kommt der Bär noch näher. Ich weiß, daß Angriffe von Schwarzbären selten sind, aber dieses Tier ist hungrig und erregt. Alles, woran ich denken kann, sind seine rasiermesserscharfen Zähne, die mich zerfleischen.

Es heißt, daß Schwarzbären in vollem Lauf Geschwindigkeiten von bis zu fünfzig Stundenkilometer erreichen, folglich kann ich ihm nicht davonlaufen. Und ich könnte mich auch nie schnell genug auf einen Baum retten, weil seine

Klauen es dem Schwarzbären erlauben, mühelos und schnell auf jeden Baum zu klettern.

Ich versuche, das Tier zu bewegen, einen anderen Weg einzuschlagen, indem ich so laut singe, wie ich kann. Der Bär wittert und hört mich, aber er ist neugierig darauf, was den Lärm veranstaltet. Schwarzbären in Nationalparks haben bekanntlich schon Autotüren aufgeschlitzt und Windschutzscheiben aufgebrochen, um an Lebensmittel zu kommen. Einige Bären wurden beobachtet, wie sie zu Campingplätzen auf Inseln schwammen, um die Lebensmittelvorräte zu plündern.

Ich habe gelesen, daß es aussichtslos ist, sich bei einem Schwarzbären totzustellen. Er zerreißt etwas, bloß um zu sehen, was es ist. Falls der Bär mich angreift, sollte ich mich auf die Seite oder den Bauch rollen, um meine lebenswichtigen Organe zu schützen. Vielleicht muß ich mich ein paarmal beißen lassen, um zu sehen, ob er dann aufhört und sich trollt. Falls der Bär fortfährt, mich zu zerfetzen, muß ich versuchen, es mit all der mir noch verbliebenen Kraft mit ihm aufzunehmen.

Der Bär kommt noch immer sehr langsam auf mich zu. Als er meine imaginäre Linie überquert, hält er inne. Als das Biest in die kalte Luft der Wildnis ausatmet, kann ich seinen heißen, stinkenden Atem riechen, da der kräftige Wildgeruch in kleinen Wolken zu mir herüberweht. Ich glaube, der Bär testet mich, um zu sehen, wie nahe er mir kommen kann, bevor ich versuche, mich zu verteidigen.

Ich bin kurz davor aufzustehen, als der Bär die Richtung ändert und sich langsam hinter mich stellt. Ich kann hören, wie er auf ein paar schneebedeckte Büsche tritt, die nur wenige Schritte von meinem Kopf entfernt sind. Ich singe weiter, frage mich aber, was zum Teufel dieses Vieh treibt. Bislang hat der Bär nicht angegriffen; vielleicht funktioniert die Singerei.

Die ganze Zeit, während er seine Runde beendet, bleibt er

bis auf wenige Schritte in Reichweite. Jetzt, wo das Biest direkt hinter mir ist, singe ich aus vollem Hals und hoffe, daß es mir vom Leib bleibt. Als ich eine Verschnaufpause mache, kann ich hören, wie der Bär das Maul aufreißt und anschließend Ober- und Unterkiefer zusammenklappt, während er sich mit der Zunge außen um die Schnauze wischt.

Er fängt wieder an herumzulaufen, aber ich bin mir nicht sicher, welche Richtung er eingeschlagen hat. Ich höre kurz mit dem Singen auf und versuche, zwischen dem Luftholen festzustellen, wohin der Bär sich bewegt. Ein Geräusch, das wie Donner klingt, läßt mich plötzlich um ein Haar erschreckt hochfahren. Der Bär ist soeben auf einen weiteren dicken Ast getreten und hat ihn glatt von dem Baum abgerissen. Ich kann ihn herumtappen hören, aber ich kann seinen Atem nicht mehr riechen. Vielleicht liege ich nicht mehr in Windrichtung, oder er hat den Rückzug angetreten.

Ich lasse das Singen sein und höre das Geräusch seiner in den Schnee einsinkenden Tatzen, während er sich davonmacht. Mit jedem Schritt, den der Bär macht, wird das Geräusch schwächer. Er läuft in nördlicher Richtung, den Berg hinauf. Nach wie vor von Gestrüpp bedeckt, lege ich den Kopf auf die Seite und horche. Die letzten Geräusche, die der Bär macht, ähneln denen eines Hirschs, der in der Ferne anmutig davonspaziert.

# Eine Nadel im Heuhaufen

## 29. November

Ich lausche angestrengt, höre aber nur auf das Geräusch der Bäume, die den Wind einfangen. Ich bin wieder alleine, und es gefällt mir. Während der Begegnung mit dem Bären habe ich die Aufwärmübungen versäumt und nicht in meine Jacke geatmet, um mir den Brustkorb zu wärmen. Eine rasche Bestandsaufnahme von Füßen und Händen ergibt, daß meine Hände gefühllos sind, meine Fingerspitzen brennen und meine Füße von den Zehenspitzen bis zu den Knöcheln taub sind.

Jetzt, wo mein Leben in keiner unmittelbaren Gefahr schwebt, beginne ich, rhythmisch Luft zu holen, in meine Jacke auszuatmen und mich damit zu wärmen. Ich fange an, in den Stiefeln mit den Zehen zu wackeln, um die Durchblutung anzuregen, in der Hoffnung, so Erfrierungen zu vermeiden. Bald weicht die Taubheit in beiden Füßen einem dumpfen, stechenden Schmerz. Er ist so heftig, daß ich den Rücken krumm mache, mir den Hals verrenke und die Zähne zusammenbeiße, alles auf einmal.

Gerade als ich mit dem Zehenwackeln aufhöre, denke ich: »Disziplin... Solange sie weh tun, leben sie... Ja, beweg' sie weiter und drück' sie.« Ich liebe Schmerzen, ich kann gar nicht genug davon bekommen...

Bis spät in die bitterkalte Nacht hinein atme ich weiter konzentriert und setze die Aufwärmübungen fort. Ich spanne weiter die Bauchmuskeln an, während ich versuche, beide Hände zur Faust zu schließen. Als meine Finger knapp die Handflächen berühren, bin ich erleichtert. Die tiefen Fleischwunden, die ich mir an beiden Händen zugezogen habe, als sie bei dem Absturz gegen die Instrumententafel prallten, verheilen langsam. Jetzt, wo ich meine Finger wieder besser bewegen kann, weiß ich, daß ich eine realistischere Überlebenschance habe. Von nun an kann ich mir die Stiefel zuschnüren, was helfen wird zu verhindern, daß der Schnee in den Stiefeln nach unten sickert – ich werde also trockenere Füße behalten. Ich möchte nicht, daß mir wegen Erfrierungen die Füße amputiert werden.

Nach ein paar Stunden kommt der Augenblick, auf den ich sehnsüchtig gewartet habe. Es ist die Zeit, bevor die Vögel singen und der Hahn kräht. Die Dunkelheit deutet zaghaft ihren Rückzug an, und das Morgengrauen überwindet allmählich die stille, eiskalte Nacht.

Ich befreie mich aus dem Gestrüpp, schnüre mir die Stiefel zu und stehe dann auf, bereit, meine Reise fortzusetzen. Die Schneedecke ist hart gefroren und so fest, daß ich über sie hinweggleiten kann. Mit dem Wanderstock in der linken Hand stehe ich auf dem Harsch und blicke zuerst nach Osten, dann nach Süden, dann nach Westen. Zum letztenmal stelle ich mir die Frage: »Welche Richtung soll es sein, DeLeo?«

Ich beschließe, an den südlichen Gipfeln entlang weiterzulaufen und in östlicher Richtung auf die dunklen Flecken im Schnee zuzuhalten. Als ich mich in Marsch setze, quält mich der Gedanke, daß ich im Begriff stehe, den Plan aufzugeben, den ich mit Wave gemacht habe. Mit jedem Schritt, den ich tue, werde ich mich weiter vom Kern River entfernen, dem Gebiet, das ein Suchtrupp nach mir durchkämmen könnte, falls Wave gerettet wird. Ich versuche, mich auf mein Ziel im Osten zu konzentrieren, um die Nervosität, die ich im Magen verspüre, zu vertreiben.

Obwohl viele der Berge noch im Schatten liegen, werde ich in Kürze Sonne haben. Ich blicke nach Süden, auf die

Nordflanke des Berges mir gegenüber. Aus dem schneebedeckten Kamm ragt eine gewaltige Felsformation hervor. Sie sieht aus wie eine Verdickung oder ein Knorren an einem Stück Holz. Die Formation ist so außergewöhnlich, daß ich auf zweierlei Weise von ihr profitieren kann.

Erstens erlaubt sie mir, in einer geraden Linie zu marschieren, aber sie bestimmt nicht meine Richtung. Wo Norden, Süden, Osten und Westen sind, werde ich an den Sternen und an der Art der Schneeschmelze auf den südlichen Gipfeln erkennen können. Da ich nach Osten laufe, werde ich gezwungen sein, durch Schluchten und Hohlwege und um Felsformationen herum zu marschieren und andere knifflige Abschnitte zu überwinden. Auf diesem Marsch werde ich meine imaginäre Linie im Osten langsam aus den Augen verlieren.

Im dichten Wald sieht alles irgendwann gleich aus. Es ist äußerst schwierig, beim Laufen eine gerade Linie beizubehalten, wenn man ohne Kompaß unterwegs ist. Nach der einzigen mir bekannten Methode sucht man sich einen Punkt und marschiert darauf los. Da ich Wave den Kompaß für den Fall dagelassen habe, daß er beschließen sollte, sich ebenfalls zu Fuß auf den Weg zu machen, bin ich gezwungen, mich an natürliche Orientierungspunkte zu halten, um eine gerade Linie beizubehalten.

Die Erfahrung hat mich gelehrt, daß man sich mindestens zwei natürliche Orientierungspunkte aussuchen und miteinander in Beziehung setzen muß. Im günstigsten Fall liegen diese Punkte auf einer geraden Linie wie Dominosteine und deuten in die Richtung, in die man geht.

In meinem Fall kann ich nur einen einzigen brauchbaren Orientierungspunkt ausmachen, den natürlichen Felsknorren oben auf dem Bergrücken. Zwar liegt dieser Felsen nicht auf meinem Weg, aber ich kann ihn dennoch als Bezugspunkt nehmen. Er wird mich davor bewahren, zu weit von meiner Linie im Osten abzukommen.

Der zweite Vorteil, den der Felsknorren mir bietet, ist eine Möglichkeit der Zeitmessung. Wenn ich weiter nach Osten marschiere, wird der Knorren sich irgendwann nicht mehr südlich, sondern südwestlich von mir befinden, und in etwa ein bis zwei Tagen wird er direkt im Westen liegen, in meinem Rücken, dort, wo die Sonne untergeht.

Während ich marschiere, kann ich die Zeit messen, die ich brauche, um meine Position in bezug auf die Felsformation zu verändern. Gibt es binnen weniger Stunden eine merkliche Veränderung, weiß ich, daß ich mir eine Ruhepause gönnen kann. Bleibt der Blickwinkel auf den Felsknorren beim Marschieren stets der gleiche, weiß ich, daß ich langsam oder gar nicht vorankomme.

Dieser Morgen bedeutet das Ende der zweiten Nacht und den Beginn des dritten Tages der Tortur.

Waves Mitbewohner und seine Exfrau wissen, daß er am frühen Sonntag morgen zu einem Flug aufgebrochen und noch nicht zurückgekehrt ist. Daher sind beide höchst beunruhigt, was seinen Verbleib betrifft. Waves Arbeitgeber, Cherry Aviation, wurde gestern von Waves Mitbewohner angerufen und gefragt, ob man dort Wave oder mein Flugzeug, die Maule, gesehen habe. Die beiden Inhaber von Cherry Aviation berichteten, Wave sei am Montag nicht zur Arbeit erschienen und habe sich noch nicht krank gemeldet. Außerdem sagten sie, das Flugzeug sei nicht draußen neben dem Hangar festgemacht und Wave und ich hätten nie irgend etwas davon gesagt, daß wir zu einem längeren Flug starten wollten.

Die beiden steigerten die Sorge über unseren Verbleib noch, als sie meinten, sie nähmen an, daß Wave und ich vorgehabt hätten, ein paar Runden über den Bergen der Sierra Nevada zu drehen, um Fotos von dem frisch gefallenen Schnee zu machen.

Gestern nachmittag wurde die Civil Air Patrol, kurz CAP

genannt, eine heldenhafte Organisation, die die Gebete abgestürzter und in Not geratener Flieger erhört, informiert, daß Maule N5629J Long Beach am Sonntag für einen eintägigen Flug in die Berge verlassen habe, jedoch nicht zurückgekehrt sei.

Die CAP besteht aus mehr als sechzigtausend Mitgliedern und ist in allen US-Bundesstaaten aktiv. Freiwillige CAP-Piloten fliegen 85 Prozent aller inländischen Such- und Rettungseinsätze, sogenannte *search-and-rescue*-Missionen (SAR), die vom Air Force Rescue Coordination Center, der Zentrale der US-Luftwaffe zur Koordinierung von Rettungsmaßnahmen, auf dem Luftwaffenstützpunkt von Langley in Virginia geleitet werden. Jeder Bundesstaat sowie Puerto Rico und der District of Columbia verfügen über ein eigenes CAP-Geschwader, das aufgeteilt ist in Gruppen, Schwadronen und Staffeln. Das Alter der Piloten rangiert von Jugendlichen, den Kadetten der CAP, bis zu erfahrenen Veteranen.

Die Dienstleistungen der CAP stehen nicht ausschließlich anderen Fliegern zur Verfügung. Oft werden SAR-Einsätze für Camper, Wanderer oder Jäger anberaumt, von denen man annimmt, daß sie sich in der Wildnis, in Wäldern, Bergen, Wüsten und Sümpfen verirrt haben.

Die CAP unterstützt die Bundes- und lokalen Behörden bei vielen Suchaktionen nach Vermißten. Weil die Besatzungen ihrer Flugzeuge umfassend geschult sind und über Erfahrung mit großen, koordinierten Einsätzen verfügen, leitet normalerweise die CAP die Suche und steuert den gesamten Informationsfluß zu und von den an der Suche beteiligten CAP-Angehörigen.

Die CAP-Suchmannschaften erstatten einer Einsatzzentrale Bericht. Diese wird, wenn irgend möglich, ziemlich in der Mitte des Suchquadrats eingerichtet, normalerweise auf einem Flughafen oder einer anderen Einrichtung, die leicht zu erreichen ist sowie über Elektrizität und Telefone verfügt.

Kurz nachdem ich meinen Pilotenschein gemacht hatte,

fragten mich ein paar Angehörige der CAP-Schwadron 150, ob ich nicht Lust hätte, Mitglied in ihrem Geschwader zu werden. Als Buschflugzeug ist die Maule eine perfekte Such- und Aufklärungsmaschine. Ich fing an, einmal pro Woche zu den lokalen CAP-Treffen zu gehen, und erfuhr, daß die Aktivitäten der CAP weit über reine SAR-Einsätze hinausgehen. Die Katastrophen- und humanitäre Hilfe gehört ebenso zu ihrem Aufgabenbereich wie Anti-Drogen-Operationen.

Wenn Überschwemmungen, Erdbeben, Tornados oder Hurrikane ein Gebiet verwüsten, wird die CAP gebeten, Katastrophenhilfe zu leisten. CAP-Freiwillige leisten Hilfe durch die Bereitstellung von Arbeitskräften und Führungspersonal, einschließlich Luft- und Bodentransportmittel sowie eines umfassenden Kommunikationsnetzes, das lokale, einzelstaatliche und landesweite Dienststellen der Katastrophenhilfe miteinander verbindet.

Das humanitäre Hilfsprogramm sprach mich persönlich besonders an. Ich konnte sehen, daß die Einsätze, bei denen medizinisches Material für Organisationen wie das Rote Kreuz transportiert wurde, die Angehörigen der CAP mit Stolz und tiefer Befriedigung erfüllten. Dem CAP-Programm zum Transport lebender Organe wird das Verdienst zugeschrieben, im Durchschnitt jedes Jahr zehn Menschenleben zu retten.

Ich erfuhr, daß ich, sollte ich mitmachen, Gelegenheit hätte, mit der Air Force, dem Zoll, der staatlichen Forstverwaltung und der Drogenbekämpfungsbehörde zusammenzuarbeiten. Im Rahmen ihres Anti-Drogen-Einsatzprogramms leistet die CAP Luftaufklärung, unterstützt Verbindungen auf dem Luftwege und stellt der Polizei im Krieg gegen Drogen Lufttransportkapazitäten zur Verfügung.

Wenn die CAP einen Einsatz startet, werden Informationen gesammelt, und eine minutiöse Dokumentation begleitet jeden Schritt des Einsatzes. Das Logbuch des Einsatzleiters wird in der Einsatzzentrale dieser speziellen Operation geführt. Es verzeichnet Datum, Uhrzeit und Initialen der Person, die den Eintrag vorgenommen hat, und enthält Bemerkungen zu diesem Eintrag. An einem bestimmten Tag können mehrere Einträge ins Logbuch erfolgen, und sie können zugleich gebündelt werden.

Gestern abend, am 28. November 1994, um 23.24 Uhr, nur 37 Stunden nach dem Absturz der Maule, erfolgte der erste Eintrag der CAP für Maule N5629J in das Logbuch des Einsatzleiters.

| CONTROLLER'S LOG | | | |
|---|---|---|---|
| DAY | TIME | INIT | [redacted] |
| 28 | 2324 | [illegible] | TO RANCHO MURIETA FSS (JJ) 916-354-0161. RECEIVED ALNOT. |
| | | | OBJECTIVE WAS EST INTO S. TAHOE, CA. ON THE 27 NOV. DID |
| | | | NOT ARR. EX-WIFE CALLED RANCHO MURIETA. SOMEONE WAS WAITIN |
| | | | FOR THE OBJECTIVES @ S. TAHOE. NOT A LOT OF INFO. PILOT |
| | | | DEP. LONG BEACH ENROUTE TO S. TAHOE. NO FLIGHT PLAN |
| | | | THAT HE KNOWS OFF. HAWTHORNE IS THE FSS WE NEED |
| | | | TO TALK TO ABOUT WX CHECKS & FLIGHT PLAN INFO. |
| | | | |

Die CAP weiß aus früherer Erfahrung, daß sich SAR-Einsätze in den Bergen der Sierra Nevada und den umliegenden Wüstengebieten gewöhnlich in Bergungsoperationen verwandeln, bei denen die CAP nur nach Wrackteilen, nicht nach Überlebenden sucht. Mit der Umbenennung des Rettungseinsatzes in eine Bergungsoperation fährt die CAP die eingesetzten Mittel zurück und setzt einen Termin fest, an dem dieser Einsatz abgebrochen wird.

Die CAP hat auf dem Flughafen von Bishop einen Einsatzstützpunkt eingerichtet. Man hat sich für diesen unmittelbar nördlich des kalifornischen Inyo National Forest gelegenen Standort entschieden, weil die Maule sich laut den von der CAP gesammelten Informationen irgendwo in der

Sierra Nevada in der Nähe von Mammoth Mountain, Lake Tahoe und Yosemite-Nationalpark befinden soll.

Der Flughafen von Bishop liegt auf einer Höhe von 1255 Metern in erreichbarer Nähe zu allen drei Orten. Mit seiner knapp zweieinhalbtausend Meter langen Start- und Landebahn bietet er ausreichend Platz für sämtliche Maschinen der CAP. Der Flughafen ist sowohl von Waves und Lloyds als auch von meiner eigenen gegenwärtigen Position ungefähr einhundertvierzig Kilometer Luftlinie entfernt. Dazwischen liegen schneebedeckte Berge, die Höhen von 2800 bis 4300 Metern erreichen.

Sobald ein SAR-Einsatz wegen eines vermißten Flugzeugs anberaumt wird, berechnet die CAP die maximale Entfernung, die dieses Flugzeug bei voller Treibstofflast zurücklegen kann, indem es die Treibstoffstunden an Bord des Flugzeugs mit den Stundenkilometern, die die Maschine fliegen kann, multipliziert. Dann zieht die CAP einen Kreis um die letzte bekannte Position des Flugzeugs. Der Radius des Kreises entspricht der Distanz, die das Flugzeug bei vollen Tanks zurücklegen kann. Dies ist der Rahmen zur Eingrenzung der Suche.

Wenn die CAP glaubt, einen solchen Kreis zu haben, gliedert sie das entsprechende Gebiet in kleinere Planquadrate auf. Den CAP-Angehörigen werden in Teams, die aus mindestens zwei, wenn möglich drei Mann pro Maschine – einem Piloten und zwei Aufklärern – bestehen, Planquadrate zugeteilt. Jeder Start eines Suchflugzeugs zu einem bestimmten Planquadrat wird statistisch als Einzeleinsatz erfaßt. Erst wenn das Flugzeug das Planquadrat erreicht, beginnt die Uhr für dieses Gebiet zu ticken. Und sie stoppt in dem Moment, in dem die Maschine das zugewiesene Planquadrat verläßt. Ein einzelnes Flugzeug kann pro Tag mehrere Einsätze fliegen.

Jetzt sammelt die CAP ihre treuen Angehörigen, und die SAR-Flüge beginnen.

Ich kämpfe mich vorwärts, bis die aufgehende Sonne über den Gipfeln im Osten ungefähr in 10-Uhr-30-Position steht. Der grelle Schein des Schnees blendet mich, also greife ich in die Jackentasche und hole die verbliebene Hälfte meiner Sonnenbrille heraus. Mit dem gesprungenen rechten Glas vor dem Auge setze ich meinen Weg in Richtung Osten fort.

Erschöpft und zu müde, das rechte Auge offenzuhalten, lehne ich mich an einen riesigen Mammutbaum und schnappe nach Luft. Ganz konzentriert versuche ich, tief durch die Nase einzuatmen und den linken Lungenflügel mit Sauerstoff zu füllen. Dann warte ich einen Moment, bevor ich durch den Mund ausatme. Nachdem ich auf diese Weise mehrere Minuten kontrolliert geatmet habe, reicht meine Kraft, um mein Auge wieder zu öffnen.

In ungefähr fünf Meter Entfernung entdecke ich Tierspuren im Schnee. Ich gehe weiter, bis ich direkt über Kojotenspuren stehe: zwei Paar Abdrücke, die nach Osten führen, in dieselbe Richtung, in die ich unterwegs bin. Ich komme zu dem Schluß, daß der Kojote den leichtesten, schnellsten und flachsten Weg kennt. Allerdings führen die Spuren zu einer Felsengruppe, wo ich gezwungen bin hochzuklettern. Nach der Hälfte des Anstiegs verliere ich den Halt. Zwar fange ich mich, bevor es zu spät ist, aber ich verliere meine halbe Sonnenbrille, die mir vom rechten Ohr rutscht und dann über den Felsvorsprung segelt. »Mist!« denke ich, als sie etwa fünf Meter weiter ein paar zerklüftete Felsen berührt, ich brauche dieses Glas. Ich halte Ausschau und höre, wie das Glas *ting, ting, tong* macht, als es in kleine Stücke zerspringt, die mehr als hundert Meter unterhalb der Felsen wie Konfetti durch die Luft wirbeln.

Entmutigt folge ich der Kojotenfährte, bis ich die Spitze der Felsengruppe erreiche. Dann setze ich mich auf einen umgestürzten Baumstamm. Ich versuche, wieder zu Atem zu kommen, und bin wie gelähmt durch das Bild der fallenden und dann auf den Steinen unter mir zerspringenden

Sonnenbrille. Ohne Seil und Kletterhilfen könnten meine Hände oder Füße ebenso leicht den Halt verlieren, wenn ich eine Felswand oder einen Vorsprung erklimme.

Ich muß mein linkes Auge benutzen können. Ich mache mich bereit und ziehe beide Handschuhe aus, um die Augenlider zu spreizen, damit ich feststellen kann, ob noch ein Rest Lichtempfindlichkeit vorhanden ist. Dann lege ich die rechte Handfläche an meine linke Wange, so daß ich das untere Lid mit den Fingerspitzen zur Wange hin ziehe. Mit dem linken Daumen suche ich in der Nähe der verquollenen, blutigen Masse nach den Resten des oberen Lids. Wegen des Schorfs, der starken Schwellung und in Ermangelung eines Spiegels ist es schwer auszumachen. Ganz behutsam schiebe ich weiter hoch, was sich über dem linken Auge wie zerfetzte Haut und die geschwollene Masse anfühlt. Als der krustige, ausgetrocknete Schorf aufzuplatzen beginnt, ist der Schmerz vom Zerreißen des Gewebes so heftig, daß ich aufhören muß.

Ich greife mir mit der Linken eine Handvoll Schnee und drücke sie mir aufs Auge, um den Schorf anzufeuchten, damit das Lid sich leichter lösen läßt. Nachdem ich mir den Schnee eine Viertelstunde lang an Auge und Stirn gehalten habe, beschließe ich, einen erneuten Versuch zu wagen, die Augenlider zu spreizen.

Während ich anfange, die Lider auseinanderzuziehen, drücke ich gleichzeitig gegen die geschwollene Masse, die über dem Auge hängt, und schiebe einen Teil davon nach oben, damit sie nicht im Weg ist und Licht an das Auge kommen kann. Selbst jetzt, wo ich den Spalt gründlich angefeuchtet habe, um ihn elastischer zu machen, kann ich das Reißen der Lider spüren, als die Wunde sich öffnet, also höre ich wieder auf.

Der Wunsch zu erfahren, ob mein linkes Auge zerstört wurde, wiegt indes schwerer als der Schmerz. Ich fange wieder an. Obwohl ich blute und mich vor Schmerzen winde, trenne ich die Lider und werde belohnt mit blendendem Sonnenlicht im linken Auge. Ich kann noch sehen. Aber die Prozedur hat mich erschöpft.

Ich ziehe ein paar große Rindenstreifen von einigen umgestürzten Bäumen ab und verteile sie oben auf dem Schnee unter einem Baum. Nachdem ich die Platten entzweigebrochen habe, so daß sie eine primitive Matratze bilden, lege ich mich vorsichtig prüfend darauf, um zu sehen, ob sie als Isolierung gegen den Schnee taugen.

Da ich überzeugt bin, daß ich vor dem kalten, nassen Schnee geschützt bin, schließe ich die Augen, um ein Nikkerchen zu machen. Erschöpft, ausgehungert, am ganzen Körper starr vor Schmerzen von all den gebrochenen Knochen, falle ich sofort in einen leichten Schlaf, bei dem mir geräuscherfüllte Farbbilder von Erlebnissen aus meinem Leben durch den Kopf schießen.

Das Gefühl glühendheißer, beinahe schon brennender Wangen weckt mich aus meinem Traumzustand. Angeschlagen und mich nach Schlaf sehnend, öffne ich mein unversehrtes Auge, um festzustellen, daß ich nun in der Sonne liege. Ich habe so lange geschlummert, daß die Sonnenstrahlen durch die überhängenden Zweige dringen.

Als mir bewußt wird, daß ich die Sonne als natürlichen Wecker benutzen kann, verlege ich mein Rindenbett, so daß es sich wieder im Schatten befindet, in etwa einer Dreiviertelstunde jedoch direkt in der Sonne sein wird. Erschöpft schlafe ich wieder ein und warte darauf, daß mein Sonnenwecker losgeht.

Der Sonnenwecker klingelt, verbrennt mich mit seinen sengenden Strahlen und zwingt mich so, mich zu bewegen. Andernfalls würde ich getrocknet werden wie eine Rosine. Mit Hilfe meines Wanderstocks erhebe ich mich, dann esse ich eine Handvoll Schnee.

Ausgeruht stehe ich auf und folge den Kojoten nach Osten. Ein Stück weiter stößt noch eine Spur zu den zwei

Fährtenpaaren. Ich habe das Gefühl, nicht allein zu sein. Aufgeregt sehne ich den Moment herbei, wo ich diese drei wilden Tiere sehen werde.

Mein Magen und die rechte Seite meines Brustkorbs haben drei Tage in Folge heftige Schläge einstecken müssen, und ich werde weiterhin alle paar Schritte von unkontrollierbaren Hustenanfällen geschüttelt. Der starke, kratzende trockene Husten zwingt mich, das rechte Auge zu schließen, während ich mich so hinstelle, daß die Schmerzen während der Attacke erträglicher werden.

Trotzdem mache ich sichtbare Fortschritte. Der Schleim, den ich aufstoße, enthält keine Spuren von Blut. Ermutigt mache ich mich daran, Urin und Rektum zu kontrollieren. Der Urin hat eine kräftige gelbliche Farbe mit einer orangenen Tönung, ein Hinweis auf die fehlenden Mineralien und Nährstoffe.

Da ich tagsüber kontinuierlich Schnee gegessen habe, ohne Durchfall zu bekommen, glaube ich nicht, daß die Farbe meines Urins auf Dehydrierung hindeutet. Die Farbe und der faulige Geruch, der zurückbleibt, sind Anzeichen für Unterernährung. Eine rasche Sichtprüfung meiner Unterwäsche fördert keine neuen Blutspuren zutage.

Höchst erleichtert wische ich etwas Schnee von einem umgestürzten Baum, so daß ich mich hinsetzen kann, solange ich Schnee esse. Ich ertappe mich dabei, wie ich zurückblicke auf das Gebiet, wo die Maule abgestürzt ist. Wie immer frage ich mich, wie es Wave und Lloyd geht. Ist Lloyd noch am Leben? Wie hält sich Wave? Hat er den ELT-Sender auf dem Bergkamm aufgestellt? Ich habe kein Zeichen eines Lagerfeuers oder irgendwelchen schwarzen Signalrauch, wie er entsteht, wenn man Öl in ein Feuer gießt, gesehen. Dieser Umstand erfüllt mich mit einer düsteren Vorahnung, aber ich muß weitergehen.

# Tierische Instinkte

## 29./30. November

Nachdem ich den drei Kojotenfährten mehrere Stunden nach Osten gefolgt bin, halte ich an, um eine Pause zu machen und um einen Blick zurück nach Südwesten auf den Felsknorren zu werfen, so daß ich abschätzen kann, wie weit ich gekommen bin. Ich versuche, meine fünf Sinne beieinanderzubehalten und nicht den Verstand zu verlieren, als ich auf den Felsen starre, der mein klägliches Vorwärtskommen enthüllt.

Binnen Sekunden gewinnt eine realistische Einschätzung meines Unvermögens zur Überwindung von Entfernungen die Oberhand über meinen ängstlichen, beinahe in Panik geratenden Verstand. Die Angst hält mich davon ab, auszuruhen und zu verschnaufen. Während ich mich beeile, ein paar Schritte weiterzulaufen, kann ich sehen, daß die Kojoten sich getrennt haben. Eine Spur führt nach Norden, während die beiden anderen Fährten weiter nach Osten verlaufen.

Ich strenge mich an, wieder klar zu denken, und sage mir: »Los, komm, du kannst es schaffen. Bleib ganz ruhig, denk logisch. Wenn du in Panik gerätst, kannst du nicht denken. Die dunklen Flecken im Schnee sind nur ein bis zwei Tage weit weg. Los, wir wollen es bis zu den dunklen Flecken schaffen und dann sehen, was sie zu bieten haben.«

Meine Voicemail zeichnet heute seit dem frühen Morgen Anrufe von HyperSoft-Kunden, meiner Freundin Susan, Kevin und meiner Schwester Denise auf. Denise hat schon wiederholt in der Hoffnung angerufen, daß jemand an den Apparat geht. Jedesmal wenn die Voicemail sich mit einem Klick einschaltet, legt sie auf.

Um 10.34 Uhr macht Denise den letzten Versuch des Tages, meinen Dad und mich zu erreichen. Niedergeschlagen und ängstlich hinterläßt sie eine Nachricht, in der sie Dad oder mich bittet, sie zurückzurufen. Sie versucht, die Nummern von Susan und Kevin zu finden, aber Susan steht nicht im Telefonbuch, und Kevins einziger Anschluß ist die X-ALLOY-Nummer.

Gegen halb drei Uhr nachmittags schickt Kevin seinen Bruder Rick zu mir nach Hause, um in meiner Garage eine Bestellung von X-ALLOY-Material abzuholen und herauszufinden, warum ich mich seit Sonnabend nicht bei ihnen gemeldet habe. Rick findet meinen Dad alleine vor, der nervös und besorgt ist. Dad erklärt, daß ich am frühen Sonntag morgen mit ein paar Freunden zu einem Flug aufgebrochen und noch nicht zurückgekehrt sei. Rick, der sofort das Schlimmste annimmt, beschließt, bei meinem Dad zu bleiben. Er sorgt dafür, daß er zu essen hat, holt die Bestellung für X-ALLOY aus der Garage und ruft anschließend Kevin an.

Erschöpft, weil ich den ganzen Tag marschiert bin, durchgefroren, außer Atem und ausgehungert, halte ich in etwa zweieinhalbtausend Metern Höhe an und ruhe mich an einem Baum aus, um nicht den steilen Abhang hinabzustürzen. Als ich mich vorbeuge, fällt mir der Kopf schlaff nach unten, weil meine schmerzenden Nackenmuskeln zu müde sind, um das Gewicht zu tragen. Während ich mich unter Schmerzen abmühe, meinen linken Lungenflügel mit der kalten Gebirgsluft zu füllen, werfe ich einen Blick nach Westen und entdecke das letzte bißchen Sonnenlicht. Es muß kurz vor vier sein.

Obwohl ich ursprünglich vorhatte, jeden Tag nur bis zum späten Vormittag zu marschieren, dann meine Kleidung zu trocknen und mir einen Unterschlupf zu bauen, konnte ich den Marsch heute ausdehnen, weil das Wetter zuließ, daß ich trocken blieb. Aber jetzt wird es mit jeder Sekunde dunkler und kälter. Alles, was an Schnee und Eis tagsüber geschmolzen ist, gefriert nun. Bald bin ich von Dunkelheit umfangen. Eine weitere lange, scheußliche Nacht nimmt ihren Anfang.

Während ich mich nach einer Zuflucht umsehe, folge ich weiter den Kojotenspuren nach Osten. Ich hoffe, einen Mammutbaum mit vollen Zweigen von der Spitze bis zum Boden und einem dicken Bett aus Nadeln am Fuß zu finden. Ideal wäre eine ganze Sequoia-Gruppe einschließlich einiger umgestürzter Bäume.

Plötzlich bleibe ich stehen und starre auf die beiden Fährtenpaare, da sie die Richtung ändern und statt nach Osten nun nach Norden verlaufen, direkt die Flanke des Berges hoch. Obwohl ich die Kojoten nie zu Gesicht bekam, ertappte ich mich dabei, wie ich den ganzen Tag über mit ihnen redete. Die Vorfreude auf ihre Entdeckung verschaffte mir ein wenig Gesellschaft und half, die Last meines Kampfes vorübergehend erträglicher zu gestalten.

Wegen der sinkenden Temperaturen fröstelnd, mache ich eine kurze Pause. Gestützt auf meinen Wanderstock, stehe ich, bis über die Knie im Schnee, in dem steilen, dunklen Gelände da und bin fasziniert von den Atemwolken, die ich in die eiskalte Luft ausstoße. Bei jedem Ausatmen bleibt für einen Moment ein leicht kranker Geruch zurück, bevor der Dunst von den auffrischenden Winden fortgeweht wird. Während ich mich von dem Zauber löse, suche ich die unmittelbare Umgebung ab und entdecke in fünfzehn Metern Entfernung etwas, das wie eine Höhle aussieht.

Die Höhle hat einen trockenen, ebenen Boden aus Erde und ist viel größer als die, in der ich mich vor zwei Nächten aufgehalten habe. Ein paar kleine Mammutbäume mit tiefhängenden Zweigen schützen den Eingang vor der Witterung. Die beiden Außenwände der Höhle liegen unter einer dicken Schnee- und Eisdecke, und an einigen Stellen bohrt sich ein Baum oder Busch durch den Harsch.

Nachdem ich in der Nacht zum Montag in diesem Eisschrank von Höhle leichtfertig mit dem Tod durch Unterkühlung gespielt hatte, sagte ich mir, daß ich es nicht noch einmal darauf ankommen lassen dürfe, mich eiskaltem Gestein auszusetzen, es sei denn, ich hätte die Möglichkeit, ein Feuer machen, oder mir fiele irgend etwas ein, um mich gegen die Kälte zu schützen. Zögernd treffe ich daher heute abend die Entscheidung, es in dieser Höhle auszuhalten. Diesmal soll es anders sein. Ich werde mich schützen, indem ich mir aus den Zweigen und Nadeln der Mammutbäume eine Matratze baue.

Zuerst breche ich lebende, gesunde Zweige ab, die voller Nadeln sind. Nachdem ich eine ausreichende Menge beisammenhabe, um die Matratze zwölf bis fünfzehn Zentimeter dick zu machen, stecke ich die Zweige zusammen und forme ein Bett daraus.

Als nächstes fülle ich die Lücken zwischen den miteinander verflochtenen Zweigen mit Nadeln, bis das Bett eben, weich und glatt ist. Dann stampfe ich auf dem frisch geformten Bett herum, um die Nadeln weiter zwischen die Zweige zu pressen.

Um die gestopfte Matratze abzurunden, verteile ich zum Schluß obendrauf eine dünne Schicht Nadeln. Dann sammle ich eine weitere Lage frische Zweige und Kiefernnadeln, die ich als Decke benutzen will.

Bevor ich mich hinlege, lehne ich mich aus dem Höhleneingang, um nach oben in den klaren Nachthimmel zu spähen, in der Hoffnung, zufällig ein paar Sterne funkeln zu sehen. Es ist etwa sieben Uhr abends, und ich habe das Gefühl, daß die Temperatur bereits unter den Gefrierpunkt gefallen ist.

Ich krieche herüber zu der Matratze und fange an, Füße, Beine und Unterkörper mit Kiefernnadeln zuzudecken. Als meine untere Körperhälfte unter einer dicken Schicht aus Nadeln versteckt ist, decke ich die Nadeln mit ein paar Zweigen ab. Dann lege ich mich mit einem Zweig unter dem Kopf als Kissenersatz auf den Rücken und fange an, Oberkörper, linke Schulter, Arm und Hand mit Kiefernnadeln zu bedekken. Es ist eine ermüdende Prozedur, aber mit beharrlicher Anstrengung gelingt es mir, fast meine gesamte linke Körperhälfte unter Nadeln verschwinden zu lassen.

Es vergehen keine zwanzig Minuten, bis ich am ganzen Körper leicht zu zittern anfange. Ich bekämpfe die Kälteschauer mit den Aufwärmübungen und indem ich meinen warmen Atem in meine Jacke hauche. Nachdem ich den Kampf gegen Unterkühlung etwa eine halbe Stunde lang vergeblich fortgesetzt habe, bin ich drauf und dran, die Zweige und Nadeln zu einem anderen Platz zu tragen. Aber ich beschließe, in der Höhle zu bleiben, die Aufwärmübungen zu intensivieren und anders zu atmen. Statt kalte Luft durch die Nase einzuziehen und warme Luft durch den Mund in meine Jacke zu hauchen, werde ich durch den Mund ein- und ausatmen.

Obwohl das einen Unterschied macht, zittere ich weiter. Nach einer Weile habe ich das Gefühl, als versuchte ich mit einer Plastiktüte über dem Kopf zu atmen. Ich bemühe mich krampfhaft, ein paarmal warme Luft einzuatmen, bevor ich gezwungen bin, Nase und Mund der Kälte auszusetzen, damit ich meine Lunge mit frischer Luft füllen kann. Aber weil ich diese extrem kalte Luft einatme, sinkt meine Eigentemperatur und mein Körper verbrennt Kalorien, um die normale Kerntemperatur aufrechtzuerhalten.

Da ich sonst nichts tun kann, beschließe ich, abwechselnd

die Warmluft im Innern meiner Jacke und die kalte Gebirgsluft einzuatmen. Wenn ich vom Einatmen der Luft in meiner Jacke zu ersticken beginne, wechsle ich für ein paar Atemzüge zu der eiskalten Gebirgsluft, bis ich das Gefühl habe, meinen Organismus mit ausreichend Sauerstoff versorgt zu haben.

Nach einer Stunde schlägt der leichte, kontrollierte Schauer um, bis ich heftige Sätze mache und die Matratze abschüttele. Bei jedem Ruck fällt mir die Decke aus Zweigen und Nadeln vom Körper, wodurch ich den Minusgraden der Luft ausgesetzt bin. Ich versuche, alle Muskeln im Körper anzuspannen, um die unbändigen Zuckungen zu stoppen, aber gegen die Attacke bin ich machtlos.

Eine sehr schwache Stimme in meinem Unterbewußtsein sagt zu mir: »Steh auf und verlaß sofort die Höhle. Bloß noch ein paar Minuten, und es wird zu spät sein. Du mußt sofort aufstehen! Steh auf! Steh auf!« Jedesmal wenn die Stimme spricht, antworte ich im Geiste: »Gleich, ich fühle mich ganz wohl. Ich schaff's schon, nur einen Moment noch. Es wird schon gehen.«

Mein Körper versucht, sich jetzt zu schützen, indem er die Blutzufuhr zu meinen Gliedmaßen drosselt, um die Wärme im Körperstamm – in Brust, Leistengegend und Gehirn – zu erhalten. Die Erfrierungen an Füßen und Händen infolge dieses Phänomens schreiten in der Regel rasch voran.

Da meine Decke aus Zweigen und Nadeln neben mir verstreut ist, bin ich völlig ungeschützt. Die äußerst heftigen Zuckungen am ganzen Körper sind einer beinahe friedvollen Ruhe gewichen. Weil ich unbedingt durch die eisige Wildnis der Sierra marschieren wollte, um einen Rettungstrupp für Wave und Lloyd zu holen, habe ich einen unverzeihlichen Fehler begangen. Es ist offensichtlich, daß mein Körper jetzt in das dritte Stadium der Unterkühlung – der Hypothermie – eingetreten ist.

Hypothermie tritt auf, wenn die Körperkerntemperatur

unter 35 Grad Celsius sinkt, wenn der Körper nicht mehr in der Lage ist, ausreichend Wärme zu erzeugen, um Funktionen wirkungsvoll aufrechtzuerhalten. Sobald man an Hypothermie leidet, verteilt sich das Wärmedefizit auf zwei Bereiche, die Hülle und den Kern. Die Hülle ist die Haut und der Kern das Körperinnere.

Wave, Lloyd und ich traten in das erste Stadium der Hypothermie ein, als die Maule abstürzte. In diesem Stadium fällt die Körperkerntemperatur von normalen 36,9 Grad Celsius auf 35,9 Grad. Ich verspürte am Sonntag nachmittag ein paar Anzeichen leichter Hypothermie, als ich anhielt, um auszuruhen. Meine Muskeln strafften sich immer wieder, und mein Körper reagierte auf den Abfall der Körpertemperatur automatisch mit Kältezittern.

Das Kältezittern ist der Versuch des Körpers, Wärme zu erzeugen. Es handelt sich um eine unfreiwillige Kontraktion und Expansion von Muskelgewebe, die in großem Umfang auftritt. Die Muskelaktivität erzeugt Wärme durch Reibung. Schon in diesem ersten Stadium setzt geistige und körperliche Erschöpfung ein, und es zeigen sich erste Anzeichen von Schwäche.

Das zweite Stadium, die sogenannte milde Hypothermie, trat Sonntag nacht in der Höhle auf. In diesem Stadium fällt die Körperkerntemperatur auf 35 bis 33,9 Grad Celsius. Einige der Symptome dieses Stadiums sind ein unkontrollierbares, starkes Kältezittern und Koordinationsschwierigkeiten. Ein weiterer Hinweis auf dieses Stadium, das ich seit drei Tagen erlebe, sind die extremen Schmerzen und Beschwerden, verursacht durch die Kälte. In diesem Stadium bleibt man geistig wach.

Gegen milde Hypothermie gibt es mehrere einfache, äußere Methoden zur Körpererwärmung, die ich anwenden könnte, wenn ich zusätzliche Campingausrüstung hätte oder wenn ich ein Feuer machen könnte. Das Feuer würde nicht nur meinen Körper warm halten, sondern ich könnte auch

Schnee schmelzen und mich durch die heiße Flüssigkeit innerlich aufwärmen.

Ich hoffe, daß Wave, weil er die verschiedenen Planen, den Treibstoff und ein Feuerzeug hat, seine Hypothermie vielleicht behandeln und verhindern kann, daß seine Körpertemperatur weiter sinkt.

Ich weiß, daß ich möglicherweise nicht zurückkehre, sollte ich tief in das dritte Stadium der Hypothermie verfallen. In diesem Stadium sinkt die Körpertemperatur auf 32,9 bis 30,9 Grad Celsius. Das Kältezittern läßt nach oder hört ganz auf. Es kommt zu Muskelstarre, die Atmung verlangsamt sich und wird flach. Es kann zu Schläfrigkeit und irrationalem Verhalten kommen.

Im Endstadium steht der Tod unmittelbar bevor. Die Körperkerntemperatur fällt auf unter 30,9 Grad Celsius. Die Haut ist kalt und bläulichgrau verfärbt. Die Pupillen weiten sich vielleicht. Der Betreffende ist sehr schwach und liegt im Delirium. Er leugnet alle Probleme und widersetzt sich jeder Hilfe. Allmählich verliert er das Bewußtsein. Die Atmung kann sich so weit verlangsamen, daß es den Anschein hat, er sei tot. Der Körper wird steif.

Allein in der eisigen Wildnis und ohne Ausrüstung habe ich keine Möglichkeit, mittlere oder schwere Hypothermie zu behandeln. An diesem Punkt ist Hilfe von anderen Menschen unerläßlich.

Junge Leute und ältere Menschen sind anfälliger für Hypothermie. Dadurch sind Wave und Lloyd einem größeren Risiko ausgesetzt als ich. Die Körperkerntemperatur eines Kleinkinds kühlt rascher ab als die eines Erwachsenen, da Kleinkinder im Verhältnis zur Gesamtmasse eine größere Körperoberfläche besitzen als Erwachsene, was einen größeren Wärmeverlust ermöglicht. Außerdem können Kleinkinder nicht soviel Wärme produzieren wie Erwachsene. Ältere Menschen besitzen eine niedrigere Stoffwechselrate als junge, weshalb sie größere Schwierigkeiten haben, eine normale Körpertemperatur aufrechtzuerhalten, wenn die Umgebungstemperatur auf unter 18,9 Grad Celsius sinkt.

Wieder tönt eine schwache Stimme in meinem Kopf: »Los, steh jetzt auf! Wenn du noch länger hierbleibst, wirst du sterben.« Mein rechtes Auge öffnet sich, und ich warte, daß es sich auf die völlige Dunkelheit in der Höhle einstellt.

Ich erhebe mich auf alle viere und schiebe den Haufen Zweige und Nadeln an den Rand des Höhleneingangs, so daß ich die Höhle anschließend nicht mehr betreten muß, um das Material an einen anderen Platz zu befördern. Rechts oberhalb der Höhle ist das Gelände zwar abschüssig, aber es bietet mir ein paar kleine Felsen, Büsche und winzige Bäume, zwischen denen ich mich sicher verkeilen kann, solange ich mich ausruhe.

Als das neue Bett dort gemacht und mein Körper mit der Decke aus Zweigen und Nadeln zugedeckt ist, fange ich wieder an, konzentriert zu atmen, und mache mit den Aufwärmübungen weiter. Als ich erneut am ganzen Körper leicht erschauere, durchbreche ich die schweigsame Dunkelheit der eisigen Wildnis mit einem »Huhhh, huhhh, mir ist so kalt«. Angesichts meiner sich verschlechternden Stimmung denke ich an den Stern.

Ungefähr anderthalb Stunden vor Tagesanbruch beschließe ich, mich auf den Weg zu machen, so daß mein Körper mehr Wärme erzeugt. Wegen des fehlenden Lichts, des steilen Hangs und der unebenen, vereisten Oberfläche gestaltet sich das Vorwärtskommen bei jedem Schritt langsam und schwierig.

Als ich eine kurze Pause mache, richten sich meine Gedanken auf die zehn scheußlichen, alptraumhaften Stunden, die ich letzte Nacht durchgemacht habe. Geschwächt von dem zweiten Versuch, eine Höhle als Unterschlupf zu benutzen, denke ich an Wave und hoffe, daß er ein Lager gebaut und

Feuer gemacht hat. Meine Gedanken verdüstern sich, als ich mich frage, ob Lloyd noch am Leben ist.

Während es allmählich hell wird, bleibt der Wald still. Ich höre nur meine Stiefelabsätze, die sich in den weißen Harsch graben, meinen Wanderstock, der den gefrorenen, dichten Untergrund durchbohrt, und meinen stoßweisen Atem.

Während ich an der dichten Sequoia-Baumgrenze stehe und nach Osten blicke, drehe ich mich so, daß mir Bäume und Äste nicht den Blick auf die schneebedeckten Berggipfel versperren. Angesichts des klaren Himmels, der Windstille und der bereits steigenden Temperaturen bessert sich meine Stimmung. Ich bin überzeugt, daß ich Rauch von Waves Feuer sehen werde. Es wird insgesamt ein guter Tag werden.

Als ich am Rand eines gut sieben Meter breiten Hohlweges anhalte, entdecke ich auf der anderen Seite etwas, das wie die Spur von Schneeschuhen aussieht, die bergab führt. Aus meinem Blickwinkel und meiner Entfernung erwecken sie den Eindruck, als stammten sie von einem halblangen Schneeschuh, einem, der wegen seiner besseren Beweglichkeit im dichten Wald benutzt wird.

Schnell lehne ich mich gegen einen sehr kleinen Baum und rufe: »Hilfe... Hilfe...« Da ich nur über die Kraft eines Lungenflügels verfüge, wird meine schwache, kratzige Stimme von den Mammutbäumen der Umgebung, den Büschen und Felsen geschluckt. Nach wie vor an dem Baum lehnend, strecke ich meinen Körper, so daß ich tief Luft holen und einen Schrei ausstoßen kann, der durch die Berge hallen wird. Doch als ich zu schreien versuche, ist meine Stimme nichts weiter als ein Winseln.

Gequält von Enttäuschung, fange ich an, mit mir selbst zu reden: »Wie viel schlimmer kann es noch werden? Ein Suchtrupp ist hier, und ich kann nicht einmal nach den Männern rufen. Ich frage mich, wie sie hierhergekommen sind. Ich habe keine Schneemobile oder Hubschrauber gehört. Vielleicht haben sie ein Basislager in der Gegend aufgeschlagen. Ich werde den Spuren folgen, sie werden mich zu ihnen führen.«

Zeit ist von entscheidender Bedeutung. Ich habe Angst, daß der Retter einen zu großen Vorsprung hat, und ich ihn in meiner körperlichen Verfassung nicht einholen kann. Ich beschließe, nicht den S-förmigen Spuren bergab zu folgen, sondern ihm in einem Winkel den Weg abzuschneiden.

Noch immer in einer gewissen Höhe, marschiere ich mit hellwachen Sinnen und unter Mobilisierung ungeahnter Kräfte aggressiv wie ein verwundeter Soldat durch den knietiefen Schnee, bis ich die Spuren erreiche. Als ich mich vorbeuge, um die großen Abdrücke auf ihre Frische hin zu untersuchen, denke ich: »Diese Spuren stammen nicht von einem Schneeschuh.«

Da die Abdrücke im Schnee sauber sind und keine gefrorenen oder geschmolzenen Stellen aufweisen, glaube ich, daß die Spuren weniger als eine Stunde alt sind, nach Osten führen und wahrscheinlich von demselben Bären stammen, dem ich Montag nacht begegnet bin.

Weil das Atmen wegen der dünnen Luft viel schwerer wird, beschließe ich in eine tiefere Lage abzusteigen. Sobald ich mich nahe am Fuß des Berges befinde, stehe ich in hüfthohem Schnee und sehe mich um.

Ich höre ein schwaches, aber gleichbleibendes *shhhhhh*, das Geräusch von Wind, der durch die Bäume fährt, aber ich spüre keine Brise. Als ich den Kopf schräg halte, um mich auf das Geräusch zu konzentrieren, wird mir plötzlich klar, daß es sich um fließendes Wasser handelt. Nur etwa fünfzig Meter entfernt strömt ein knapp drei Meter breiter, von Schnee und Eis bedeckter Bach dahin, der den Berg, an dessen Fuß ich stehe, und den im Süden angrenzenden Berg voneinander trennt.

Am Ufer des Bachs werden alle anderen Geräusche des Waldes vom Rauschen des Wassers übertönt. Nachdem ich ein Loch im Eis gefunden habe, knie ich mich hin, ziehe meinen Handschuh aus und tauche die linke Hand in das eisige Wasser. Ein beißender Schmerz verbrennt mir auf der Stelle meine erfrorenen Finger, und ruckartig ziehe ich die Hand aus dem Wasser und schiebe sie im Jackeninneren unter die rechte Achselhöhle, um sie zu wärmen.

Ich streife den linken Handschuh wieder über, gehe auf alle viere und fange an, das Wasser mit der Zunge zu schlekken wie ein Hund. Nachdem ich gerade mal ein paar Zungen voll Wasser geschluckt habe, bekomme ich heftige Kopfschmerzen, die mich innehalten lassen. Ich muß mir meine Kräfte einteilen. Die nächste halbe Stunde verbringe ich damit, das kalte Wasser sehr langsam zu trinken.

Das Atmen fällt mir auf dieser Höhe leichter, aber wie ich erwartet habe, ist der Schnee zu hoch, um hindurchzuwandern. Es war ein Fehler, in diese sonnenlose Schlucht hinabzusteigen.

Ich wende mich nach Osten und beschließe, wieder etwas an Höhe zu gewinnen, indem ich schräg bergauf marschiere. Jetzt, wo der Bach wieder ein Stück weit weg ist, lindert sein Rauschen meine innere Anspannung. Als ich müde werde, lehne ich mich an einen Baum. Ein großer Rindenstreifen hat sich von dem Stamm gelöst. Genau in diesem Moment kommt mir eine Idee. Ich reiße ein ungefähr ein Meter langes Stück Rinde ab und entdecke etwas, das aussieht wie mehrere gefrorene Motten, die an dem Stamm kleben.

Ich pflücke die Insekten ab und vermische sie in der Handfläche mit einem winzigen bißchen Schnee. Dann stopfe ich mir die in Schnee gehüllten Motten widerwillig in den Mund. Überrascht stelle ich beim Kauen fest, daß sie weich und fade sind. Da ich Nahrung brauche, nehme ich mir vor, künftig in der Nähe von Bäumen Pause zu machen, so daß ich unter der Rinde nach Insekten suchen kann.

Um die Mittagszeit erreiche ich endlich die Höhe, auf der

ich den Tag begonnen habe. Als ich nach Westen blicke, sehe ich, daß ich den Felsknorren jetzt hinter mir gelassen habe. Begeistert über mein Vorwärtskommen schwinge ich den Wanderstock über dem Kopf und schreie lauthals: »Ja, ich kann es schaffen!«

Auf meiner weiteren Wanderschaft sehe ich den Wald nun mit anderen Augen. Ich betrachte Bäume, Baumstämme und Büsche nicht mehr als Hindernisse, sondern als Baumaterial und potentielle Nahrungsquellen. Ich höre die feinen Geräusche des Waldes, die bislang vom Wind gedämpft oder von der dichten Bewaldung geschluckt wurden. Jetzt, wo meine tierischen Instinkte erwachen, bin ich konzentriert, aber ruhig. Während ich marschiere, kann ich die winzigen Unterschiede zwischen den einzelnen Zonen des Waldes riechen, schmecken und spüren.

Ich stapfe durch den knietiefen Schnee, bis ich eine Stelle erreiche, die völlig schneefrei ist. Auf dem nackten Erdboden stehend, entdecke ich etwas, das wie ein Anhänger von einem T-Shirt oder ein Flaschenetikett aussieht. Vor lauter Aufregung, weil ich einen künstlichen Gegenstand entdeckt habe, suche ich sofort nach weiteren Spuren menschlicher Existenz und bemerke mehrere Bäume, die mit einer Kettensäge gefällt wurden, um einen Pfad frei zu machen.

Daraufhin ändere ich die Richtung und folge dem Pfad durch hüfthohen Schnee nach Norden. Nachdem ich ihn verloren habe und etwa hundert Meter von meinem östlichen Kurs abgekommen bin, verfolge ich meine eigene Spur zurück bis zu der Lichtung.

Ich schaue nach Osten und schätze, daß die dunklen Flekken im Schnee noch immer ungefähr einen Tagesmarsch entfernt sind. Als ich einen Blick nach Nordwesten in Richtung der Maule werfe, sehe ich noch immer keinen Rauch.

Das viele Wasser, das ich getrunken habe, hat sich einen Weg durch meinen Organismus gebahnt, und ich kann meinen Urin jetzt auf Blut kontrollieren. Obwohl sich keine Spuren davon finden, hat er nach wie vor eine orangefarbene Tönung und riecht faulig.

Denise, die noch in Colorado ist und nichts von dem Flugzeugabsturz weiß, ist an diesem Morgen aus einem beunruhigenden Alptraum erwacht. Darin bestellte sie ein schwarzes Kleid und Schuhe, passend für eine Beerdigung. Schockiert durch den Traum, liegt sie unter der warmen Bettdecke und denkt darüber nach. Obwohl weder mein Vater noch ich sie zurückgerufen haben, hat sie das starke Gefühl, daß wir beide am Leben sind. Aber trotzdem ist sie überzeugt davon, binnen Wochenfrist einer Beerdigung beizuwohnen.

Angesichts der laufenden CAP-Suche, polizeilicher Ermittlungen im Zusammenhang mit einer Vermißtenmeldung und des Geredes in den Flugzeughallen auf dem Long Beach Airport druckt das *Long Beach Press Telegram* an diesem Morgen einen Artikel. Die Schlagzeile lautet: AIR PATROL SUCHT NACH TRIO.

Um die Mittagszeit führt Kevin ein schwieriges Telefonat mit Denise. Er klärt sie auf, daß ich am 27. mit zwei Freunden, Wave und Lloyd, vom Flughafen Long Beach gestartet und bislang weder zurückgekehrt sei noch mich gemeldet hätte. Obwohl Denise in den letzten zwei Tagen gespürt hat, daß etwas nicht stimmt, erleidet sie einen Schock.

Kurz nachdem sie aufgelegt hat, ruft Susan sie an und bittet sie, sich auf den Boden zu setzen oder zu legen, während sie ihr ausführlich die Lage erläutert. Da Denise nichts von der Existenz der CAP weiß, erklärt Susan ihr die Rolle, welche die CAP in der allgemeinen Luftfahrtgemeinschaft spielt, und die methodischen Schritte, nach denen sie vorgeht, wenn sie versucht, Flugzeuge ausfindig zu machen, die an ihrem Bestimmungsort verspätet sind oder vermißt werden.

Als Susan meine Schwester informiert, daß die CAP-Suche gestern begonnen habe, drückt Denise das Telefon fester, und ihr Magen beginnt sich zusammenzukrampfen. Susan sagt, daß an der gestrigen CAP-Suche 42 Mann beteiligt gewesen seien, die mit 14 Maschinen gestartet und 25 Einzeleinsätze mit insgesamt 64,5 Flugstunden absolviert hätten. Denise umkrallt das Telefon und hält sich den Hörer dicht ans Ohr. Schließlich kippt sie infolge einer Angstattacke auf dem Fußboden um und rollt sich in einer fötalen Haltung zusammen.

Da Denise still leidet, bemerkt Susan nichts von ihrem Zustand. Sie erklärt weiter, daß die CAP ihre Einsatzaktivitäten heute fast verdoppelt habe, und nennt ihr die augenblickliche Einsatzstatistik, die 69 Mann umfaßt, die mit 26 Maschinen gestartet sind und 45 Einzeleinsätze mit insgesamt 132,4 Flugstunden absolvieren, davon 60,7 Stunden in zugewiesenen Planquadraten.

Denise, die jetzt völlig zusammengebrochen ist, entschuldigt sich, sie könne nicht weitertelefonieren, und bleibt in der fötalen Haltung auf dem Boden liegen. Mit blutunterlaufenen Augen, kurz und stoßweise atmend, fängt sie an zu jammern, während ihr die Tränen über beide Wangen laufen.

Nachdem sie ihrem Unmut und ihrer Niedergeschlagenheit Luft gemacht hat, geht Denise ins Schlafzimmer, legt sich aufs Bett, den Kopf auf einem Kissen, schlingt beide Arme fest um ein anderes Kissen und weint dann weiter. Während sie sich allmählich beruhigt, fängt sie an, Gott um unsere sichere Rückkehr anzuflehen. Dann sagt sie sich: »Ich muß mich zusammenreißen.«

Während sie über die schreckliche Nachricht nachdenkt, die sie soeben erhalten hat, beginnt sie eine Reihe trauriger Telefonate mit Freunden. Sie teilt ihnen mit, daß sie nach Kalifornien fliege, um bei ihrem Vater zu sein und nach besten Kräften bei der Suche mitzuhelfen, und bittet sie, Gebetsketten für Wave, Lloyd und mich zu organisieren.

Da meine Stiefeleinsätze, Handschuhe, Hose und Jacke klatschnaß sind von dem heutigen Marsch, beschließe ich den Tag in einer Gegend mit mehreren dunklen Steinen, die voll der Sonne ausgesetzt sind. Fünfzig Meter weiter befindet sich eine gemischte Gruppierung aus großen Mammutbäumen, Stämmen und Büschen, die ich als Schutz für heute nacht benutzen kann. Sobald ich meine Kleider und Stiefel zum Trocknen auf den Felsen ausgebreitet habe, drücke ich mir eine Handvoll Schnee aufs linke Auge und halte im Nordwesten nach Rauch Ausschau, aber noch immer sehe ich keinerlei Anzeichen eines Feuers.

Die klaffende Wunde an der linken Augenbraue, Augenlid und Nasenrücken werden naß von dem Schnee, den ich die ganze Zeit gegen diese Gesichtspartien presse, und als ich das obere und das untere Lid spreize, spüre ich, wie der aufgeweichte Schorf zu zerreißen beginnt. Weil ich den Schmerz dadurch kontrollieren kann, wie schnell ich die Wunde öffne, gehe ich schrittweise an meine Schmerzgrenze, so lange, bis ich mit dem linken Auge Sonnenlicht spüren kann.

Nachdem ich zum zweitenmal flüchtig Tageslicht und verschwommene Objekte gesehen habe, bin ich überzeugt davon, daß das Auge unversehrt ist und daß ich mit ihm in wenigen Tagen wieder werde sehen können.

Um den wechselnden Stand der Sonne in den restlichen verbleibenden Stunden auszunutzen, schiebe ich die Kleidungsstücke auf den Steinen mehrmals hin und her. Die Sachen sind noch immer feucht, aber ich glaube, daß ich die Nacht überstehen kann, wenn ich mich ausreichend gegen die Kälte isoliere. Versehen mit einer soeben gebauten Matratze aus Zweigen und Nadeln und genug gesammeltem Material für eine dicke, dichte Hülle, decke ich mich im Schutz mehrerer Mammutbäume zu und bereite mich innerlich auf die Nacht vor.

In meinem Haus in Long Beach weiß mein Vater nichts von dem zunehmenden Medienwirbel und der Beteiligung von CAP und Polizei an der Suche nach uns dreien. Kevin, Kevins Freundin Judy und Rick sitzen bei meinem Vater, als ein lokaler Fernsehsender die Story bringt und Bilder von Lloyd, Wave, mir und der Maule über die Bildschirme des Großraums L.A. flimmern. Während der Bericht ein sehr düsteres Szenario malt, versichern Kevin, Judy und Rick meinem Vater, es bestünden gute Aussichten, daß wir alle noch am Leben seien.

Die tatkräftige Einstellung von Denise hat jetzt Wirkung gezeigt. Sie hat Flüge reserviert, ihre Taschen gepackt und mehrere Freunde angerufen, die Piloten sind, damit sie weiß, was von der CAP zu erwarten ist. Da dies für eine Weile die letzte Nacht sein kann, in der sie Gelegenheit haben wird, ein wenig zur Ruhe zu kommen, bis sie herausfindet, was uns zugestoßen ist, beschließt sie, früh ins Bett zu gehen.

Während sie schluchzend auf dem Bett liegt, hält sie in einem Arm ein gerahmtes Foto von mir auf meiner Rennmaschine. Das Bild wurde während eines Straßenrennens für 750-ccm-Supersportler in Georgia aufgenommen. Mit der anderen Hand drückt sie sich ein großes buntes Halstuch leicht an die Wange. Das Tuch war ein Weihnachtsgeschenk von mir im letzten Jahr, und auf beide Seiten ist eine Karte des Yosemite-Nationalparks und der umliegenden Sierra Nevada aufgedruckt. Die südliche Grenze der Karte ist gut hundert Kilometer von meiner augenblicklichen Position entfernt.

## Neuer Schwung

### 1. Dezember

Weil die Wolkendecke sich erst gegen 22 Uhr formierte, hat sich der Großteil der Wärme des Tages in der oberen Atmosphäre zerstreut. Angesichts von gut zwei Zentimetern Neuschnee auf meiner Decke aus Zweigen, Nadeln und Rinde setze ich in den frühen Morgenstunden des Dienstags meinen Kampf gegen das beinahe krampfartige Zittern mit kraftlosen, stoßweisen Aufwärmübungen und regelmäßigem Ausatmen in meine Jacke fort.

In Kenntnis der Fakten – Kampf gegen extreme Kälte und Unterkühlung, dramatischer Schlafmangel und fehlende Erholungspausen, eine Ernährung, die ausschließlich aus unter Baumrinde gefundenen toten Motten besteht, und eine hohe Energieleistung, die der Marsch durch das abgelegene, verschneite Gebiet erfordert – glaube ich nicht, daß ich noch länger als sieben bis zehn Tage durchhalten kann.

Nach dem Geräusch der sich im Wind wiegenden Sequoia-Äste zu urteilen, schätze ich die Windgeschwindigkeit auf mindestens fünfzig Stundenkilometer oder mehr. Die Isolierung durch Matratze und Decke erweist sich als recht wirkungsvoll, da ich keinen direkten Temperaturabfall aufgrund des Windes spüre. Nach mehreren windigen Stunden sind die Wolken verschwunden. Der Himmel ist klar, und ich kann wieder die Sterne sehen.

Die zehnstündige Bewegungslosigkeit hat mich meine gebrochenen Knochen vorübergehend vergessen lassen. Ich entferne die Decke aus Nadeln und Zweigen, dann stemme ich mich mit Hilfe meines Wanderstocks vom Boden hoch, wobei ich einmal mehr Bekanntschaft mit den pochenden Schmerzen mache, die mir jeder einzelne meiner Brüche bereitet.

Nachdem ich mehrere Stunden marschiert bin, begrüßt mich endlich das Tageslicht. Obwohl ich noch immer hoch oben am Berg in knie- bis hüfthohem Schnee stehe, kann ich sehen, daß die dunklen Flecken im Schnee am Fuß des Berges weniger als zwei Stunden Fußmarsch entfernt sind. Als ich nach Westen blicke, erspähe ich in der Ferne den Felsknorren. Obwohl ich die Gesteinsformation während der vergangenen drei Tage benutzt habe, um meine zurückgelegte Strecke abzuschätzen, beginnt ein Gefühl der Zuversicht langsam meinen ganzen Körper auszufüllen. Während ich das rechte Auge schließe, verneige ich mich in Demut und sage leise: »Ich kann das hier schaffen... Ich lebe und ich habe eine Chance...«

Als ich durch den tiefer werdenden Schnee bergab laufe, stoße ich auf ein frisches Spurenpaar, das mein pelziger Freund zurückgelassen hat. Es sieht so als, als sei der Bär von Ost nach Nord abgeschwenkt und laufe auf die Kammlinie zu. Aufgrund seiner Fährte vermute ich, daß er früh am heutigen Morgen an dem Bach im Tal getrunken hat. Da ich weiß, daß der Bär in der Nähe sein könnte, mache ich beim Marschieren soviel Lärm, wie ich kann, und summe zwischendurch Strophen aus einem Lied.

Etwa um die gleiche Zeit geht Denise in Colorado Springs an Bord eines Flugzeugs, das sie zuerst nach Phoenix und dann nach Long Beach bringen wird. Als sie auf ihrem Platz sitzt, überkommt sie der schreckliche Gedanke, daß das Flugzeug, mit dem ich geflogen bin, abgestürzt ist und daß ich tot sein könnte. Weinend, am ganzen Körper zitternd und unfähig, sich zu beherrschen, beugt sie sich vor und birgt ihr Gesicht in den Händen. Die Frau auf dem Sitz neben ihr fragt: »Haben Sie Flugangst?«

Auf der zweiten Etappe ihres Fluges beginnt sie eine Liste der Leute zu machen, die sie anrufen will, und der Dinge, die zu erledigen sind, sobald sie das Büro bei mir zu Hause betritt. Während sie die Liste nach Prioritäten ordnet, bemerkt sie, daß der Mann neben ihr medizinische Fachliteratur liest. Die beiden beginnen zu plaudern, und der Mann erzählt ihr, er sei Lungenspezialist. Denise fragt ihn, ob er sich bei Traumata in Verbindung mit freier Natur, kalter Witterung oder Unfällen in der Wildnis auskenne oder eine entsprechende Ausbildung habe. Sie erzählt ihm, daß zwei meiner Freunde und ich möglicherweise mit einem Flugzeug abgestürzt seien und sie Informationen darüber sammle, womit wir rechnen müßten und wie lange wir überleben könnten. Der Arzt ist voller Mitgefühl und Hoffnung. Er erkundigt sich nach meiner Persönlichkeit, meinem Temperament und Alter und nach meiner körperlichen Verfassung. Er hält es für möglich, daß ein Mensch im Winter in der Wildnis zwei Wochen überleben kann. Er erklärt weiter, er selbst habe festgestellt, daß Patienten, die aus liebevollen, sie unterstützenden Familien kämen, sich viel besser erholten als Patienten aus anderen Verhältnissen. Sie sprachen über die Kraft von Glaube und Gebet.

Unterdessen dehnt die CAP die Suche auf das abgelegene Hinterland der Sierra Nevada aus. Der Kommandant der 40. Schwadron ruft um zehn Uhr an diesem Vormittag Hauptmann C. F. Judd an und fragt ihn, ob er sich am nächsten Morgen an der Suche nach den drei vermißten Männern beteiligen könne. Der Kommandant informiert den Hauptmann, daß die Suche über hochgelegenem Terrain stattfinden werde und man ihn und sein Flugzeug brauche.

Da alle im Besitz der CAP befindlichen Suchflugzeuge, bei denen es sich um Gemeinschaftsmaschinen handelt, sowie die meisten Flugzeuge, die CAP-Mitgliedern gehören, leichte einmotorige Maschinen sind, wird Judd angefordert, weil er einer der wenigen CAP-Piloten ist, die eine mittelschwere zweimotorige Maschine fliegen.

Bei Suchaktionen in großer Höhe hat ein zweimotoriges Flugzeug einige Vorteile gegenüber einer einmotorigen Maschine. Obwohl die meisten zweimotorigen Flugzeuge mit nur einem funktionstüchtigen Motor weder steigen noch eine bestimmte Höhe halten können, hat der Pilot durchaus die Möglichkeit, einen Motor abzuschalten, sollte dieser Schwierigkeiten haben oder Feuer fangen. Solange sich ein Propeller bei Vollgas noch dreht, kann die Gleitdistanz für das Flugzeug verlängert werden, was dem Piloten oder der Besatzung erlaubt, einen auf dem Gleitweg der Maschine liegenden Flugplatz oder geeignetes Gelände anzusteuern, das für eine Notlandung genutzt werden kann.

Hauptmann Judd weiß, daß er mit zwei weiteren Besatzungsmitgliedern an Bord der zweimotorigen Maschine und mit vollen Treibstofftanks bei Suchflügen in Höhen zwischen dreitausend bis viertausend Metern fünf Stunden in der Luft bleiben kann.

Nachdem Judd eingewilligt hat, sich an dem Einsatz zu beteiligen, bittet der Kommandant den Hauptmann, am darauffolgenden Morgen um 8 Uhr mit seinem Flugzeug zum John Wayne Airport in Santa Ana zu fliegen, um seine beiden Besatzungsmitglieder abzuholen.

Der Kommandant informiert den Hauptmann außerdem darüber, daß die Einsatzzentrale für diese Suche von Bishop zum General-William-J.-Fox-Flugplatz in Lancaster, Kalifornien, verlegt worden sei. Hauptmann Judd sagt dem Kommandanten, daß er es schaffen müßte, gegen neun auf dem General Fox zu landen.

Nachdem die Logistik des Einsatzes nun geklärt ist, erkundigt Hauptmann Judd sich nach seinen Besatzungsmitgliedern. Als der Kommandant die Namen Howard Selleck und John Soley nennt, ist der Hauptmann erfreut, weil er beide Männer kennt. Howard ist wie Judd selbst noch recht neu bei der CAP, während John, der jüngste der drei Männer, ironischerweise ein alter Hase bei der CAP ist.

Beide Männer sind ehemalige Soldaten. Howard flog während des Zweiten Weltkriegs B-24-Bomber über den Himmel Europas. Der Hauptmann, selbst ein Weltkriegsveteran, wurde zur Navy im Pazifik eingezogen und begann seine Fliegerlaufbahn erst nach dem Abschied vom Militär. Aufgrund seiner Erfahrung ist Howard eine ausgezeichnete Wahl für den vorderen rechten Sitz bei der morgigen Suche. John paßt mit seinem Werdegang und seinen äußerst ausgeprägten Beobachterfähigkeiten perfekt auf den dritten Sitz.

Ebenfalls um zehn Uhr trifft die Maschine von Denise auf dem Long Beach Airport ein, demselben Flughafen, von dem ich vier Tage zuvor mit der Maule gestartet bin. Rick holt sie ab und fährt sie zu mir nach Hause. Als Denise ins Haus geht, wird sie von unserem Dad, Susan, Kevin und Judy begrüßt.

Mein Vater versucht, stark zu sein, aber Denise spürt deutlich seine Angst, daß er mich vielleicht niemals wiedersieht. Sie setzt sich neben Dad, redet mehrere Minuten mit ihm und versichert ihm, daß ich am Leben sei und wieder zurückkommen werde. Sie entschuldigt sich und geht dann mit Susan, Kevin und Judy in mein Büro, wo sie unter acht Augen über die Suche unterrichtet wird.

Ich kämpfe mich unterdessen mühsam voran. Obwohl die großen Felsen und die dichte Vegetation mir die Sicht auf die dunklen Stellen im Schnee versperren, erhasche ich einen flüchtigen Blick auf eine große Wiese, auf der kein Schnee liegt und die an das Gebiet mit den dunklen Stellen grenzt. Erstaunt über den Anblick, beschleunige ich beim Abstieg meine Schritte. Wieso liegt dort kein Schnee? Ist es dort wärmer? Ich verstehe es nicht. Selbst wenn die Sonne auf die

Wiese niederbrennt, müßte trotzdem eine Schneedecke vorhanden sein. Es gibt viele Wiesen mit Schnee; warum liegt auf dieser keiner?

Im Moment ist mir die Sicht auf das kleine Tal völlig versperrt, aber ich spüre, daß ich bald unten bin, weil dasselbe Geräusch schwach zu hören ist, das ich gestern vernommen habe, als ich mich in der Nähe eines anderen Schmelzwasserabflusses am Fuß des Berges befand.

Bald darauf stehe ich in fünfzehn Zentimetern Schnee am Ufer eines Baches, der, wie ich sehe, in der unmittelbaren Umgebung eisfrei ist. Als ich den Blick zwanzig, dann dreißig Schritte weit über die offene Wiese am jenseitigen Ufer schweifen lasse, sehe ich in dem hohen Gras und auf dem Boden nur kleine, verstreute Schneebatzen.

Müde und durstig durchquere ich den Bach, ziehe beide Handschuhe aus und lege mich auf den weichen Sand und das abgestorbene Gras am Ufer. Während ich gierig Wasser aufschlecke, denke ich: »Ich kann nichts Eigenartiges im Wasser oder in der Luft schmecken oder riechen, das erklären würde, warum dort kein Schnee liegt. Was also ist der Grund dafür?«

Nachdem mein Durst gelöscht ist und ich die Handschuhe wieder anhabe, stehe ich auf, um die kahle Wiese noch etwas genauer in Augenschein zu nehmen. Als ich quer über die Lichtung laufe, fühle ich mich beschwingt, aber ich bin mir nicht sicher, warum – vielleicht, weil es nicht immer dasselbe Einerlei ist. Schnee und nochmals Schnee.

Während ich in der Mitte der Wiese stehe, drehe ich mich einmal um die eigene Achse und überfliege die Umgebung, aber ich sehe oder höre nichts, was dieses schneelose Wunder erklären würde. Ich atme sehr langsam durch die Nase ein und hoffe, irgend etwas zu schnuppern, das sich markant von der frischen Gebirgsluft abhebt. Dann atme ich durch den Mund ein und versuche, auf meinen Geschmackssensoren etwas einzufangen, das dieses Phänomen erklärt.

Noch immer Naturdetektiv spielend, setze ich mich nach Süden in Marsch, wo der gefrorene Boden in halbfesten Matsch übergeht. Als ich eine handtellergroße, ein paar Zentimeter tiefe Wasserlache entdecke, frage ich mich: »Wieso ist diese Pfütze nicht gefroren? Eigentlich müßte jede kleine Pfütze oder jedes stehende Gewässer zufrieren.«

Ich starre auf die Pfütze und denke, daß ich weiß, warum sie nicht gefroren ist, ohne meinen Verdacht allerdings bestätigen zu können, weil kein Schwefelgeruch vorhanden ist. Plötzlich steigt eine Blase vom Grund auf.

Da ich vermute, daß die Blase durch ein Luftloch verursacht wurde, das im Erdreich unter der Pfütze oder unmittelbar an den Rändern eingeschlossen war und das ins Wasser gedrückt wurde, als ich den matschigen Untergrund beim Drauftreten zusammendrückte, warte ich ab, bevor ich mich zu sehr freue.

Ich stecke die Fingerspitzen des linken Handschuhs in den Mund, beiße zu und halte den Handschuh mit den Zähnen fest, während ich die Hand herausziehe. Langsam lasse ich mich auf beide Knie nieder und hocke mich so hin, daß ich die Pfütze berühren kann.

Dann strecke ich die Hand nach dem Tümpel aus und sage: »Na komm schon, Kleiner! Bitte!« Statt die Wassertemperatur mit meinen erfrorenen Fingern zu prüfen, die ihr Tastgefühl verloren haben, mache ich eine Faust und tauche die Knöchel in das kleine Becken. Als ich das warme Wasser fühle, schließe ich langsam die Augen und sage leise dankend: »Ja. Danke, Gott, für diese heißen Quellen. Danke.«

Als eine heiße Quelle gilt jede, deren Wasser mindestens fünfzehn Grad wärmer ist als die jährliche Durchschnittstemperatur der Luft. Außerdem muß sie aus Wasser gespeist werden, das unterirdisch erwärmt und zurück an die Oberfläche geführt wird. In bestimmten Gegenden hat sich

Magma durch die Erdkruste einen Weg nach oben bis relativ dicht unter die Erdoberfläche gebahnt und erhitzt das benachbarte Gestein. Wasser, das im Untergrund zirkuliert, wird von dem Gestein erwärmt. Wenn das Wasser an die Erdoberfläche zurückkehrt, sammelt es sich in Becken, die als heiße Quellen bekannt sind.

Im 19. Jahrhundert war es legal und oft recht einträglich, zu behaupten, Mineralwasser könne eine beeindruckende Liste von Gebrechen heilen. Zahlreiche Hotels und Pensionen schossen in der Nähe von heißen Quellen aus dem Boden und zielten auf Besucher ab, die Entspannung und Heilung suchten. Auf dem Gebiet des Sequoia National Forest längs des unteren Kern River Canyon finden sich viele Plätze mit heißen Quellen.

Für die Stämme der amerikanischen Ureinwohner haben viele heiße Quellen schon immer eine besondere Bedeutung gehabt. Sie benutzten diese zur Heilung, und weil sie glaubten, daß dem Wasser noch andere Kräfte innewohnten, erklärten sie eine heiße Quelle stets zu neutralem Gebiet, das dem Frieden und der Heilung gewidmet war.

Obwohl ich von heißen Quellen zum erstenmal auf der High School erfuhr, kam ich das erste Mal mit einer wortwörtlich in Berührung, als ich wegen des College nach Kalifornien zog und anfing, mit einem Freund Motorradtouren zu unternehmen. Brian hatte ein Motorrad und brannte darauf, sich in den Sattel zu schwingen und zu einer Erkundung der Westküste aufzubrechen. Also beluden wir in jeden Ferien unsere Maschinen mit Regenzeug, Planen, Schlafsäcken und Ersatzkleidung und steckten alles Geld ein, das wir erübrigen konnten. Wir waren Krieger der Landstraße, die die Nationalparks von Kalifornien, Nevada, Utah, Wyoming, Montana und Arizona durchstreiften. Yosemite, Lake Tahoe und die Straßen nach Las Vegas wurden zu unserem Hinterhof.

Eines Tages erhielt ich einen Anruf von meinem Freund

Stewart, der noch in Connecticut lebte. Stewart sagte mir, daß er kommen und eine Motorradtour durch die Berge der kalifornischen Sierra Nevada machen wolle.

Er hatte sich genau den richtigen Zeitpunkt ausgesucht, denn ich hatte damals noch eine Straßenmaschine übrig, die tourentauglich war. Ich rief sofort Brian an, und wir machten uns an die Reiseplanung. Wir beschlossen, zu unseren üblichen Tummelplätzen zu fahren.

Nach ein paar kalten Nächten in den Bergen fuhren wir zu dritt nach Bridgeport, Kalifornien, und weiter zu den heißen Quellen abseits des Highway 395. Als ich anfing, mein Motorrad abzuladen, wurden wir von mehreren Mädchen empfangen, die sich an den Quellen vergnügt hatten. Bald darauf tauchten Brian, Stewart und ich unsere müden Körper in das dampfige Wasser.

Nach etwa dreißig Minuten stieg ich heraus und haute mich in meinen Schlafsack. Doch der Morgen kam allzu rasch, als Stewart anfing, mich zu rütteln und zu treten, und versuchte, mich zu wecken. Bemüht, ruhig zu bleiben, erzählte er mir, daß soeben eine Horde junger Mädchen in einem Jeep vorgefahren sei, sich nackt ausgezogen habe und sich nun in den heißen Quellen tummle.

Ich kann die ganze Nacht aufbleiben, aber ich schlafe für mein Leben gern morgens aus, und auf diese Masche würde ich nicht hereinfallen. Ich schlief wieder ein, nur um etwa eine Stunde später, als ich wach wurde, Stewart lächeln zu sehen und mir Brians Kommentare über die badenden Schönheiten anzuhören, die vor fünfzehn Minuten weggefahren seien.

Brian und Stewart erzählten mir in einem fort, wie zauberhaft die Mädchen gewesen seien, und versuchten mich zu überzeugen, daß ich die Gelegenheit meines Lebens verpaßte. Während ich mein Motorrad packte und an das dachte, was ich zum Frühstück verdrücken wollte – Eieromelett, Bratkartoffeln, süße Milchbrötchen und ein großes Glas

Orangensaft –, hörte ich das Geräusch eines Allradfahrzeugs, das den Weg heraufkam.

Ich dachte sofort, daß es der Parkranger sei, der käme, um uns Strafzettel zu verpassen, weil wir an den heißen Quellen übernachtet hatten. Als der Wagen um die Ecke bog, konnten wir sehen, daß es ein Jeep war. Nur einen Sekundenbruchteil bevor Stewart oder Brian irgend etwas sagen konnten, dachte ich an die Mädchen in dem Jeep, von denen die beiden vorhin gesprochen hatten.

Stewart, der seine Aufregung nicht mehr zügeln konnte, sagte: »Das sind sie, sieh dir das bloß an.« Direkt vor meinen Augen hüpften vier Engel aus dem Wagen, zogen sich unter Lachen und Kichern aus und liefen direkt an uns vorbei zu den Quellen. Angesichts unserer reisefertig gepackten Motorräder und der griffbereiten Helme war offenkundig, daß wir im Aufbruch waren, aber Brian meinte: »Ich hab vergessen, meine Taschenlampe einzupacken, und sie gehört in die Mitte meines Bündels. Ich werde alles noch einmal auspacken und dann neu packen müssen. Es wird eine Weile dauern.« Natürlich war die Taschenlampe eine Mini-Maglite, die problemlos in jede Tasche paßt.

Bei der Erinnerung daran muß ich lächeln, während ich meinen Weg quer über die Wiese nach Süden fortsetze, bis ich auf ein Wasserbecken stoße, das mit Schaum bedeckt ist. Nachdem ich die Temperatur der Quelle geprüft habe und sie ziemlich verlockend finde, schiebe ich den Schaum mit dem Wanderstock beiseite.

Angesichts des klaren Beckens mache ich mich an die lästige Aufgabe, mich behutsam meiner Kleidung zu entledigen. Ich habe in den vergangenen vier Tagen viel Gewicht verloren. Die Hose kann ich mir über Hüften und Hintern schieben, ohne sie aufzuknöpfen. Als meine Sachen zum Trocknen ausgebreitet auf dem Boden liegen, lasse ich mein Gerippe mit dem Hintern zuerst in das Becken gleiten. Als ich meinen Körper bis auf Kopf, Füße und Hände in das warme Wasser tauche, entfährt mir ein Seufzer. »Ahhhh, ohhh Juuunge. Danke, Herr! Danke.«

In weniger als einer halben Stunde erhöht der Zauber des heißen Bades meine Körpertemperatur so weit, daß das Kältezittern ein wenig nachläßt. Ich schätze, daß es halb elf Uhr vormittags ist, und einen Moment lang spiele ich mit dem Gedanken, zur Maule zurückzukehren, um Wave und Lloyd an diesen Zufluchtsort zu bringen. Aber eine Rundreise wird mich mindestens fünf Tage kosten. Und falls ich zurückkomme und Wave hat inzwischen einen geeigneten Unterschlupf konstruiert und Feuer gemacht, wird die Reise auch noch vergeblich gewesen sein. Das einzige, was ich tun kann, ist weitermarschieren, so wie Wave und ich es geplant hatten.

Vom Sitzen auf dem Schlick am Grund der Quelle brennt mir allmählich mein Hinterteil. Ich verlagere meinen Körper und senke Füße und Hände in den Rand des Beckens, den Bereich, wo das Wasser am kühlsten ist.

Im Nu beginnen meine erfrorenen Extremitäten von dem heißen Wasser zu brennen, so daß ich sie rasch wieder aus der Wanne heben muß. Bevor ich sie erneut eintauche, lasse ich sie abkühlen. Nachdem ich Füße und Hände eine halbe Stunde lang immer wieder eingetaucht habe, halte ich sie ein letztes Mal in das Becken und lasse sie eingetaucht in dem heißen Wasser, während ich die Zähne zusammenbeiße.

Überzeugt davon, daß eine Macht, die mein Begriffsvermögen übersteigt, mich zu diesen heißen Quellen führte, entspanne ich mich in dem Wunderwasser und setze nur Hals und Kopf der frischen Gebirgsluft aus. Bei jedem Atemzug kann ich spüren, wie die Kraft dieses heiligen Ortes mich neu belebt, meinem Geist und meinem Körper neues Leben einhaucht und mir zu neuem Schwung verhilft.

Vollkommen entspannt, den Kopf in den klaren blauen Himmel gerichtet, döse ich langsam ein und fange beinahe an zu träumen. Doch sofort schalten sich meine Überlebensinstinkte ein und hindern mich daran, fest einzuschlafen. Mit einem flatternden rechten Augenlid, das versucht, sich zu öffnen, verharre ich in halb bewußtlosem Zustand.

Plötzlich schlage ich ohne ersichtlichen Grund seelenruhig das rechte Auge auf und entdecke ein Militärtankflugzeug, das in ungefähr zehntausend Metern Höhe nach Süden fliegt. Während die Maschine ein konventionelles Kampfflugzeug auftankt, fliegt ein C-117-Tarnkappenbomber in Formation zur Linken des Tankflugzeugs.

Ich weiß, daß die drei Jets zu hoch fliegen, als daß Waves Rauchsignale zu sehen wären. Da solche Maschinen in dieser Höhe lautlos sind, lassen sie Wave keine Zeit, sich auf irgendeine Weise bemerkbar zu machen. Selbst wenn Wave tatsächlich Rauch entfachte, wären die Flugzeuge zu dem Zeitpunkt, wo die erste schwarze, ölige Wolke über den Gipfeln aufstiege, wegen der Geschwindigkeit, mit der sie fliegen, längst weg.

Unsere einzige reelle Chance auf Rettung bestünde darin, daß einer der drei Jets die Funkfrequenz des Notsenders abhört. Ich seufze und sage dann leise: »Wave, Kumpel, ich hoffe, du hast den ELT-Sender am Laufen.«

Während ihrer stundenlangen Besprechung mit Kevin, Judy und Susan erfährt Denise, daß sich ein wahrer Mediensturm zusammenbraut. Der Artikel im *Long Beach Press Telegram* von heute trägt die Schlagzeile: IMMER NOCH KEINE SPUR VON VERMISSTEM FLUGZEUG, DREI MÄNNER AUS LONG BEACH.

Als Denise das Büro verläßt, sieht sie, daß unser Vater anfängt zu weinen. Sie versucht selbst, stark zu bleiben, setzt sich neben ihn und nimmt ihn zärtlich in den Arm. Obwohl es Dad schwerfällt zuzugeben, daß er Angst hat, vertraut er sich ihr an. Sie versucht, ihn zu trösten und erzählt ihm, sie hätte geträumt, daß ich zwar verletzt worden sei, aber noch leben würde.

Da Denise vermutet, mein Vater könnte wissen, wohin ich geflogen bin, gibt sie ihm einen extragroßen Schuhkarton von mir, der voll ist mit Familienfotos, mit Fotos von Freunden, von Motorradtouren, Urlauben, Geburtstagen und ein paar Abenteuern mit der Maule. Sie hofft, daß die Durchsicht all der Fotos mit dem Flugzeug ihm vielleicht einen Anhaltspunkt hinsichtlich einer Gegend liefert, in die ich oft geflogen bin. Diese Fotos könnten dann der CAP überlassen werden, die ihrerseits feststellen könnte, wo die Bäume, Felsen, Flüsse und Berge auf dem Bild sich befinden. Anschließend könnte die CAP ihre Suchanstrengungen auf die auf den Fotos gezeigten Gebiete konzentrieren.

Da Denise Unterstützung und Rat sucht, ruft sie außerdem einen alten Freund im Raum Long Beach an. Nachdem sie ihm geschildert hat, welche Wirkung die Tragödie auf ihren Vater hat, schlägt ihr Freund vor, Dad ins Krankenhaus zu bringen, wo ein Arzt ihn sich ansehen und ihm, falls erforderlich, ein Beruhigungsmittel geben könne.

Ihr Freund, der Öffentlichkeitsarbeit macht, weist Denise vorsorglich darauf hin, daß der Mediensturm möglicherweise gerade erst anfängt. Er hält es für klug, daß die Familie nicht mit der Presse redet, sondern die Erledigung sämtlicher Medienanfragen der CAP überläßt.

In der Tat ist die Kontaktaufnahme mit der CAP einer der ersten Punkte auf der Liste von Denise, und sie ruft Oberstleutnant Sydney J. Wolfe von der CAP an, um sich vorzustellen. Wolfe, der Verbindungsmann zwischen der CAP und den Angehörigen von Opfern, erinnert sich an viele traurige Fälle, bei denen er Hinterbliebenen tragische Nachrichten bestätigte. Erfahren mit Sorge und Leid, fängt der Oberstleutnant an, Denise über den Einsatz zu informieren. Wolfes Bericht beinhaltet auch die Anstrengungen der CAP für heute: 53 CAP-Angehörige, die mit 20 Maschinen gestartet sind und 48 Einzeleinsätze fliegen. Ins Logbuch eingetragen werden 129,2 Stunden Flugzeit, von denen 50,2 Flugstunden auf die Suchplanquadrate entfallen.

Außerdem hat er die traurige Aufgabe, Denise darüber aufzuklären, daß wir drei nur eine minimale Überlebenschance haben. Selbst wenn wir für ein Leben unter rauhen Bedingungen trainiert wären, sagt er, sei es der fünfte Tag seit unserem Flug, und das militärische Überlebensfenster betrage lediglich rund sechsunddreißig Stunden. Daher laute der Auftrag nun: Bergung eines Wracks und Suche nach drei Leichen.

Wolfe sagt Denise, er sei erstaunt, daß sich nicht schon früher jemand von der Seite DeLeos gemeldet habe. Denise erklärt, daß sie die Nachricht erst gestern erhalten habe und dann sofort von Colorado hergeflogen sei.

Sie bittet um die Telefonnummern von Waves und Lloyds Familien, aber Wolfe sagt, daß die Grundsätze der CAP ihm untersagten, ihr diese Informationen zu geben. Er könne ihre Bitte an die Familien weiterleiten und ihnen die Nummer von Denise geben.

Sofort nachdem sie das Telefonat mit Wolfe beendet hat und gegen den Rat ihres Freundes beschließt Denise, sich mit der Geschichte an die Öffentlichkeit zu wenden. Da das Flugzeug seit fünf Tagen vermißt wird und keine neuen Hinweise aufgetaucht sind, glaubt sie, daß sie helfen muß, die Öffentlichkeit richtig auf die Geschichte aufmerksam zu machen.

Indem sie Rundfunk- und Fernsehsendern heftig zusetzt, erreicht sie vielleicht jemanden, der die Maule gesehen hat oder über irgendwelche Informationen verfügt, die zu unserer Rettung führen könnten. Vor allem aber sagt ein Gefühl ihr, daß die CAP sich darauf vorbereitet, den Einsatz abzubrechen. Wenn sie dem wachsenden Medieninteresse Nahrung gibt, kann sie die CAP vielleicht unter Druck setzen, die Suche fortzusetzen. Am frühen Nachmittag ist sie richtig in Schwung. Sie hat mehrere Pressemitteilungen geschrieben und sich Kontaktinformationen für Rundfunk- und Fernsehsender beschafft.

Einer von Lloyds engsten Freunden und Pool-Partnern, Jim Mashburn, meldet sich ebenfalls. Da Jim weiß, daß bei der Rettung von Verletzten, die in den Bergen festsitzen, der Zeitfaktor eine entscheidende Rolle spielt, fährt er knapp vierhundert Kilometer nach Norden zum Lone Pine Airport. Jim spricht mit Bill Woodward, dem Flughafen-Betreiber, der ebenfalls Besitzer einer Maule M-5 ist. Bill erzählt ihm, daß er mein Flugzeug und Wave kennt. Wir waren nämlich mehrmals wegen Treibstoff dort gelandet, und Bill hatte uns anschließend in die Stadt gefahren, damit wir zu Abend essen konnten.

Jim heuert ihn an, damit er ihn über die Sierras fliegt, um nach dem vermißten Flugzeug zu suchen, und die beiden tragen einen zweistündigen Such- und Rettungsflug ins Logbuch ein.

In der Ruhe der heißen Quelle ist das brennende Gefühl in Füßen und Händen schlimmer geworden. Die starke Verfärbung meiner Gliedmaßen verrät mir, daß das Gewebe kurz davor steht abzusterben. Aber der Schmerz ist ein gutes Zeichen, der Beweis dafür, daß das Gewebe noch lebt und das heiße Wasser die Durchblutung anregt, so daß ich wieder Gefühl in meinen tauben Gliedmaßen habe.

Das Becken entspannt mich derart, daß ich mir vorkomme, als wartete ich auf eine Kellnerin, damit sie meine Bestellung aufnimmt. Da die Sonne die Spitzen der Gipfel im Westen berührt, schätze ich, daß es drei Uhr nachmittags ist. Der stetige Temperaturabfall macht es mir um so schwerer, mich von der warmen Geborgenheit der Quelle zu lösen.

Als mir nur noch eine knappe Stunde Tageslicht bleibt, verlasse ich in dem Gefühl, wiederbelebt worden zu sein, das himmlische Wasser. Dampf steigt von meinem Körper auf, während ich mich anziehe. Ich kann die kalte Brise auf der warmen Haut spüren. Als ich gerade in meine lange Unterhose schlüpfen will, bemerke ich, daß sie vollkommen durchnäßt ist. Aus dem Boden, auf den ich sie vorhin zum Trocknen gelegt hatte, ist die ganze Zeit Wasser herausgesickert.

Die klatschnasse lange Unterhose dient mir dafür als Handtuchersatz. Sobald ich fertig bin, wringe ich das Wasser aus. Die Hose wird mindestens zwei Tage brauchen, um zu trocknen, also halte ich nervös nach einem Unterschlupf Ausschau. Ein langer, dicker umgestürzter Baum, den ich entdeckt hatte, als ich zum erstenmal die kahle Wiese betrat, lockt mich an. Zwar weiß ich, daß ich mir aus dem gefällten Baum und seiner unmittelbaren Umgebung keinen Unterschlupf bauen kann, aber ich sammle trotzdem Rinde und Zweige und schichte Kiefernnadeln zu kleinen, nutzlosen Haufen auf.

Aus Gründen, die ich nicht erklären kann, will ich mich, um einen besseren Platz für den Bau eines Unterschlupfs zu finden, nicht in das Dunkel des Waldes begeben, der die Wiese umgibt. Das unausgesprochene gemeinsame Band zwischen den Quellen des Lebens und mir hält mich zurück.

Mit dem Wissen, daß ich die kalte Dunkelheit auch eingetaucht in eines der Becken abwarten kann, falls die Nacht sich als zuviel für mich erweist, probiere ich eine andere Methode zum Bau eines Unterschlupfs aus. Mit Hilfe meines Wanderstocks hebe ich unter einem gefällten Baum einen Graben aus, wobei ich einen Hohlraum schaffen will, der gerade groß genug ist, daß mein Körper hineinpaßt.

Nachdem der Wanderstock von den Versuchen, ihn wie eine Schaufel zu benutzen, mehrmals entzweigegangen ist, erkenne ich, daß es hoffnungslos ist und daß ich meine Kräfte sinnlos vergeude. Ich setze mich, mit dem Rücken gegen den gefällten Baum gelehnt, hin und starre auf die nur einhundertfünfzig Meter entfernten dunklen Stellen im Schnee.

Als ich die lange Unterhose und mein Sweatshirt zum Trocknen über den Baum gelegt habe, laufe ich über die Wiese zurück und komme an einen zweiten Bach, in den der mündet, aus dem ich an diesem Morgen getrunken habe. Dieser Bach – der Nine Mile Creek, wie ich später erfahre – schlängelt sich zwischen den Bergen hindurch und vereint sich etwa acht Kilometer weiter westlich mit dem Kern River. Von hier aus kann ich sehen, daß aus mehreren heißen Quellen, die ich bislang noch nicht entdeckt habe, Dampf aufsteigt. Ich überquere den sprudelnden Wasserlauf auf einer alten hölzernen Planke. Beim Laufen über die rutschige, wackelige Planke stoße ich, um nicht das Gleichgewicht zu verlieren, die Spitze eines neuen Wanderstocks, den ich gefunden habe, in das Bachbett.

Als ich mich den dunklen Stellen bis auf fünfzig Meter genähert habe, hat das Rätselraten ein Ende. Es sind die Spitzen verwitterter Zaunpfähle, die in gleichmäßigen Abständen voneinander stehen und eine Pferdekoppel bilden. Entzückt von den dunklen, runden Pfahlenden, die aus dem glitzernden Schnee hervorstehen, denke ich über die Mühen der vergangenen drei Tage nach. Nie hätte ich gedacht, daß ich so viel leiden würde, körperlich und seelisch, um ein so einfaches, belangloses Rätsel zu lösen.

Als ich laut lachend aufseufze, hallt der dumpfe, krächzende Laut schwach über die Wiese wider. Mutterseelenallein rufe ich ein einzelnes Wort, dann warte ich, daß sein Echo zurückgeworfen wird. Immer aufs neue schreie ich einzelne Wörter, halte zwischen den herausplatzenden Wörtern inne und warte, daß das beruhigende Echo mir frech antwortet, bevor ich ein weiteres Wort in die Wildnis entlasse und Hoffnung und Gesellschaft in dem zurückgeworfenen Laut finde.

Bemüht, optimistisch und klarsichtig zu bleiben, suche ich das Gebiet jenseits der Koppel ab. Mir fallen mehrere große Mammutbäume auf, deren gewaltige Äste von Schnee und Eis niedergedrückt werden und die offensichtlich eine Art Baumhöhle bilden. Vor meinem inneren Auge erscheint das Bild einer Baumhöhle, die ich als Kind mit Sanjaya aufgesucht hatte, und ich nähere mich den überhängenden Ästen mit einem Gefühl des Déjà-vu.

Je näher ich der Baumgruppe komme, desto tiefer wird der Schnee, bis er mir zur Hüfte reicht. Plötzlich bricht mein lädierter linker Fuß durch den vermeintlich festen Untergrund und wird in einem hölzernen Steg eingeklemmt.

Angesichts meines unter der Schneedecke verkeilten Knöchels fange ich vor Verzweiflung an zu schreien. Der Schmerz ist so stark, daß schon ein Flüstern das bohrende Pochen verschlimmert. Nachdem meine Qual quer über die Wiese widergehallt ist, brülle ich das höhnische Echo an und bitte es flehentlich, mich in Ruhe zu lassen, während ich darauf warte, daß der Schmerz im Knöchel sich auf ein erträgliches Maß reduziert.

Ich beginne, den Knöchel langsam zu bewegen, wobei ich mit Fuß und Zehen taste und versuche, meinen Stiefel aus seiner eingeklemmten Lage zwischen den Holzplanken zu befreien. Sobald der Knöchel frei ist, habe ich Bedenken, weiter vorwärts zu gehen. Da ich den schneebedeckten Boden unter mir noch immer nicht sehen kann, habe ich Angst, ganz und gar in dem Weg einzubrechen oder in irgendeiner anderen künstlichen Vorrichtung, die in der Gegend zurückgeblieben ist, gefangen zu werden, womit meine Reise ein jähes Ende fände.

Mir kommt ein Gedanke: »Warum sollte jemand hier eine Pferdekoppel und einen Steg bauen ohne die dazugehörige Blockhütte? Die heißen Quellen sind der perfekte Standort für ein Blockhaus. Irgendwo muß es hier irgendeine Unterkunft geben. Es muß eine Blockhütte in der Nähe sein.«

Tatsächlich erspähe ich ein paar Schritte später eine Gruppe von Gebäuden. Da sind drei Blockhäuser und in der Nähe der Haupthütte etwas, das wie ein alter Gemischtwarenladen aussieht.

Ich kann erkennen, daß die Haupthütte in hervorragendem Zustand ist, die Fenster aber mit Brettern vernagelt und von innen verriegelt sind. Die schwere Vordertür ist verschlossen. Durch das Loch, in das man einen Türknauf einsetzen würde, wurde eine dicke Kette gezogen, anschließend um den Türpfosten gelegt und mit einem Vorhängeschloß verriegelt.

Mit einer Pistole wäre das solide Schloß keine Herausforderung. Ich denke zurück an den Sonntag morgen, als ich mich fertig machte, um aus dem Haus zu gehen. Ich ließ meinen 44er Smith & Wesson Magnum Revolver absichtlich in der Schublade, weil ich dachte, ich würde ihn nicht brauchen, obwohl ich ihn auf fast jeden anderen Flug mitgenommen hatte.

Weil die Blockhütte verriegelt ist, ist offensichtlich, daß dies die einzige ist, in der Vorräte gelagert sind, die ich so dringend benötige. Ich gehe um die Hütte herum zur linken Seitenwand, aber sie hat kein Fenster. Die Rückseite wurde ebenfalls mit Brettern vernagelt und von innen verschlossen, und die fensterlose rechte Seitenwand entspricht der linken.

Ich stelle fest, daß, wer auch immer diese Blockhütten benutzt, Probleme mit Bären hat. Er oder sie hat eine Hebevorrichtung konstruiert, die aus einem hoch oben in den Bäumen aufgehängten Flaschenzug und einem Korb zur Aufnahme von Nahrung, Abfall und anderem Zeug, wonach ein Bär vielleicht herumstöbert, besteht. In der Hoffnung, etwas Eßbares zu finden, lasse ich den Korb herunter. Ich durchwühle mehrere Papier- und Plastiktüten, finde aber nur nutzlosen Müll.

Ich gehe rüber zu dem alten Gemischtwarenladen und betrete das Gebäude durch die Hintertür. Das Innere ist angefüllt mit Plunder. Ich halte die Augen offen nach etwas, mit dessen Hilfe ich entweder in die Haupthütte einbrechen, ein Feuer machen oder mir Schneeschuhe basteln kann. Ich entdecke einen Generator und denke, daß irgendwo Benzin sein könnte. Wenn ich Benzin auftreiben könnte und einen kleinen Behälter zur Aufbewahrung sowie Streichhölzer oder ein Feuerzeug, könnte ich auf meiner weiteren Reise kleine Lagerfeuer machen.

Auf dem Fußboden entdecke ich ein großes, durchsichtiges Gefäß mit einem winzigen Rest Flüssigkeit darin. Weil ich vermute, daß es Benzin ist, schraube ich den Verschluß von dem Gefäß ab und rieche daran. Das Benzin ist alt und abgestanden, der Geruch ist schwach. Ich schüttle das Gefäß. Die Flüssigkeit schwappt hin und her wie geschlagenes Eiweiß in einer Schüssel, und die starke Ansammlung von Schwebstoffen am Boden deutet darauf hin, daß die Verbindungen und Zusätze in dem Treibstoff sich mittlerweile zersetzt haben.

Mein Blick schweift umher auf der Suche nach anderen Überlebensmöglichkeiten und prallt von einem Stück Krempel nach dem anderen ab. Ich finde eine Kettensäge, die nur einen knappen Meter entfernt auf dem Boden liegt, aber sie ist kaputt und wurde von ihrem Besitzer zum Verrotten zurückgelassen. Es gibt mehrere große, bunte Plastikeimer, die wahrscheinlich dazu dienten, Pferdefutter zu verteilen. Auf dem Boden verstreut liegen ein paar Blumentöpfe. Sie sehen aus, als seien sie aus Ton. Ich halte inne und überlege: »Wenn ich einen Schlüssel verstecken sollte, wo würde ich ihn hinlegen? Auf ein Regal? Auf einen Stützbalken über der Tür?«

Nachdem ich den ganzen Krempel durchgesehen habe, besteht meine einzige Ausbeute in einem Stück Stahl und einem verrosteten Feuerlöscher. Ich trage die beiden Relikte zurück zur Vorderfront der Haupthütte, bleibe stehen, um mich kurz auszuruhen, und treffe Anstalten, das Schloß aufzubrechen.

Als erstes stecke ich die Stahlstange in den Bügel des Schlosses. Dann hebe ich den Feuerlöscher über den Kopf. Zuletzt lasse ich den Feuerlöscher mit seinem ganzen Gewicht auf das Ende der Stahlstange krachen und versuche, das Schloß mit Gewalt aufzubekommen. Es bleibt unversehrt, trotz des schweren Treffers.

Während ich an die Lebensmittelkonserven, die zusätzliche Kleidung, die Schneeschuhe und andere Reichtümer denke, die mich auf der anderen Seite der prächtigen Tür möglicherweise erwarten, wird das Zehn-Dollar-Metallstück, das mich von einem Leben wie ein König trennt, allmählich zur fixen Idee. Ich versuche es immer wieder, aber das grausame Schloß widersetzt sich mir. Schnell schwinden meine Kräfte so weit, daß ich den Feuerlöscher weder halten noch schwingen kann.

Auf das Dach der mittleren Blockhütte ist ein riesiger Mammutbaum gestürzt und hat es eingedrückt. Bei genauerer Überprüfung sieht es so aus, als habe dieser Baum die Hütte vor mehreren Jahren zerstört und niemand das Durcheinander jemals aufgeräumt.

Die dritte Blockhütte scheint unversehrt zu sein. Beim Näherkommen kann ich sehen, daß die Tür etwa zehn Zentimeter weit offensteht. Es gibt ein Loch für einen Türknauf, aber keine Kette, die den Eintritt verwehrt. Als ich Anstalten treffe, die Hütte zu betreten, frage ich mich, ob möglicherweise ein Bär oder ein Puma in dieser verlassenen Unterkunft Zuflucht gesucht hat. Vorsichtig spähe ich durch das Loch. Da ich nichts sehe, trete ich zur Seite, während ich langsam die Tür aufstoße. Ich muß lachen, als ich lediglich drei selbstgemachte Bettgestelle aus Bäumen und Bindedraht und einen alten, schmutzigen Teppich, der den Holzfußboden bedeckt, finde.

Sobald ich das kleine Blockhaus betrete, bin ich vor der

Kälte geschützt. Die Hütte besteht aus einem einzigen Raum und einer kleinen Kammer. Ich knie mich in eine Ecke, um den Zustand des Teppichs zu untersuchen. Ich packe ihn an einem Ende und fange an, ihn langsam vom Boden abzuziehen, wobei ich versuche, ihn nicht zu zerreißen.

Nachdem ich etwa sechzig Zentimeter Teppich abgelöst habe, halte ich freudig erregt inne. Ich denke: »Hier ist heute nacht mein Zuhause, in dieser bescheidenen Hütte, eingerollt in diesen schmutzigen Teppich. Das wird großartig.«

Begeistert, weil ich mir keinen Unterschlupf bauen muß und trotzdem warm und geschützt sein werde, beschließe ich, meine lange Unterhose und mein Sweatshirt von dem Baum zu holen.

Hauptmann Carl Kennedy, der Nachrichtenoffizier bei dem CAP-Einsatz, ruft Denise an. Er braucht eine genaue Beschreibung meines Flugzeugs, da viele Maschinen mit besonderen Farbmustern bemalt sind.

Hauptmann Kennedy rasselt die verschiedenen Oberflächenpartien herunter – Rumpf, Bauch, Höhenruder, Seitenflosse, Tragflächenunterseite, Verstrebungen, Tragflächenoberseite, Motorhaube –, aber die Begriffe verwirren Denise. Sie sagt ihm, das Flugzeug sei rot und weiß, und sie könne ihm mehrere große Farbfotos der Maschine schicken, wenn ihm das weiterhelfe.

Denise wird plötzlich von Sorge überwältigt. Sie bittet Kennedy, einen Moment zu warten, und versucht, sich zu sammeln. Als sie ihr Gespräch fortsetzen, erzählt er ihr, daß zwei Förster am Sonntag morgen neben dem Kern River ein Flugzeug entdeckt hätten, auf das die Beschreibung der Maule passe. Voller Hoffnung teilt Denise meinem Vater diese Information mit.

Unter Schonung meiner Kräfte und bemüht, trocken zu bleiben, verfolge ich meine Fußspuren zu dem umgestürzten Baum zurück. Als ich nach Einbruch der Dunkelheit wieder an den vorderen Stufen meines Palastes eintreffe, habe ich das Sweatshirt wieder angezogen und trage die durchnäßte lange Unterhose in der Hand. Ich lasse die Eingangstür offen, so daß alles Licht, das von dem weiß verhüllten Wald reflektiert wird, in die Hütte hineinscheint.

Während ich darauf warte, daß mein Auge sich an die völlige Dunkelheit gewöhnt, überlege ich, als ich den Teppich aufrolle, um mir einen Schlafsack zu machen, wie ich die drei schweren Bettgestelle aus dem Weg räumen könnte. Bald kann ich schwach sehen. Die Bettgestelle, nach wie vor bloß vage Umrisse, lassen mich wie ein Kind fühlen, das in einem dunklen, unbekannten Raum ist.

Ich schließe die Tür, in deren Loch ich meine lange Unterhose gestopft habe, so daß die kalte Luft von draußen nicht ins Hütteninnere dringen kann und ich vollständig vor dem Wind geschützt bin. Ich zerre und schiebe die sperrigen Bettgestelle aus dem Weg und rolle mich dann in dem Teppich ein.

Nachdem ich es mir, entspannt und warm, im Innern des Teppichs gemütlich gemacht habe, verspüre ich plötzlich den starken Drang, Wasser zu lassen. Da ich mich nicht aus dem Teppich auswickeln, mich aufrichten und in die Kälte hinausgehen will, um zu pinkeln, kreuze ich die Beine, winde mich und versuche, gegen den Druck in der Blase anzukämpfen. Nach einer unbequemen halben Stunde ist er zu stark. Ich muß jetzt Wasser lassen, damit ich entspannt bin und zum erstenmal seit fünf Nächten schlafen kann.

Da die Vorstellung, mich der kalten Luft auszusetzen, mir zuwider ist, fasse ich den Abstellraum hinten in der Hütte ins Auge. Am Eingang zu der kleinen Kammer stehend, richte ich einen übelriechenden Urinstrahl gegen die Wand des Kabuffs. Mittendrin fange ich an zu lachen: »Ich mache mir Sorgen darüber, daß ich in dieser alten, verwahrlosten Blockhütte pisse, während ich in ein paar Tagen tot sein könnte! Was zum Teufel geht in meinem Kopf vor?«

Ich gehe rüber zu dem Fenster an der Tür und starre in Lloyds und Waves Richtung. Ich kann mir ihre warmherzigen, freundlichen Gesichter in der Scheibe der Hütte vorstellen. Ich sehe Lloyds Lächeln aus einer Zeit, als wir Pool-Billard spielten. Er versenkte eine Kugel nach der anderen, stieß dann die Neun, versenkte sie ebenfalls und gewann wieder. Ich kann Wave lachen sehen, ungezwungen wie immer, wie er mit einer Flugkarte in der Hand durch den Hangar geht und mich fragt: »Wohin geht's diesmal?«

Sobald ich, in den Teppich eingerollt, auf dem Rücken liege, merke ich schnell, daß ich mich heute nacht weder mit den Übungen aufwärmen noch kontrolliert atmen muß. Da der Teppich nie Bekanntschaft mit einem Staubsauger gemacht hat, rieselt mir nach und nach einiges von dem Sand, dem Dreck und den Haaren, die an seiner Oberfläche haften, in Nase, Mund, Ohren und rechtes Auge. Ich ziehe mir die Sweatshirtkapuze über das Gesicht und benutze sie als Filter, während ich aus dem Mundwinkel ruhig und gleichmäßig Luft einziehe und darüber einschlafe.

## Verloren auf einem Ozean

### 2. Dezember

Am späten Donnerstag abend verlassen Susan, Rick, Judy, Kevin und ein paar andere Freunde mein Haus, um für die Nacht bei sich daheim ein wenig Ruhe zu finden. Weil Denise in Colorado lebt und mein Dad seine Zeit zwischen Connecticut und Kalifornien aufteilt, ist dies das erste Mal seit mehreren Jahren, daß mein Vater und meine Schwester allein miteinander sind. Eng aneinandergeschmiegt, um sich seelisch den Rücken zu stärken, weinen beide und beschreiben, wie ohnmächtig sie sich fühlen. Sie können nichts anderes tun, als der Zeit ihren Lauf zu lassen. Obwohl die Statistik vermißter Flugzeuge nur eine einzige logische Schlußfolgerung zuläßt, sind sie sich einig darin, die Hoffnung nicht aufzugeben. Sie schwören sich, weiter an einen glücklichen Ausgang der Sache zu glauben, und versuchen, mir ihre Liebe und Kraft zukommen zu lassen. Zugleich beten sie um ein Wunder.

Müde und seelisch am Ende legen sie sich schlafen. Dank der Medikamente, die mein Vater gegen seine Beschwerden einnimmt, schläft er sofort ein, aber Denise wälzt sich hin und her und fragt sich, wo ich bin und was ich tue. Sie betet und hofft, daß ich irgendwie mit ihr, meinem Vater oder meinem Bruder Kontakt aufnehme, so daß sie mir zu Hilfe kommen können.

Außerstande einzuschlafen, steht Denise um ein Uhr morgens auf und geht in mein Büro, wo sie anfängt, Rundfunksendern ein Schreiben zuzufaxen, in dem sie um Mithilfe bei der Suche nach dem vermißten Trio bittet. Bald darauf klopft es an der Haustür. Vor Sorge um Wave, Lloyd und mich konnte auch Judy nicht schlafen und ist zurückgekehrt. Sie und Denise bleiben die ganze Nacht auf, schicken Faxe an über einhundert Rundfunkstationen und mehrere Fernsehsender – sie nennen es »wählen, um weiter zu hoffen« – und durchforsten das Büro nach fehlenden Hinweisen, die vielleicht helfen, das Flugzeug ausfindig zu machen.

Gegen 4 Uhr morgens ruft einer der Fernsehsender zurück und bittet um ein halbstündiges Live-Interview. Man verabredet sich für 6.30 Uhr bei Judy zu Hause. Außer Judy sollen Denise und Jim, Waves Mitbewohner, dabeisein.

Obwohl ich behaglich zusammengerollt in dem Teppich liege, halten meine Überlebensinstinkte mich vom Schlafen ab. Jedesmal wenn mich die Müdigkeit überkommt, schnappt mein rechtes Auge plötzlich weit auf, während mein Körper auf dem schmutzigen, alten Holzfußboden einen Satz macht. Instinktiv glaube ich, daß ich in Gefahr bin, daß meine Gliedmaßen steif gefroren sind, während ich geschlafen habe. Aus Angst fange ich an, die Aufwärmübungen zu machen, um die Durchblutung anzuregen, und sage laut: »Wenn du schläfst, stirbst du.« Ich versuche, mich zu beruhigen, indem ich langsam tief Luft hole, und gleichzeitig gähne ich, um mich wieder einzuschläfern.

Ich habe etwa vier Stunden geschlafen, als mein rechtes Auge aufschnappt. Ich kann eine leichte Veränderung der Dunkelheit spüren. Ich versuche, mich zu zwingen aufzustehen, so daß ich meine Reise fortsetzen kann, aber mein Körper verweigert sich. Während ich warm und geborgen daliege, blicke ich zu dem Fenster empor – und erinnere mich an Waves und Lloyds Bilder, die ich gestern abend im Widerschein der Scheibe gesehen habe. Die beiden sind darauf angewiesen, daß ich Hilfe bringe.

Als ich endlich stehe, stopfe ich mir mein T-Shirt in die

Hose und zupfe mir die Skihose zurecht, so daß sie bequemer sitzt für den heutigen Marsch. Dann humple ich zu einem der selbstgemachten hölzernen Betten hinüber und setze mich auf die Bettkante. Langsam ziehe ich meine stinkenden Socken über die geschrumpften Wadenmuskeln hoch. Der rechte Stiefel gleitet mühelos über meinen Fuß, aber als ich versuche, den linken überzustreifen, stelle ich fest, daß mein linker Knöchel inzwischen so stark angeschwollen ist, daß er nicht mehr in den Stiefel paßt.

Sofort erinnere ich mich daran, als ich mit dem linken Knöchel in dem Steg einbrach. Die bereits zerschmetterten Knochen wurden erneut gequetscht, was die Schwellung weiter vergrößerte. In den nächsten Minuten ist die Stille der Hütte erfüllt von Schreien und Stöhnen, während ich mir mit Gewalt den Stiefel über den pochenden gebrochenen Knöchel ziehe.

Um den Schmerz zu unterdrücken, fange ich an, tief durchzuatmen. Quälende Minuten verstreichen. Als ich aufstehe, rollen mir vor Schmerzen Tränen über die Wangen und in meinen schmutzigen Sechstagebart. Während ich mit gesenktem Kopf vollkommen reglos dastehe, spüre ich, wie die Tränen von meinem Kinn auf den alten Holzfußboden der Blockhütte tropfen. Zu guter Letzt ziehe ich den Reißverschluß meiner Jacke hoch bis übers Kinn und stülpe mir die Kapuze meines Sweatshirts über den Kopf. Als nächstes muß ich mir die Stiefel zuschnüren. Ich setze mich wieder auf die Ecke des Bettgestells. Zum erstenmal seit sechs Tagen kann ich mühsam die Hände öffnen und schließen und die Finger eingeschränkt bewegen. Ich glaube, ich kann es schaffen. Was auch immer passiert, ich kann das hier packen.

Ich schnappe mir den Wanderstock und werfe einen Blick aus dem Fenster auf den schneebedeckten Wald. Meine Gedanken kehren zu den Nahrungsmitteln und Vorräten zurück, die wahrscheinlich in der Haupthütte warten. Ich will noch immer in die Hütte einbrechen, in der Hoffnung, dort Streichhölzer oder ein Feuerzeug zu finden, so daß ich Feuer machen kann.

Während ich weiter aus dem Fenster starre, beginne ich neuen Mut zu fassen. Ich bin in besserer körperlicher Verfassung als gestern morgen. Die Hypothermie-Behandlung in den heißen Quellen hat dem gräßlichen ständigen Kältezittern, das mich während der vergangenen fünf Tage begleitete, Einhalt geboten.

Meine Fingerspitzen und Zehen sind dunkelblau, was auf Erfrierungen hindeutet, aber ich habe noch uneingeschränkt Gefühl in ihnen, ein Zeichen, daß sie noch nicht abgestorben sind. Die Muskeln rings um meine Knochenbrüche fühlen sich etwas weniger verspannt an. Ich fühle mich nicht gerade gut ausgeruht, aber immerhin habe ich ab und zu geschlafen.

Ich richte meine Aufmerksamkeit auf die lange Unterhose, die noch immer in dem Loch in der Tür steckt. Ich versuche, sie herauszuziehen, aber sie ist in dem Loch festgefroren. Nach energischem Drehen, Ziehen und Zerren bekomme ich das Kleidungsstück los. Die Unterhose ist hart wie ein Brett. Ich lege sie auf den Boden und versuche, sie auszubreiten, indem ich anfange, mit den Stiefeln darauf herumzutrampeln. Dann drapiere ich sie über den Rücken und binde mir die gefrorenen Hosenbeine um den Hals.

Obwohl ich die Sicherheit der heißen Quellen und des Blockhauses nur ungern verlasse, stoße ich die Hüttentür auf und starre in die eiskalte Dunkelheit. Mein Magen beginnt sich zusammenzukrampfen, genau wie am Sonntag, als ich mich von Wave trennte, um zu dem Marsch aufzubrechen. Furcht kriecht mir den Rücken hoch und sitzt mir pochend tief im Nacken. Mit einem absichtlichen Erschauern versuche ich die dunkle Todesahnung, die mich jetzt umgibt, abzuschütteln. Die bittere Kälte fällt über mich her, peitscht meine ungeschützte Gesichtshaut und erinnert mich daran, daß die heißen Quellen, die Blockhütte und der Teppich ein Geschenk waren und daß ich nichtsdestotrotz unermüdlich weitermachen muß.

Auf dem Rückweg zu den heißen Quellen versuche ich, Kräfte zu sparen und trocken zu bleiben, und folge den Fußspuren im Schnee, die ich auf dem Weg zur Blockhütte hinterlassen habe. Als ich über die Schulter zurückblicke, sehe ich, daß die Hütten hinter den herabhängenden Zweigen der Bäume verborgen werden. Wieder überquere ich auf der alten Holzplanke den Nine Mile Creek und halte mich anschließend längs des Baches ostwärts, wobei ich die Silhouette des Dreitausenders erahnen kann, den ich heute besteigen muß.

Während ich auf das Ziel des heutigen Tages starre, stehe ich mit gespreizten Beinen auf der Grenze zwischen der schneelosen Wiese und einem halben Meter Schnee. Eine unbekannte Kraft aus dem Nichts hält mich davon ab, beide Füße in den Schnee zu setzen und die Wärme und Sicherheit des Ortes aufzugeben, von dem ich später erfuhr, daß es die Jordan Hot Springs waren.

Ich bleibe hin- und hergerissen zwischen dem warmen Urgrund des Lebens und dem eisigen Schatten des Todes. Furcht packt mich, und zitternd vor Entsetzen, erschauert mein schwacher Körper. Aber ich weiß, es heißt jetzt oder nie. Ich muß weiter.

Mechanisch hebe ich das rechte Bein aus dem toten Gras, um es neben den linken Fuß in den Schnee zu setzen. Nach Osten gewandt, starre ich auf den heutigen Anstieg und lasse die Quellen des Lebens hinter mir. Sie sind jetzt Vergangenheit und nur noch ein Teil meiner Erinnerungen.

Nach einem Marsch durch hüfthohen Schnee erreiche ich den Fuß des Berges und bewundere im Dunkeln seine Erhabenheit. Die jähe, durchdringende Furcht, die mich zuvor quälte, ist nun in der Spur der tiefen Fußabdrücke im Schnee begraben. Aus dem Zittern vor Entsetzen ist ein sporadischer Schauer geworden, der mir über den Rücken jagt. Ich tue so, als sei es ein kühler Luftstoß aus den Bergen.

Ich komme zu einer weiteren Planke, die quer über einen sprudelnden Bach führt. Obwohl ein halber Meter Schnee auf ihr liegt, kann ich erkennen, daß die grob bearbeitete Stammhälfte mit der Schnittfläche nach oben liegt. Von ihrem Ende aus sehe ich außerdem, daß der Schnee mehrere Zentimeter Eis darunter verhüllt. Müßte ich über diese Planke laufen, würde ich ausrutschen und in den eisigen Bach fallen.

Meine Erfahrung sagt mir, daß die einzige Möglichkeit, den Bach zu überqueren, darin besteht, mir die Griffigkeit des Schnees zunutze zu machen. Ich knie mich, noch am Ufer des Baches, auf den Stamm und klopfe den Schnee behutsam flach. So können Knie und Handflächen im Schnee versinken und auf dem Eis ruhen, wo sie durch den Reibungsdruck nicht wegrutschen können. Auf der Mitte der Brücke werden alle Geräusche des Waldes von dem eiskalten, nur einen halben Meter unter meiner Nase sprudelnden Wasser übertönt.

Nachdem ich sicher das andere Ufer erreicht habe, entdecke ich am Rand einer schneebedeckten Wiese eine Blockhütte. Das stark angeschrägte Dach der Hütte verrät mir, daß wer auch immer sie errichtete, mit schweren Schneefällen gerechnet hat. Weil ich vermute, daß unter der Schneedecke ein weiterer Steg oder ein Stacheldrahtzaun verborgen sein könnte, gehe ich vorsichtig weiter. Schon nach wenigen Metern bin ich gezwungen stehenzubleiben, weil der Schnee mir inzwischen bis knapp unters Kinn reicht.

Während das Dunkel der Nacht sich im Licht der frühen Morgendämmerung auflöst, bleibe ich festgewurzelt im Schnee stehen und starre auf die verwitterte Blockhütte. Obwohl ich nicht davon ausgehe, daß sich irgendwelche Spuren von Leben zeigen, warte ich, fixiert auf den ausgestorbenen Bau, noch ein paar Minuten und wünsche mir Hilfe.

Wahrscheinlich ist auch diese Hütte fest verschlossen. Deswegen völlig durchnäßt zu werden lohnt sich nicht.

Erneut überquere ich die Baumstammbrücke und überlege hin und her, ob ich bei meiner Inspektion der Blockhütte zu früh aufgegeben habe. Obwohl ich weiß, daß ich nach Osten marschieren und den Berg vor mir besteigen muß, bin ich innerlich teilnahmslos. Ich kann mich für keine Richtung entscheiden. Ich suche nach einem leichten Ausweg. Ich möchte sowohl dem Schmerz als auch dem Kampf aus dem Weg gehen. Mir fehlt schlicht, was erforderlich ist, um das Äußerste zu erreichen: das Verlangen.

Ich suche die Gegend ab und hoffe, daß irgend etwas meine Aufmerksamkeit erregt und hilft, meine Stimmung zu heben. Ich entdecke ein Schild, das in ungefähr zehn Metern Entfernung an einem dicken Baum befestigt ist. Als ich den Schnee wegwische, sehe ich zwei Pfeile, die in das verwitterte handgemachte Holzschild eingeschnitzt wurden. Ein Pfeil zeigt nach Westen, und daneben eingeritzt steht »Kern River«. Der andere zeigt nach Norden und weist den Weg nach »Red Rock«.

Während ich auf das Schild starre, gehe ich noch einmal meine Möglichkeiten durch. Im Westen meine ich in der Ferne die Berge sehen zu können, die an den Kern River grenzen. Als ich wieder auf den eingeschnitzten Pfeil blicke, fange ich laut an zu lachen, während ich sage: »Ausgeschlossen. Dahin werde ich nicht zurückgehen. Ich habe gerade drei Tage darauf verwendet, bis hierhin zu kommen.«

Ich habe keine Ahnung, wo Red Rock ist, außer daß es im Norden liegt und ich nach Osten laufe, aber es ist ein Wegweiser, und der Weg könnte sich um den Berg schlängeln und nach Osten oder zu anderen Blockhütten führen. Eines ist sicher, der Schnee unten im Tal ist zu tief, um dort durchzumarschieren. Es erscheint mir logisch, daß der Trampelpfad, der nach Red Rock führt, wahrscheinlich so angelegt ist, daß er sich zu Füßen der Berge entlangwindet und versucht, steile An- und Abstiege zu vermeiden. Wahrscheinlich ist er während der Wintermonate gesperrt, weil die gesamte Bergkette unpassierbar ist.

Ich habe noch eine andere Möglichkeit. Ich könnte dem Nine Mile Creek folgen, um zu sehen, wohin mich dieser Weg führt. Aber ich habe einen Plan, und ich bin noch am Leben, weil meine Überlebensinstinkte mich geleitet haben. Mein Verstand und mein Herz raten mir, auf meine letzten Reserven zurückzugreifen und die Kraft zu finden, den Berg vor mir zu bezwingen.

Wie bei vielen neuen Dingen, die ich bewältigen muß, sieht es so aus, als bestünde der schwierigste Teil schlicht darin, den ersten Schritt zu tun. Ich finde mich plötzlich in einer Art Trancezustand wieder, während ich dastehe und auf den steilen, verschneiten Fuß des Berges starre. Ich suche nach Stufen unter einem roten Teppich, die mich zum Gipfel führen. Ich will mich behaupten, aber ich will nicht die Energie aufbringen oder die Schmerzen erdulden, die erforderlich sind, um den Gipfel zu besteigen.

Ich stelle mir vor, wie ich oben auf diesem Berg stehe, siegreich meinen Wanderstock schwinge, nach unten auf die Quellen des Lebens zurückblicke und sage: »Ja, ich habe einen weiteren Gipfel erklommen, das ist ein Berg weniger, den ich besteigen muß.« Seufzend setze ich den linken Fuß vor, um den Anstieg zu beginnen.

In Vorbereitung auf die für heute geplanten CAP-Einsätze haben in der Einsatzzentrale die ganze Nacht die Lichter gebrannt. Die Sonne ist aufgegangen, der Himmel ist klar, und es ist ein kühler Morgen: ein perfekter Tag zum Fliegen.

Wie geplant landet Hauptmann Judd morgens um kurz vor acht auf dem John Wayne Airport, und Howard und John laden ihre Ausrüstung in das Flugzeug. Innerhalb von fünfzehn Minuten sind Howard und John angeschnallt, und die zweimotorige Maschine ist wieder in der Luft. Nachdem

Judd den Steigflug eingeleitet hat, sagt er zu den beiden: »Unsere voraussichtliche Zeit für General Fox Field ist kurz nach neun, aber mit ein bißchen Glück müßten wir spätestens um zehn Uhr auf dem Sucheinsatz sein.«

Der Zweimotorer setzt wie geplant auf Fox Field auf. Das Wetter in der kalifornischen Hochwüste ist sogar besser als im Becken von Los Angeles. Der Smog dort ist dunkel, widerwärtig und dicht. Sobald man die Berge überfliegt, die L.A. umschließen, ist die Luft sauber, und die Sicht scheint unbegrenzt zu sein.

Da der Zweimotorer noch genug Sprit für vier weitere Stunden Flugzeit hat, beschließt Hauptmann Judd, nicht aufzutanken, um die Leistung der Maschine während des Einsatzes in großer Höhe nicht zu beeinträchtigen. Der CAP-Nachrichtendienst weist die drei Männer dreißig Minuten lang ein. Ihr Suchauftrag umfaßt ein Planquadrat südwestlich des Mount Whitney unweit des Kern River, genau in der Nähe jenes Gebiets, in dem Lloyd, Wave und ich ums Überleben kämpfen.

Während der Einweisung beschließen die drei, das Owens Valley hochzufliegen, bis zu einer Stelle, von der aus sie einer der niedrigeren Paßstraßen über die Bergkämme folgen und in geringerer Höhe nach Westen fliegen können. Dies würde ihnen erlauben, erheblich weiter südlich zum Kern River zu stoßen, dann nach Norden abzudrehen und auf dem Weg zu ihrem Planquadrat entlang des Flusses zu suchen.

Kurz nach zehn Uhr rollt die zweimotorige Beechcraft Baron über die Startbahn und steigt in den Himmel auf. Die Luft ist noch kühl und ruhig, die Winde sind schwach. Laut Wettervorhersage soll es den ganzen Tag so bleiben, perfekte Bedingungen für diese Art von Suche.

Bei Suchaktionen im Gebirge sind Höhenwinde ein ebenso wichtiger Faktor, wenn es darum geht zu entscheiden, ob eine Suche fortgesetzt werden soll, wie eine Wetterlage, die die Sicht auf den Bereich eines Planquadrats versperrt. Starke Winde über Bergkämmen können Suchflüge sehr unbehaglich, sogar gefährlich machen. Sie erzeugen Aufwärts- und Abwärtsströmungen. Wenn das Flugzeug in eine Abwärtsströmung gerät, kann es direkt gegen den Berg gedrückt werden. Eine Aufwärtsströmung kann dazu führen, daß das Flugzeug an Höhe gewinnt, selbst wenn der Pilot nicht Gas gibt.

Als der Zweimotorer auf 1300 Meter klettert, bemerkt Judd, daß das Flugzeug nicht so steigt, wie es sollte. Rasch überfliegt er die Instrumententafel: Klappen oben, beide Motoren funktionieren normal, Trimmruder in Normalposition, und kein Warnlicht für das Fahrwerk blinkt. Die Steigfähigkeit der Maschine verschlechtert sich weiter, und die Besatzung stellt fest, daß eines der Räder des Fahrwerks oder alle drei Räder nicht vollständig eingezogen wurden, was Luftwiderstand erzeugt. Judd überprüft die Stromkreisunterbrecher am Fahrwerk, um zu sehen, ob eine Sicherung herausgesprungen ist, aber sie funktionieren.

Judd sagt zu Howard und John: »Ich werde versuchen, das Fahrwerk auszufahren.« Aber nichts passiert. Die drei Männer gehen ihre Möglichkeiten durch und beschließen, nach General Fox Field zurückzukehren, bevor sie versuchen, das Fahrwerk manuell auszufahren. Judd meldet sich über Funk beim CAP-Hauptquartier auf dem Flugplatz, um die Einsatzleitung über ihre Lage zu informieren.

Während des zwanzigminütigen Rückflugs nach Fox Field nimmt Judd Funkkontakt mit dem Kontrollturm auf, wo man bereits über ihr Problem im Bilde ist. Während er sich mit dem Tower bespricht, vermerkt er sich, daß er seit fünfundvierzig Minuten in der Luft ist und jetzt nur noch ausreichend Treibstoff für ungefähr drei Flugstunden hat. Der Tower fragt: »Was haben Sie vor?« Judd erbittet einen langsamen Vorbeiflug in niedriger Höhe, damit der Tower eine Sichtkontrolle des Fahrwerks vornehmen kann.

Als der Zweimotorer vorbeifliegt, glauben die Männer im Tower, daß alle drei Räder teilweise eingezogen sind, können aber keine eindeutige Aussage machen. Beim zweiten Überflug aus der entgegengesetzten Richtung bestätigt der Kontrollturm, daß das Fahrgestell nicht vollständig eingezogen ist. Da entscheidend ist, daß Judd weiß, wie weit jedes Rad ausgefahren ist, fragt er den Tower: »Können Sie erkennen, ob die Räder gleichmäßig ausgefahren wurden oder unterschiedlich weit?«

»Nicht hundertprozentig«, erwidert der Tower.

Judd gibt durch: »Wir fliegen weiter zu einer Zone nördlich des Flugplatzes, nicht zu nahe an Ihrem Flugverkehr, und versuchen das Fahrwerk manuell auszufahren.«

Der Tower antwortet: »Jawohl. In der Zone befindet sich noch ein anderes Flugzeug, eine T-34 vom Aero Club der Edwards Air Force Base. Die Crew hat angefragt, ob sie Ihnen irgendwie helfen kann.«

»Kann ich eine allgemeine Funkfrequenz bekommen?« fragt Judd. »Ich werde mich über Funk bei der Crew melden.«

Die Besatzung beschließt, auf 1300 Meter zu steigen, womit ihr 600 Meter über dem Boden zur Verfügung stehen, um sich in diesem Bereich mit dem Problem auseinanderzusetzen. Judd übergibt Howard die Maschine und schlägt vor, sie mit einer konstanten Geschwindigkeit von 190 bis 210 Stundenkilometer in einer flachen Schräglage zu halten.

Während Judd Anstalten trifft, das Fahrwerk mittels der Handkurbel zu bedienen, beginnt John, Judd die Checkliste für das manuelle Ausfahren des Fahrgestells vorzulesen. Dabei überprüft er jeden einzelnen von Judds Schritten noch einmal. Nach wiederholten Versuchen wird offenkundig, daß der Kurbelgriff zwar vorschriftsmäßig eingerastet ist, aber der Hauptmann keinen Gegendruck auf der Kurbel spürt, ein Hinweis darauf, daß das Getriebe nicht greift.

Viermal versuchen der Hauptmann und John vergeblich, das Fahrwerk von Hand auszufahren, als die T-34 eintrifft und Judd fragt: »Können Sie leicht versetzt dicht hinter mir fliegen, aber etwas tiefer, um festzustellen, in welchem Zustand sich das Fahrwerk befindet?« Nach ein paar Minuten meldet sich der Pilot der T-34 über Funk und meint: »Es sieht nicht gut aus. Alle drei Räder sind teilweise ausgefahren, aber unterschiedlich weit. Das linke Rad ist etwa zu dreißig Prozent unten, das rechte zu zehn und das Bugrad zu fünfzehn.« Die erste Regel, die Judd als Linienpilot lernte, lautete: Falls man eine Landung mit eingezogenen Rädern macht, darf es auf keinen Fall aus Versehen passieren. Das hieß im Klartext: Vergiß nicht, beim Landen das Fahrwerk auszufahren. Die zweite Regel lautete: Versuche, die Haupträder vollständig einzuziehen.

Der T-34-Pilot gibt über Funk durch: »Mein Beobachter ist ausgebildeter Beechcraft-Mechaniker. Hätten Sie etwas gegen ein paar Vorschläge?«

»Nur zu«, erwidert Judd.

Der Mechaniker fragt: »Haben Sie die manuelle Methode mehr als einmal ausprobiert?«

»Zigmal«, gibt Judd durch.

Als nächstes schnallen die drei Männer sich an und gehen mit dem Zweimotorer in einen Sturzflug. Sobald das Flugzeug sinkt, zieht Judd das Steuerhorn mit einem Ruck wieder an und versucht so, das Fahrgestell unter Ausnutzung der Schwerkraft gewaltsam auszufahren. Sie unternehmen mehrere Sturzflüge – ohne Erfolg.

Der Mechaniker an Bord der T-34 sagt Judd, er solle die Handkurbel eingerastet lassen und gleichzeitig die Stromkreisunterbrecher kurz aus- und wieder einschalten, um dem Elektromotor noch eine Chance zu geben. Bevor Judd es ausprobiert, rät er John dringend, mit den Händen von der Kurbel wegzubleiben, weil, wenn die Sache funktioniert, der Griff anfangen wird, sich wie verrückt zu drehen.

Als Judd den Griff für das Fahrwerk nach unten umlegt, kann er den Elektromotor laufen hören, aber der Griff dreht sich nicht, was darauf hindeutet, daß die Steuerschnecke zwischen Kurbelgriff und Elektromotor und das Schneckenrad, das die Räder des Fahrgestells ausfährt, nicht ineinandergreifen.

Der Hauptmann bestätigt dem Mechaniker an Bord der T-34, was dieser bereits weiß: Das Fahrwerk ist in seiner gegenwärtigen Position hoffnungslos eingeklemmt. Als die T-34 sich in eine Kurve legt, um zum Edwards-Luftwaffenstützpunkt zu fliegen, dankt die Beechcraft-Besatzung der Crew für ihre Hilfe. Die zwei Männer an Bord der T-34 wünschen der Besatzung Glück, während sie in den blauen Himmel entschwinden und die Besatzung an Bord des kaputten Zweimotorers sich selbst überlassen.

Entmutigt und am Ende ihrer Möglichkeiten meldet Judd sich über Funk beim CAP-Hauptquartier auf Fox Field, um die Zentrale auf den neuesten Stand über ihre Fortschritte zu bringen. Da das CAP-Hauptquartier, solange die Besatzung Kontakt mit der T-34 hatte, ohne Nachrichtenverbindung war, muß die Besatzung, nachdem sie sich über Funk im Hauptquartier gemeldet hat, jetzt mehrere Minuten warten, bis der Einsatzoffizier den Funkruf erwidert.

»Möchten Sie auf General Fox Field landen?« fragt der Offizier über Funk an.

»Haben Sie noch Suchflugzeuge in der Luft?« will Judd wissen

»Jawohl«, erwidert der Einsatzoffizier.

Die Besatzung und der Einsatzoffizier beschließen, nicht die einzige in Betrieb befindliche Start- und Landebahn zu blockieren. Der Offizier fragt: »Haben Sie genug Treibstoff, um den Van Nuys Airport zu erreichen?«

»Ja«, erwidert Judd, »wir haben genug Treibstoff, aber ich möchte den Betrieb auf einem Verkehrsflugplatz nicht stören.«

Während die zweimotorige Beechcraft durch die blauen Lüfte schwebt und kostbaren Treibstoff verbrennt, gehen die drei Männer an Bord ihre Möglichkeiten durch. Sie sind sich einig, daß sie, da sie noch etwa zwei Treibstoffstunden an Bord haben, mehrere Flughäfen erreichen können, die besser ausgerüstet sind, um mit einer möglichen Katastrophe fertigzuwerden, als Fox.

In der Kabine herrscht Schweigen, während alle drei Männer über die Möglichkeiten nachdenken: lange Pisten, nicht viel Verkehr und jede Menge Notfallausrüstung. Plötzlich sagt John Soley: »Warum nicht El Toro? Es ist unser Staffelstützpunkt und vertrautes Gelände.«

Judd ist einverstanden und meldet sich anschließend über Funk bei dem Einsatzoffizier auf Fox Field. Er bittet ihn, El Toro anzurufen, um zu sehen, ob man den Zweimotorer dort übernehmen wird.

Ein paar lange Minuten später informiert die CAP Judd und seine Besatzung, daß El Toro ihre Ankunft erwarte. Die Besatzung dankt dem Hauptquartier für seine Hilfe und nennt eine voraussichtliche Ankunftszeit. Da der Wetterbericht für El Toro klares Wetter mit leichten, veränderlichen Winden meldet – ideale Bedingungen für eine Notlandung –, ist der Hauptmann optimistisch.

Schweigen erfüllt das Cockpit, da jeder Mann an den alten Vogel denkt, der seine letzte Landung macht. Judd fliegt weiter die Maschine, Howard ist nicht sehr gesellig, und John schreibt weiter eifrig, wie er es schon fast den ganzen Flug über getan hat, außer als er Judd bei den Notfallmaßnahmen half.

Sie sind jetzt seit drei Stunden in der Luft; Judd ist erschöpft und vermutet, daß es Howard wohl ähnlich geht und er sicher deshalb so schweigsam ist. Als Judd sich umblickt und John schreiben sieht, denkt er: Wahrscheinlich notiert er das alles für die CAP-Zeitung; er ist ein sehr gründlicher Mensch.

Als sie sich gut fünfzehn Kilometer nordöstlich von El Toro befinden, gibt Judd dem Kontrollturm über Funk ihre Position durch.

Judd fragt: »Ist Ihnen unsere Situation bekannt?«

Der Tower antwortet: »Jawohl. Haben Sie genug Treibstoff, um eine kurze Verzögerung durchzuhalten?«

Judd antwortet: »Jawohl. Je mehr Benzin wir verbrennen, desto geringer ist die Wahrscheinlichkeit eines Feuers.«

Alles steht für den Notfalleinsatz bereit, aber das Bodenpersonal braucht noch etwas Zeit, um die Fangvorrichtung zu entfernen, ein Halteseil, das zum Üben von Flugzeugträgerlandungen verwendet wird. Es geht etwa dreihundert Meter hinter dem Anfang der Piste quer über die Landebahn und zu beiden Seiten etwa fünfzehn Meter darüber hinaus.

Judd hält eine Landevorbesprechung ab. John hat die beiden Notausstiegsfenster im Heck bereits entriegelt.

Judd sagt zu John: »Sobald das Flugzeug zum Stillstand gekommen ist, überleg nicht groß. Verlaß die Maschine durch irgendeinen der Fensterausgänge, der feuerfrei ist.«

Howards Aufgabe ist es, die Kabinentür zu öffnen und, sobald das Flugzeug stoppt, auszusteigen. Wenn die Zeit während einer Bruchlandung es zuläßt, so einer der Punkte auf der Checkliste, sollen Fenster und Türen im voraus entriegelt werden, weil die Flugzeugzelle sich verbiegen und verziehen kann, nachdem sie auf den Boden aufgeschlagen ist, wodurch Ausgänge blockiert und die Flucht aus einem rauchgefüllten brennenden Flugzeug unmöglich gemacht werden kann.

Judd informiert den Kontrollturm, er und seine Besatzung seien jederzeit bereit. Während der Zweimotorer zum letztenmal über dem Flugplatz kreist, durchdenkt Judd noch einmal den Anflug und die Landung. Wenn wir mit zwei abgeschalteten Motoren und den Propellern auf Segelstellung landen könnten, würde das sowohl die Wahrscheinlichkeit eines Feuers als auch größerer Schäden außerordentlich reduzieren, lautet seine Schlußfolgerung.

Er sagt zu Howard: »Wenn wir für die Landung auf den linken Queranflugteil eingeschwenkt sind, werde ich den rechten Motor abschalten und auf Segelstellung bringen. In diesem Augenblick entriegelst du die Kabinentür und reißt sie auf.«

Dann sagt er zu Howard und John: »Wenn wir zum Endanflug einkurven, werde ich, falls alles gut aussieht wie geplant, den linken Motor abschalten und auch auf Segelstellung bringen.«

Beide stimmen dem Plan zu. Howards einzige Antwort ist: »Landen wir auf der Piste oder im Gras?«

»Auf der Piste, so nahe wie möglich an den Feuerwehrautos.«

Howard lächelt leicht, sagt aber nichts. Während Judd den Vogel weiterfliegt, denkt er, daß Howards Frage wirklich ungewöhnlich war, aber mit dem Plan scheint er einverstanden zu sein. Judd nimmt sich fest vor, später mit Howard darüber zu sprechen.

Als das Flugzeug für die Landung auf den Gegenanflugteil einkurvt, befindet es sich schnell querab zum Aufsetzpunkt auf der Landebahn. Judd fährt die Landeklappen für die Landung um fünfzehn Grad aus. Normalerweise benutzt er die vollen Klappen, aber er glaubt, daß er den kraftlosen Vogel auf der Landebahn besser in der Gewalt hat, wenn die Klappen nicht ganz aus der Unterseite heraushängen.

Im selben Moment nimmt er das Gas für den rechten Motor weg und stellt den Gemischregler auf »Außer Betrieb«, so daß der Motor abgeschaltet wird. Als nächstes schaltet er den Regler für den rechten Propeller auf Segelstellung. Howard und John beenden ihre Aufgaben für die Landung.

Als Judd mit dem Zweimotorer auf den Queranflugteil einkurvt, holt er absichtlich weit aus, um bei der endgültigen Landung genug Zeit zu haben, einen Gleitweg festzulegen, der die Maschine zum Aufsetzpunkt bringt, bevor er den linken Motor abschaltet.

Nach dem Einkurven in den Endanflug prüft er Fluggeschwindigkeit und Entfernung zum Aufsetzpunkt. Zufrieden, daß alles gut aussieht, schaltet er den linken Motor ab und stellt den Propeller auf Segelstellung. Wegen ihrer sehr nahe am Rumpf angebrachten Motoren ist die Beechcraft Baron ein sehr lautes Flugzeug, aber jetzt, wo die Maschine bei abgestelltem Motor gleitet, ist die Stille beunruhigend. Judd braucht ein paar Sekunden, um sich wieder der Arbeit widmen zu können, die momentan zu tun ist.

Er weiß, daß der erste Kontakt mit der Piste auf der linken Seite stattfinden muß, weil das linke Fahrgestell am weitesten heraushängt, vor allem aber muß er das Flugzeug ganz knapp über dem Boden fliegen und das volle Gewicht der Maschine möglichst lange vom linken Fahrgestell fernhalten, indem er das Flugzeug im sogenannten Bodeneffekt fliegt. Das passiert, wenn sich ein Flugzeug eine Spannweitenlänge über dem Boden befindet, aber bei der Hälfte der Spannweitenlänge ist der Effekt viel stärker. Der Bodeneffekt kann das Flugzeug bei Landungen schweben lassen.

Während der Zweimotorer mit nur fünfzehn Grad ausgefahrenen Landeklappen auf das Rollfeld herabgleitet, versucht Judd die Nase der Maschine etwas tiefer zu drücken als für eine normale Landung. Mit dieser Technik hat er das Höhenruder über einen längeren Zeitraum unter Kontrolle, und sie erlaubt ihm, das Flugzeug so lange vom vollen Gewicht des Fahrwerks zu entlasten, bis der Vogel langsamer geworden ist und sanft auf dem Bauch aufsetzen kann.

Nur knapp zweihundert Meter von den Löschfahrzeugen entfernt beginnt der Zweimotorer den Asphalt zu streifen. Während Judd das Steuerhorn weiter behutsam zurückzieht und versucht, den alten Vogel so lange wie möglich in der Luft zu halten, kann die Rettungsmannschaft am Boden hören, wie die Maschine über ihren Bauch schrammt und lange, helle Funken versprüht, bei denen die Männer gespannt auf Spuren von Feuer oder einer Explosion achten.

Die Fluggeschwindigkeit läßt nach, und die Maschine fängt langsam an, ihr Gewicht auf die schwarze Rollbahn zu setzen. Unter dem Knirschen von Reifen und Metall füllt sich die Kabine mit Rauch, und die Männer fangen an, verbrannten Gummi einzuatmen. Obwohl die Löschfahrzeuge noch in Sicht sind, kommt es Judd vor, als spiele sich alles in Zeitlupe ab, daß er mehr als dreihundert Meter über die Landebahn schrammt, schleift und rutscht.

Die Fluggeschwindigkeit sinkt jetzt unter den Grenzwert, bei dem die Beechcraft im Bodeneffekt fliegen kann. Nach wie vor auf dem Bauch schleifend und Funken vom Rollfeld hochschleudernd, setzt die Maschine nun ihr ganzes Gewicht auf die Piste. Judd gibt weiter Steuerungsimpulse und versucht, die rechte Tragflächenspitze bis zum letzten Augenblick vom Boden fernzuhalten. Er fürchtet, daß sie sich, falls ihre Geschwindigkeit zu hoch ist, wenn die rechte Tragflächenspitze schließlich aufsetzt, möglicherweise mehrmals seitlich überschlagen, was den restlichen Treibstoff an Bord zur Explosion brächte.

Plötzlich schwenkt die Nase etwa zwanzig Grad nach rechts. Die Maschine schleift funken- und rauchsprühend noch weitere dreißig Meter über die Landebahn, bis sie fast unmittelbar vor der Rettungsmannschaft zum Stillstand kommt.

Angesichts des beißenden Reifenqualms, der das Cockpit füllt, schreit Judd: »Alle raus!« Unverzüglich dreht er die Benzinhähne zu und verläßt das defekte Flugzeug. Schnell sieht er, daß seine Besatzung in Sicherheit ist, und läuft herüber zu den beiden, ein gutes Stück weit weg von den Männern des Rettungstrupps, die den Vogel sichern.

Alle sind wohlauf.

Dann erinnert Judd sich an die Frage, die Howard vorhin

gestellt hatte. »Was hast du gemeint, als du mich gefragt hast, ob ich im Gras oder auf der Piste landen würde?«

Lächelnd sagt Howard: »Vor ein paar Jahren war ich mehr oder weniger in der gleichen Situation wie heute. Der Pilot entschied sich, im Gras zu landen. Das Flugzeug ging zu Bruch. Es wird mir ewig ein Rätsel bleiben, wie wir da ohne ernsthafte Verletzungen rausgekommen sind.«

Judd wendet sich zu John. »Und was sollte die ganze Schreiberei?«

John erwidert: »Ich habe alles Zutrauen der Welt in dich, Judd, aber ich habe für alle Fälle mein Testament gemacht.«

Ungeachtet der erzwungenen Bruchlandung starten an diesem Tag 75 CAP-Männer in 18 Flugzeugen und fliegen insgesamt 50 Einsätze mit mehr als 100 Stunden Gesamtflugzeit, davon 35,2 Stunden im Planquadrat.

Zusätzlich zu den gezählten Sucheinsätzen heuert Lloyds Freund Jim Mashburn Bill Woodward für den zweiten Tag an. Die beiden überfliegen Tunnel Meadows, das etwa dreizehn Kilometer nördlich des Wracks liegt. Außerdem suchen sie während ihres zweistündigen Fluges die Gegend um den Mount Whitney ab.

Die Medien kommen weiter in Fahrt, als das *Long Beach Press Telegram* einen weiteren Artikel veröffentlicht. Die Schlagzeile lautet: SUCHE AUS DER LUFT NACH VERMISSTEM KLEINFLUGZEUG WIRD HEUTE FORTGESETZT.

Während ich mich abmühe, den Gipfel des Berges zu erreichen, habe ich Ausblick nach Westen, wo ich ungefähr das Gebiet sehen kann, in dem die Maule abgestürzt ist. Als ich dorthin starre, wo das Wrack liegt, frage ich mich wieder: »Was macht Wave? Warum kein Rauch? Ist Lloyd noch am Leben? Ist es möglich, daß sie gerettet wurden und ich den Rettungstrupp nie gesehen oder gehört habe? Glaubt der Rettungstrupp, daß ich tot bin?«

Da meine Lungenkapazität nach wie vor eingeschränkt ist, schnappe ich nach Luft, als ich meinen Aufstieg fortsetze. Die Kleidungsstücke, die ich unter der Jacke trage, sind schweißnaß. Mein Mund ist trocken. Ich habe Durst und stehe kurz davor, mich vor Erschöpfung zu übergeben. Die mörderische Kombination aus steilem, zerklüftetem Terrain und lockerem Tiefschnee und Eis hat mich gezwungen, meine Kletterziele auf Abschnitte von gerade einmal anderthalb bis drei Metern zu beschränken.

Während ich mich ausruhe, überfliege ich das Gelände auf der Suche nach gefällten Bäumen, die senkrecht zum Hang liegen und einen Pfad aus Stämmen zum Gipfel bilden können. Ein gefällter Baum ist eine wertvolle Hilfe. Ich kann mir die Äste greifen, um mich den Berg hochzuziehen, und ich kann sie als Halt für die Füße benutzen. Die Riesenexemplare kommen darüber hinaus gelegen, wenn ich eine Pause einlegen muß. Ich zwänge meinen Körper einfach zwischen die Zweige, bis ich sicher eingekeilt bin.

Ich setze den steilen Aufstieg fort, wobei ich mich im Zickzack von einem gefällten Baum zum nächsten bewege. Ungefähr fünfzehn Meter voraus glaube ich den Berggipfel zu sehen. Nachdem ich mit nur wenigen Ruhepausen ununterbrochen geklettert bin, stehe ich ein paar Schritte von einer Zone entfernt, wo das Gelände sich, wie ich glaube, zum Gipfel hin öffnet. Wenngleich erschöpft, strenge ich mich noch einmal besonders an, um den Sieg des heutigen Tages zu beanspruchen. Just in dem Moment, als ich mich anschicke, zu jubeln und den Wanderstock über dem Kopf zu schwingen, erkenne ich, daß der Berg mich getäuscht hat.

Als mein Blick langsam dem zackigen Umriß des Berges nach oben folgt, spüre ich, wie mir die Kräfte schwinden. Der Gipfel ist noch höher. Ich stehe da und starre auf meinen riesigen Widersacher, der mich immer wieder zum Narren hält. Während ich nach Luft schnappe, rufe ich: »Warum stellst du mich auf die Probe? Warum läßt du mich in dem

Glauben, ich sei dem Gipfel nahe, und verpaßt mir mit so etwas eine Ohrfeige?« Die einzige Antwort, die ich höre, ist das Geräusch meines schweren Atems und mein Herz, das mir in der Brust pocht.

Vielleicht sollte ich einfach zu den heißen Quellen zurückgehen und auf einen Suchtrupp warten. Verzweifelt suche ich die unmittelbare Umgebung ab, sehe in allen Richtungen aber nur kalten, leblosen Schnee.

Mein Atem geht gleichmäßiger. Ich sage nichts, flüstere nicht einmal.

Zuerst denke ich: »Es ist in Ordnung zu sterben. Du bist in Gottes eigenem Land.« Dann frage ich mich: »Ist es in Ordnung aufzugeben? Das hier ist so hart. Ich will das nicht mehr machen.«

Ein paar Augenblicke vergehen. Gerade als ich mir sagen will, »geh weiter, du mußt es tun, du hast Wave gesagt, du könntest es schaffen«, merke ich, daß ich irgendwie schon wieder unterwegs bin. Ich werde nicht aufgeben.

Mit klatschnasser Kleidung, durchweichten Stiefeln und immer noch um den Hals gebundener langer Unterhose erreiche ich den 2750 Meter hohen Gipfel. Ich starre auf die spektakuläre 360-Grad-Aussicht, die sich mir bietet, während der gnadenlose Wind mir an meinen ungeschützten Ohrläppchen und meinem aufgesprungenen Gesicht brennt. Verzweifelt horche ich auf unnatürliche Geräusche möglicher Such- und Rettungshubschrauber, Schneemobile oder einer Schneewalze, aber ich höre nur die Einsamkeit der Wildnis.

Angesichts eines klaren Himmels und einer Sonne, die ihren Zenit gerade überschritten hat, bleibt mir vielleicht genug Zeit, um auf den großen Steinen, die das Areal umgeben, meine Sachen zu trocknen. Die Steine sind hellgrau und absorbieren nicht so viel Wärme wie dunkle Steine, also muß ich meine Sachen bis zur letzten Minute im Sonnenlicht lassen.

Nackt draußen im Freien zu sitzen, kann schnell zu Dehydrierung führen. Entgegen meiner Disziplin sitze ich in der Sonne auf einem natürlichen Bett aus Sequoia-Nadeln und kaue auf Schnee herum.

Meine Füße sind beide dunkelblau und brennen von den Erfrierungen, also schiebe ich sie in meine Jacke und schlage anschließend die Jackenhälften darüber, so daß die Wärme nicht entweichen kann.

Während die Minuten verstreichen, stelle ich mir vor, wie die Sonnenstrahlen meinen Restbestand an Mineralien und Nährstoffen anzapfen, mir Kraft entziehen und mich dem Sterben überlassen. Ich beschließe, die Dauer meines Sonnenbades auf die Zeit zu beschränken, die meine Skihose zum Trocknen braucht, ein halbstündiges wärmendes Vergnügen.

Bekleidet mit meiner Skihose, der Außenjacke direkt am Körper und den Überschuhen meiner Stiefel wandere ich unterhalb des Gipfels ostwärts zu einem Sequoia-Wäldchen mit mehreren großen Nadelbetten. Weil die Bäume und Felsen eine natürliche schützende Grenze gegen die heftigen Winde bilden, beschließe ich, Nadeln und Rinde zu sammeln, um mich heute nacht hier auszuruhen.

Schon bald berührt die Sonne beinahe die fernen Berggipfel im Westen. Ich wandere zurück zu meinen trocknenden Sachen. Die Innenschuhe sind feucht, und die lange Unterhose ist noch zu naß, um sie anzuziehen.

Vollständig angezogen suche ich ein weiteres Mal die zerklüftete Bergkette ab, bevor die Sonne untergeht. Als ich auf die schneebedeckten, endlos in alle Richtungen wogenden Berggipfel starre, habe ich das Gefühl, verloren zu sein auf einem Ozean, ohne Land in Sicht. Sechs Tage sind vergangen, und ich bin in derselben Situation, in der ich vom ersten Tag an war. Allmählich kommen mir Zweifel an meinen navigatorischen Fähigkeiten. Könnte ich mich in der Richtung geirrt haben? Habe ich mich total verlaufen?

Ich werde von Furcht und Panik übermannt. Ein Schwall negativer Empfindungen attackiert meine Fähigkeit, logisch zu denken. Ich stelle mir vor, wie ich hungernd und frierend ziellos umherirre, bis ich irgendwann im Schnee umkippe und zu einer gefrorenen Leiche werde.

Ich reagiere auf diesen mentalen Anschlag, indem ich mir kalten Schnee greife. Mit beiden Händen reibe ich mir Wangen und Schläfen mit dem nassen Schnee ein und versuche, die Panikattacke zu überwinden. Mein Blick fällt auf den Felsknorren in der Ferne, und ich sage mir: »Der Knorren liegt im Westen, ich gehe nach Osten. Bislang bin ich in einer geraden Linie marschiert. Ich kann es schaffen. Ein bißchen Glück und noch ein paar Tage, und dann kann ich hier zu Fuß herauskommen.«

Die Sonne versinkt hinter den Gipfeln im Westen, und Dunkelheit hüllt die Bergkette ein. Bevor ich hinunter zu meinem Unterschlupf wandere, starre ich in die Richtung der Stelle, wo das Wrack liegt, in der Hoffnung, Licht zu entdecken, das von einem Lagerfeuer stammt. Obwohl ich nirgends eine Spur von Licht sehe, halte ich weiter Ausschau, weil dies für mich die letzte Gelegenheit ist, auf das Gebiet zu blicken, in dem die Maule runtergekommen ist. Sobald ich über diesen Berg bin, werde ich nicht mehr zu der Absturzstelle zurückschauen können.

Kurz darauf bin ich unter den Nadeln, den Zweigen und der Rinde vergraben, wie es inzwischen für mich zum Ritual geworden ist. Ich horche auf das stärker werdende Heulen des eisigen Windes, während ich zum dunklen Himmel emporstarre und auf das Erscheinen meiner Sternformation warte, so daß ich mich meiner östlichen Marschrichtung versichern kann.

Als das nächtliche Kältezittern beginnt, denke ich: »Wenn ich muß, kann ich zu den heißen Quellen zurückkehren. Schließlich ist es ein Marsch bergab.«

Angesichts des bildschönen und von leuchtenden Sternschnuppen übersäten klaren, frostigen Himmels äußere ich mehrere Wünsche für meine Mom, meinen Dad, Lloyd und Wave. Während ich die ganze Nacht hindurch die Aufwärmübungen zum Überleben mache, denke ich an das helle Himmelslicht am späten Montag morgen.

## Schneesturm

### 3./4. Dezember

Ich bekomme die ganze endlose, quälend kalte Nacht kein Auge zu und begrüße die langerwartete Veränderung der Dunkelheit. Nachdem ich mich von den Nadeln und der Rinde frei gemacht habe, zwinge ich mich aufzustehen. Ich zittere am ganzen Körper in dem eisigen Wind und stütze mich auf meine treue Astkrücke. Während ich mit den Füßen weiter fest im knietiefen Schnee stecke, schwankt mein Körper unter der hämmernden Wucht der Windböen. Ich hebe beide Hände, um mein Gesicht vor den wirbelnden Schneekristallen zu schützen, die meinen Körper bombardieren.

Von meinem gestrigen Gipfelruheplatz aus lege ich das Ziel des heutigen Tages fest: den Schwestergipfel im Osten. Dieses hochtrabende Vorhaben beruht auf einem einfachen Prinzip, das ich gelernt habe. Falls ich auf dem heutigen Marsch aus der Talsohle, wo die beiden Berge aufeinandertreffen, nicht mehr herauskomme, erfriere ich ganz sicher, weil der Schnee tief und naß ist und die schattigen Felsen nicht genug Strahlungswärme abgeben, um meine Sachen zu trocknen. Um eine Chance zu haben, muß ich bis zum späten Vormittag oben auf dem nächsten Gipfel stehen, so daß ich ein paar Stunden lang kräftigen Sonnenschein habe. So lauten die simplen Regeln des Überlebens.

Als ich von dem steilen, zerklüfteten Berg herabsteige, läßt der Wind im Schutz der gewaltigen Mammutbäume allmählich nach.

Obwohl mein Marsch bergab führt, erschöpft mich das

Stapfen durch den knie- bis hüfthohen Schnee. Eine niedrige, dichte dunkle Wolkendecke sperrt das frühe Morgenlicht und die ersten Sonnenstrahlen aus, so daß ich gezwungen bin, die Sweatshirtkapuze weiter übergezogen zu lassen und mich fest in meine Sachen zu hüllen.

Nach drei oder vier Stunden erreiche ich den Fuß des Berges und ruhe mich eine halbe Stunde lang aus. Ich knie mich am Ufer des rasch dahinfließenden, breiten, von Eis bedeckten Baches nieder, der die beiden Schwesterberge voneinander trennt, und schlürfe langsam das eiskalte Wasser, das mich erstarren läßt.

Ich suche bachauf- und -abwärts nach einem sicheren, trockenen Übergang. Aber ich finde bloß einen dünnen Baum, der quer über beide Ufer gestürzt ist. Als ich auf den schneebedeckten, zerbrechlichen Stamm steige, beginnt er zu beben, sich zu krümmen und durchzubiegen und schleudert mich sofort um ein Haar von seinem Rücken ins Wasser. Ich schlinge beide Beine um seine dürren Zweige. Während er hin und her schwingt, presse ich mich gegen den schützenden Stamm, packe mit dem linken Arm die Äste und klemme mir die scharfen, spitzen Zweige zwischen Kinn, Gesicht und Hals.

Der Druck dreier fest um den Baum geschlungener Gliedmaßen und meiner an den borstigen Stamm gepreßten Brust jagt mir einen heftigen Schmerz von meinen gebrochenen Knochen durch den Körper, der so durchdringend ist, daß ich schreie, während ich mich Zentimeter um Zentimeter vorwärts schiebe. In der Mitte des Stamms angekommen, halte ich inne. Mit dem Kopf ganz knapp über dem zugefrorenen Bach, horche ich auf das rauschende Wasser unter der dünnen Eisschicht. Bevor ich weiterrutsche, denke ich: »Was zum Teufel treibe ich hier draußen? Das ist total bescheuert! Wenn ich ins Wasser falle, habe ich keine Möglichkeit, meine Sachen zu trocknen. Ich werde in nur wenigen Stunden erfrieren.«

Als ich fast das andere Ufer erreicht habe, fängt der Baum unter meinem Gewicht plötzlich unkontrolliert an zu schwanken und wirft mich beinahe auf die spitzen Steine am Bachufer. Mit aller Kraft kämpfe ich mich über das letzte Stück des dünnen, vereisten Stamms und die zahnstochergroßen Zweige. Zur Belohnung für das Erreichen des Stammendes rutsche ich ab und falle in den hüfthohen Schnee.

Bevor ich die Höhen des nächsten Berges in Angriff nehme, breche ich ein Loch in das dünne Eis, um erneut Wasser zu schlürfen wie ein Tier. Nachdem ich zwanzig Minuten getrunken und mich ausgeruht habe, erhebe ich mich mit Hilfe meines Wanderstocks. Ich packe ihn fest mit der linken Hand, starre auf die ersten sieben senkrechten Meter des Aufstiegs und denke: »Wenn der ganze Weg so steil ist, werde ich mehrere Tage brauchen, um den Gipfel zu erreichen.«

Während des Anstiegs werfe ich einen prüfenden Blick auf den dunklen, bewölkten Himmel. Die Sonne wird mir keine Erleichterung verschaffen. Angesichts meiner nassen Sachen bete ich, sie möge die Kraft haben, die Wolkendecke zu durchbrechen, aber tief in meinem Innern weiß ich, daß sich ein Sturm zusammenbraut.

Je weiter ich den Berg hinaufsteige, desto schwieriger gestaltet sich wegen der fehlenden Sonne und mangels irgendwelcher Bezugspunkte die Orientierung. Im Gegensatz zu den vergangenen sechs Tagen, als ich Standort und Marschrichtung anhand des Felsknorrens und einiger gegenüberliegender Berge bestimmen konnte, habe ich jetzt nichts, was mir hilft, in einer geraden Linie zu marschieren. Gelegentlich habe ich das Gefühl, nach Norden, dann wieder, nach Süden zu laufen. Ich bleibe stehen, drehe mich um und überfliege den Berg, von dem ich heute am frühen Morgen herabgestiegen bin, auf der Suche nach Bezugspunkten, aber ich sehe nichts; die Felsen und Bäume sehen alle gleich aus. Schließlich nehme ich den Gipfel, auf dem ich die letzte

Nacht überstanden habe, um mich neu nach Osten auszurichten, indem ich im Geiste eine Linie von diesem Punkt bis zur Spitze des heutigen Aufstiegs ziehe. Mein Selbstvertrauen stärkt das kaum. Ich habe solche Angst, von meiner Marschroute abzukommen, daß ich mich dabei ertappe, wie ich alle paar Minuten, wenn ich wegen eines durch Sauerstoffmangel verursachten Würganfalls gezwungen bin anzuhalten, meine Richtung korrigiere.

Außerdem kämpfe ich mich durch einen dicken, nassen, schweren Untergrund aus Schnee, der viel zäher ist als alles, wodurch ich in den letzten sechs Tagen stapfen mußte. Es ist bitterkalt, und starke Winde wehen aus Südosten. Die Windgeschwindigkeit hat so sehr zugenommen, daß ich, um nicht vom Berg geweht zu werden, den hüfthohen Schnee benutze, um darin Halt zu finden. Das Schneegestöber wird immer dichter und schränkt die Sicht ein. Ich muß mich in das Unvermeidliche fügen. Ein Sturm zieht auf. Wie werde ich mich vor seinem gnadenlosen Überfall schützen?

Endlich entdecke ich einen großen umgestürzten Baum, der Möglichkeiten, sich festzuhalten, und einen trockenen Platz zum Ausruhen bietet. Mittels der abgestorbenen Äste, die von dem enormen Stamm abstehen, ziehe ich mich näher heran. Sobald ich auf der riesigen gefällten Säule sitze, kralle ich mich an den Ästen fest, ruhe mich aus und verstecke mich vor dem stürmischen Schneetreiben. Die Wildnis ist nicht länger ein Ort heiterer Ruhe. Während der heulende Wind weiter auffrischt, jagen niedrige, dunkle Wolken über mich hinweg.

Als ich Wasser lasse, nehme ich die Äste des Baumes, um mich auf dem steilen Gelände abzusichern. Obwohl ich in dem gelb-orangefarbenen Urin keine Spuren von Blut sehe, erinnert mich der Geruch an einen Abend in L.A., als ich mich eine dunkle Gasse hinunterwagte, mitten unter eine Gruppe Obdachloser. Der Gestank in dieser Gasse verursachte mir einen starken Brechreiz.

Ich lebe seit sieben Tagen lediglich von kleinen Portionen Ungeziefer. Ich hatte noch keinen Stuhlgang, und mein körperlicher Verfall zeigt sich in der Farbe und im Geruch meines Urins und in meinem extremen Gewichtsverlust. Als ich plötzlich erneut zu würgen und krächzend zu husten anfange, spucke ich auf den Baum und kontrolliere den Speichel auf Blut. Zum Glück sehe ich keinerlei rote Tönung. Zum Schluß meiner körperlichen Untersuchung überprüfe ich Rektum und Unterwäsche auf frische Spuren von Blut, aber auch in diesem Bereich bin ich noch in Ordnung.

Als ich meinen Marsch fortsetze, bin ich an einer senkrechten, vereisten Stelle gezwungen, all meine Kraft aufzubieten, bis mir die Luft ausgeht. Im Zuge einer heftigen Hustenattacke falle ich in den Schnee. Während ich in einer fötalen Haltung daliege, versuche ich genug Luft einzuziehen, um zwischen den trockenen Hustenanfällen zu überleben. Nachdem ich mich etwa zwanzig Minuten in dem kalten Schnee ausgeruht habe, gehe ich weiter.

Dann bin ich endlich auf gleicher Höhe mit dem gestrigen Gipfel. Während ich mich dem neuen Berggipfel nähere, sage ich erleichtert: »Mann, was war das für ein Anstieg!« Plötzlich merke ich, daß ich mich noch immer unterhalb des Gipfels befinde und daß ein weiterer Berg mich getäuscht hat.

Vom Aussichtspunkt dieses Berges aus fällt mein Blick auf viele neue schneebedeckte Gipfel. Die Sierras sind so riesig, daß es den Anschein hat, als warte eine völlig neue Bergkette auf mich. Während der letzten paar Tage hatte ich den Gedanken, daß die Gipfel niedriger lägen, wenn ich nach Osten marschierte, aber jetzt sehe ich mich Bergen gegenüber, die genauso hoch oder noch höher sind. Während ich im knietiefen Schnee stehe und mich gegen den kalten, heulenden Wind stemme, kommt mir ein ernüchternder Gedanke: Was ist, wenn ich in einem großen Kreis herumirre? Laufe ich vielleicht nach Süden und nicht nach Osten? Vielleicht habe ich Mist gebaut. Könnte es sein, daß ich nach Norden in Richtung Yosemite laufe? Vielleicht werde ich länger als ein paar Tage brauchen, um hier rauszukommen.

Obwohl die Windgeschwindigkeit sich noch immer von Minute zu Minute steigert und der Sturm meine Richtung zu nehmen scheint, komme ich zu dem Schluß, daß das Unwetter in durchschnittlichem Tempo vorrücken wird, was mir noch ein paar Stunden Marschzeit verschafft.

Obwohl ich Mühe habe, durch den Schnee zu stapfen, was mich eigentlich wärmen sollte, lassen die fehlende Sonne und der starke Wind mich am ganzen Körper erzittern. Ich werfe einen Blick zum bewölkten Himmel empor und schätze, daß mir noch sieben Stunden Tageslicht bleiben.

Angesichts der über mich hinwegjagenden Sturmwolken, des endlosen Anblicks schneebedeckter Gipfel, der Erfrierungen in meinen Extremitäten und der Schmerzen von meinen Knochenbrüchen denke ich wieder an das gute Leben in den heißen Quellen. Vielleicht haben die heißen Quellen mich verdorben. Vielleicht haben sie mich verweichlicht. Vielleicht raubten sie mir den unbedingten Überlebenswillen. Ja, ich wurde verdorben, und jetzt würde ich dafür bezahlen.

Trotz des fehlenden Sonnenlichts kann ich mich weiter nach Osten orientieren. Weil noch Vormittag ist, steht die Sonne in einer niedrigen Position unmittelbar über mir und zeigt sich als gelbliche Verfärbung in den Wolken.

Als ich eine Stelle erklettere, die ich für den Gipfel des Berges halte, bin ich gezwungen, die Richtung zu ändern, weil sich direkt vor mir eine Ansammlung sattelschleppergroßer Felsbrocken auftürmt. Wenigstens schützt mich der Umstand, daß ich diese gewaltige Formation umgehen muß, vorübergehend vor den wütenden Winden.

Während ich versuche, mich weiter voranzukämpfen, breche ich plötzlich durch eine gefrorene Schneeschicht und stecke bis zum Kinn im Schnee. Ich mühe mich ab, freizukommen, indem ich mit beiden Füßen nach der Schicht suche, durch die ich soeben gebrochen bin und auf die ich zurückklettere, um wieder in eine Schneetiefe zu kommen, durch die ich hindurchstapfen kann.

Ich laufe an den Felsblöcken entlang weiter ostwärts. Nach einem zwanzigminütigen Marsch lasse ich die schützende Formation hinter mir und bin nun erneut den peitschenden Winden ausgesetzt. In der kurzen Zeit, die ich hinter den Felsblöcken war, ist der Wind weiter aufgefrischt. Schnee- und Eispartikel wirbeln durch die Luft wie Sand in einem heftigen Wüstensturm. Ich ziehe den Kopf ein und versuche, mich vor den kristallisierten Brocken zu schützen, die auf mich niederprasseln, indem ich beide Hände vors Gesicht hebe. Als ich zwischen meinen behandschuhten Fingern hindurchblinzle, sehe ich, daß der Berggipfel im Süden vollständig von dem Sturm verschlungen wird. Ich schätze, daß mir dadurch weniger als eine halbe Stunde bleibt, bis ich mich inmitten eines ausgewachsenen Schneesturms befinde.

Ich lasse mich von tierischen Instinkten leiten und suche nach einem warmen, trockenen Unterschlupf, wo ich das Abflauen der gewaltigen Winde abwarten kann. Mein Gefühl sagt mir, daß ich, wenn ich versuche, mich während eines Blizzards von der Stelle zu rühren, die Orientierung verlieren und ziellos durch die Berge irren werde. Vor meinem inneren Auge taucht ein Bild meiner düsteren Zukunft auf. Ich kann mich leicht vornübergebeugt sehen, während nur mein Hals, mein Kopf und das Ende meiner auf dem Wanderstock ruhenden, behandschuhten Hand aus dem tiefen Schnee hervorstehen. Der Wind weht heftig, und auf meinem bereits gefrorenen Kopf sammeln sich Schnee und Eis. Ich stelle mir vor, daß lange Eiszapfen von meinem Bart und kleinere Eisfransen von Augenbrauen und Wimpern herunterhängen. Ich male mir aus, daß mein Körper unter dem Eis in einem Eisblock eingeschlossen ist, wo er geschützt bleibt bis zum Frühling, wenn Flora und Fauna erwachen, wenn die Blumen blühen und die Würmer und Insekten zu fressen beginnen. Ich reiße mich von den entsetzlichen Bildern los, hole ein paarmal tief Luft und sage dann laut in die stürmische Wildnis hinein: »Ich werde nicht zulassen, daß mir das passiert!«

Wegen des Sturms hat die CAP die Suchflüge in den Bergen abbrechen müssen. Die Einsätze beschränken sich jetzt auf die tiefgelegene Wüste. Die CAP zieht 74 Mann zusammen, die mit 21 Flugzeugen starten und 44 Einsätze fliegen. Für den Tag, den Samstag, wird eine Gesamtflugzeit von 84,3 Stunden ins Logbuch eingetragen, davon aber nur 12,7 Stunden in konkret zugewiesenen Planquadraten.

In ihrer Verzweiflung wenden die Familien sich übernatürlichen Deutungen zu, in der Hoffnung, neue Anhaltspunkte über unseren Verbleib zu finden. Als die TV-Sender den Sturm melden, verlieren manche die Hoffnung: »Niemand kann einen mörderischen Flugzeugabsturz im Gebirge überleben und anschließend einen Blizzard überstehen.«

Mein Bruder Rocco fliegt aus Connecticut herüber, um bei Denise und Dad zu sein.

Da ich weiß, daß ich einen Unterschlupf finden muß, bevor der Sturm mich voll erwischt, blicke ich zurück auf die riesigen Felsblöcke und halte nach einer Höhle oder irgendeinem Felsüberhang Ausschau, aber eine innere Stimme sagt mir: »Nein! Geh nicht in die Nähe der Felsen. Sie werden deinen Körper auskühlen. Du wirst ganz sicher sterben! Du könntest mehrere Tage hiersein und warten müssen, bis der Sturm sich verzieht. Wenn alle Stricke reißen und du nichts anderes finden kannst, um dir einen Unterschlupf zu bauen, dann versuche zu diesen Felsen zurückzugelangen.«

Auf der Suche nach einem Unterschlupf und in dem Wissen, daß mir nur noch wenig Zeit bleibt, beschleunige ich ängstlich mein Marschtempo durch den tiefen Schnee. Nach einer kleinen Weile befällt mich eine alte Erinnerung. Es ist Sommer, ich bin in der vierten Klasse und verbringe eine Woche bei meinen Großeltern in ihrem Haus in Connecticut. Mein Großvater pflegte jeden Abend vor dem Abendessen im Garten hinter dem Haus Ziele aufzustellen, auf die ich mit seiner Schrotflinte schießen durfte. Nach mehreren abendlichen Zielübungen sagte ich Grandpa, daß ich in den Wald gehen und ein paar Tiere jagen wollte. Als er einwilligte, sagte er: »Vergiß nicht, langsam und leise zu gehen. Erschreck die Tiere nicht. Wenn du dich zu schnell bewegst, läufst du genau an dem vorbei, was du suchst. Alles, was du brauchst, ist genau da. Sei geduldig und laufe mit erhobenem Kopf, damit du sehen kannst.«

Während ich in Gedanken immer wieder durchgehe, was mein Großvater mir einschärfte, bleibe ich stehen und beobachte den Sturm, der in meine Richtung zieht. Bleib ruhig. Suche die Gegend nach Lösungen ab. Vergiß nicht, alles, was du brauchst, ist genau hier.

Mein Blick prallt von jedem Baum, Strauch und Felsen in Sichtweite ab, als ich plötzlich durch den wirbelnden Sturm hindurch einen Baum mit einem Stamm von der Breite eines Kleinwagens erspähe. Der Fuß des Baumes ist von Feuer beschädigt worden. Etwa ein Drittel seines Durchmessers ist weggebrannt, wodurch die Mitte des Stamms freigelegt und ein Hohlraum geschaffen wurde, der gerade groß genug ist, um mich hineinzuhocken. Unmittelbar rechts neben dem Baumstamm liegt eine Reihe lastwagengroßer Felsbrocken, die helfen werden, den Wind abzuhalten. Vielleicht kann ich rings um den beschädigten Teil des Baumes eine Art Fort als Schutzwall errichten und mich dann im Innern des Stamms aufhalten. Dort ist es warm, und Bäume nehmen keine Wärme weg – sie tragen zur Isolierung bei.

In nächster Nähe stehen mehrere große Mammutbäume und ein paar andere gewaltige Nadelbäume, die einen klei-

Wave und ich mit der Maule auf einem ausgetrockneten Seebett, wenige Stunden vor dem Absturz.

Lloyd mit der Maule.

Maule N5629-Juliet, wie sie beim Eintreffen der Retter aussah. Wir hatten Glück, den Absturz zu überleben.

Ein umgestürzter Baum kann einen guten Unterschlupf abgeben, wenn Platz da ist, um darunterzukriechen.

Dieser Anblick bot sich mir Tag für Tag: tiefer Schnee und steile Bergflanken.

Nachts schützte ich mich sehr effektiv mit Konstruktionen aus Kiefern- zweigen und -nadeln.

Die Jordan Hot Springs. Ich weiß nicht, was passiert wäre, wenn ich nicht zufällig auf diese heißen Quellen gestoßen wäre. Man beachte, wie wenig Schnee dort liegt.

In meinem Kampf gegen Unterkühlung hängte ich jeden Tag Kleidungsstücke zum Trocknen auf.

Der Olancha Peak, mein letztes bedeutendes Hindernis, aber noch immer einen Zweitagesmarsch entfernt.

Das Geröllfeld, auf dem ich beinahe gestorben wäre.

Ein Flugzeug der Civil Air Patrol auf dem Lone Pine Airport. Zwei CAP-Piloten, meine Schwester Denise und ich sowie Hauptmann Kennedy.

Oberst Sydney J. Wolfe von der CAP und ich. Die CAP gab sich enorme Mühe, uns zu finden.

Als ich dieses Schild sah, wußte ich, daß ich es schaffen würde.

Das Ranch House Café.

Meine Schwester Denise gab die Hoffnung niemals auf, und sie half mir, mich von meinen Verletzungen zu erholen.

Als ich ums Überleben kämpfte, dachte ich immer an meinen Dad.

nen, wildwachsenden Baldachin über dem Boden darunter bilden. Der Schnee zu ihren Füßen ist nur wenige Zentimeter hoch, und ich kann schnell große Haufen Nadeln sammeln.

Der Sturm bricht nun heftig herein, während ich fieberhaft meine Vorbereitungen treffe. Obwohl noch nicht die Bedingungen eines ausgewachsenen Schneesturms herrschen, bleiben mir nur wenige Minuten, um weitere Zweige und Nadeln zu sammeln, bevor die Sicht gleich null ist. In der Nähe stehen mehrere kleinere Farnbäume. Ich reiße hastig ein paar volle, lebende Wedel ab und lege sie in den Schnee auf einen Haufen. Ich arbeite weiter und versuche, dem Sturm zuvorzukommen, aber meine extreme Unterernährung und die zahlreichen Knochenbrüche erschweren mein Rennen gegen die Uhr.

Es schneit jetzt so heftig, daß alles hinter einem weißen Schleier verschwimmt. Es ist unmöglich zu sehen, in welcher Richtung sich der Baumstamm befindet. Ich hebe ein großes Bündel Zweige auf und stelle mir im Geiste vor, wo ich den Stamm und die Reihe Felsblöcke vermute. Während ich durch den Schnee stapfe, markiere ich meine Spur, indem ich unterwegs Zweige in den Schnee stecke, so daß ich den Weg zurück zu den restlichen Haufen finden kann. Nach einigem blinden Herumstapfen kommen mir Zweifel an meiner Richtung. Ich laufe vorsichtig durch den Schneesturm weiter, lege die ganze Strecke eine Spur aus Zweigen aus und schaffe es bis zu dem Baum.

Während der Blizzard weiter heftig tobt, verbringe ich die nächste halbe Stunde damit, die restlichen Äste über den mit Zweigen markierten Weg zu dem Stamm zurückzutransportieren. Als sämtliche Zweige zu Füßen des Baumstamms aufgehäuft sind, fehlt mir nur noch eine Sache, um einen windundurchlässigen Unterschlupf bauen zu können, der einem wütenden Schneesturm in der Sierra standhält. Ich brauche eine Einfriedung aus fünfundzwanzig bis dreißig anderthalb bis zwei Meter langen Zweigen.

Zum Glück habe ich, bevor der Blizzard einsetzte, etwa vierzig Schritte entfernt einen abgestorbenen Baum voller Äste entdeckt. Ich lade mir die Arme voll und lege dann eine Spur aus Zweigen hinter mir, während ich mich von dem Stamm fortwage, um nach dem gefällten Baum zu suchen. Bei der Mischung aus starken Winden und gewaltigen Schneemengen, die von dem Sturm abgeladen werden, verschwindet meine bewaldete Spur rasch. Gerade als ich einen weiteren Zweig fallen lasse, um den Weg zu markieren, stolpere ich über einen der Äste des gefällten Baumes.

Da der abgestorbene Baum auf der Seite liegt, reicht die Hebelkraft meines Körpers, um die dünneren Zweige von dem Stamm abzureißen. Sobald ich mir etwa fünfzehn gerade Äste auf beide Arme geladen habe, taste ich mit beiden Füßen nach meiner Spur, während ich blind durch den Schnee stapfe. Nach mehreren Ausflügen säubere ich den Pfad, indem ich die fallengelassenen Zweige aufhebe und sie zu meinem Lager zurücktrage.

Jetzt, wo ich Haufen von Nadeln, volle Zweige und gerade Äste habe, kann ich ein Fort mit einem doppelten Ring bauen. Als erstes knie ich mich vor das ausgebrannte Bauminnere. Mit der linken Hand entferne ich Stöcke, Rinde und Schmutz, bis die gesamte Mitte vollkommen sauber ist und eine tiefe Mulde im Boden zurückbleibt. Diese fülle ich mit den gesammelten Nadeln, mache den Boden im Bauminnern eben und schaffe mir eine weiche, behagliche, gut zehn Zentimeter dicke Unterlage. Um meinen erhöhten Ruheplatz auszuprobieren, zwänge ich mich in das Innere des Stamms, so daß meine Knie ganz bis zur Brust angezogen sind und mein Kinn auf den Kniescheiben ruht. Zwischen meiner Schädeldecke und dem Baumstamm darüber habe ich gut zehn Zentimeter Luft, also verstärke ich den Boden mit noch mehr Nadeln, um die Isolierung zwischen dem Untergrund und meinem Hinterteil und meinen Beinen zu verstärken. Beim zweiten Probesitzen in der Baumhöhle stelle ich fest, daß ich jetzt mit meiner Schädeldecke die Decke des Baumstamms berühre.

Als ich aus dem Baum herauskrieche, ist die Sicht noch immer gleich null, und mir fehlt plötzlich jede räumliche Orientierung. Es schneit so heftig, daß meine Fußabdrücke rings um den Baum binnen weniger Minuten zugeschneit sind. Mit einem Seufzer der Erleichterung denke ich: »Das war knapp. Hätte ich diesen Baum nicht gefunden, wäre ich wahrscheinlich spätestens morgen früh tot gewesen.«

Bevor ich aus den Zweigen den äußeren Ring des Forts baue, schaffe ich sämtliche restlichen Nadeln zum Eingang des Stamms. Anschließend schichte ich sie vor dem Loch zu einem dichten Wall auf, um den ausgehöhlten Kern vor dem Schneetreiben abzuschirmen. Als nächstes nehme ich mir die geraden Äste, stecke sie mit dem dicken Ende nach unten fest in den Schnee und lehne das dünne Ende oberhalb der Öffnung gegen den Baum. Nach einer halben Stunde erstreckt sich die Astreihe jeweils gut einen Meter zu beiden Seiten des Eingangs zu meiner Baumhöhle.

Da der Wind die lockere Mauerkonstruktion durchdringen kann, fange ich an, die lebenden Nadelbaumzweige in die geraden Äste einzuflechten, und schaffe so einen Windschutz. Am Ende dieses Arbeitsschritts drücke ich gegen die äußere Einfriedung, um ihre Stärke und Haltbarkeit zu testen. Zu meiner Überraschung ist sie stabil und bedarf nur geringfügigen Flickwerks zur Isolierung. Rechts von dem Baum bemerke ich einen kleinen Haufen Nadeln, den ich nicht gebraucht habe, und ich stopfe händeweise Nadeln und Rindenstreifen in die kleinen Ritzen der Einfriedung. Jetzt ist das aus einem doppelten Ring bestehende Fort fertig. Ring eins, die Hauptkapsel, die Mitte des Stamms, ist durch einen dicken Wall aus Nadeln abgeschirmt. Und Ring zwei, die äußere Einfriedung, dient als Wind- und Schneebarriere.

Bevor ich mich in mein Baumstamm-Heim zurückziehe,

uriniere ich seitlich in den Schnee. Entspannt knie ich mich vor die Einfriedung aus Stöcken, dorthin, wo sich das Loch im Stamm befindet, und biege die Äste gerade weit genug auseinander, um mich durch die winzige Öffnung zwängen zu können. Als ich hinter den zweiten Ring des Forts krieche, wird das Heulen des angreifenden Sturms vollkommen gedämpft. Bevor ich die Äste wieder zusammenschiebe und das Fort von der Witterung abschirme, greife ich mit einer Hand nach draußen, um einen Schneeblock ins Innere zu zerren, so daß ich Zugang zu Wasser habe, ohne meinen Unterschlupf verlassen zu müssen. Als ich die Stöcke wieder zusammenschiebe und die Öffnung verschließe, taucht das Fehlen von Geräusch und Licht das innere Fort in eine friedliche Atmosphäre einsamer Zufriedenheit.

Ich greife nach oben auf den Wall aus Nadeln und streiche gerade genug davon beiseite, um über den Nadelhaufen hinweg ins Bauminnere krabbeln zu können. Dann nehme ich meinen Platz in der Kapsel ein und sitze nun mit an die Brust gedrückten Knien da, während ich mit den Kniescheiben fast an mein Kinn komme. Die Schmerzen von den gebrochenen Rippen und der gebrochenen rechten Schulter werden schlimmer, weil ich wegen des Winkels der Kammerdecke gezwungen bin, mich nach vorne zu beugen, aber damit werde ich mich einfach abfinden müssen. Um die innere Höhlung abzudichten, fange ich an, die Nadeln wieder zu dem vorherigen Wall aufzuschichten. Wegen der Frischluftzufuhr lasse ich zwischen Nadeln und oberem Ende des Hohlraums eine knapp drei Zentimeter breite Lücke.

Innerhalb von zwanzig Minuten füllt meine Körperwärme die winzige, geschützte Kapsel so weit, daß ich den Reißverschluß meiner Jacke öffnen und die klatschnassen Überschuhe meiner Stiefel ausziehen kann. Die nassen Einsätze decke ich mit Kiefernnadeln ab und isoliere sie, um zu versuchen, warme Füße zu bekommen, in der Hoffnung, das Gewebe am Leben zu erhalten. Ich weiß, daß es eine ziemlich aussichtslose Sache ist, aber ich hoffe, daß die Wärme der Kammer helfen wird, Außen- und Innenschuhe zu trocknen, bevor der Sturm sich legt, so daß ich nicht wieder die kalten, nassen, stinkenden alten Stiefel über meine erfrorenen Füße ziehen muß, wenn es Zeit ist weiterzumarschieren.

Ich versuche, mich mit meinen Knochenbrüchen und der Enge der geschirrspülergroßen Unterkunft zu arrangieren, indem ich die Augen schließe und langsam durch die Nase ein- und dann durch den Mund ausatme, eine Art Meditation zur Beherrschung der Schmerzen. Obwohl ich fürs erste in Sicherheit bin, hält der Blizzard mich im Innern dieser schalldichten, pechschwarzen Kammer fest und gibt mir das Gefühl, vollkommen vom Leben abgeschnitten zu sein. Gelegentlich stöhne ich auf vor Schmerz und fauche wie ein wildes Tier, ein weiterer Beweis für uralte Instinkte, von deren Existenz ich bislang kaum etwas ahnte.

Nach einstündiger Meditation kann ich einschlafen und mache periodische Nickerchen. Jedesmal wenn ich aufwache, denke ich bizarrerweise an exotische tropische Nahrungsmittel. Halb verhungert und zurückgezogen in den Stamm eines Gebirgsbaums, kann ich karibische Säfte und Früchte riechen und schmecken. Vor meinem geistigen Auge sehe ich die Schalen mit bunten Säften und die über einen langen Tisch verteilten, in Scheiben geschnittenen Früchte. Während ich meine meditativen Atemzüge fortsetze, beginnt mir das Wasser im Mund zusammenzulaufen, als ich spüre, daß auf einem Grill kräftig gewürzte Fische, Hähnchen und Fleischstücke zubereitet werden. Während ich die Aromen gemächlich auskoste, denke ich: »Wenn wir drei herauskommen, mache ich etwas, das ich noch nie gemacht habe. Ich gehe auf eine Kreuzfahrt in die Karibik, wo es warm ist und wo vierundzwanzig Stunden am Tag riesige Mengen an Früchten, Fisch und Fleisch ausliegen. Ich kann zu jeder Tageszeit essen, wann immer es mir beliebt. Wir werden an einem Tisch mit Meerblick sitzen, während wir speisen wie die Könige!«

Da mein heftiges Verlangen nach Essen einen Höhepunkt erreicht, drücke ich den Nadelwall nach unten, so daß ich mir ein Stück Schnee von dem Block abbrechen kann. Ich sage mir: »Alles, was du brauchst, ist Wasser. Iß einfach weiter Schnee. Das ist hundertprozentiger Sierra-Nevada-Schnee; er ist einfach der beste!«

Nachdem ich etwa zwei Stunden lang immer wieder kurz eingenickt bin, kann ich den Schmerz in meiner schneegefüllten Blase nicht mehr aushalten. Ich schiebe den Nadelwall beiseite und klettere ins Freie. Die Temperatur fällt drastisch, als ich in den zweiten Ring gelange. Als ich vollständig aus dem Fort heraustrete, stehe ich in dem unbarmherzigen Blizzard. Während ich uriniere, suche ich zur Sicherheit an den Felsblöcken Halt.

Als ich fertig bin, strecke ich mich, bevor ich mich wieder in die winzige Kapsel begebe. Nachdem ich in die völlige Dunkelheit der inneren Kammer zurückgekehrt bin und der Wall aus Nadeln sich wieder an seinem Platz befindet, wiege ich mich langsam in einen meditativen Zustand und dann in einen leichten Schlaf. Beim Aufwachen frage ich mich: »Ist Lloyd noch am Leben? Was macht Wave gerade? Wie wird er mit diesem Sturm fertig? Er muß inzwischen ein schönes Fort gebaut haben, in dem ein warmes Lagerfeuer brennt.«

Ich ignoriere die drängende Frage, wie lange ich diesen Sturm im Schutz dieses Baums abwarten werde. Wann gehe ich weiter? Obwohl keine Einzelheiten über das Wetter draußen zu mir vordringen, spüre ich wie ein Tier, das unter der Erde lebt, die Veränderung der Dunkelheit. Angesichts der hereinbrechenden Nacht beschließe ich nachzusehen, wie stark es schneit, und ein letztes Mal Wasser zu lassen, bevor die Temperatur fällt. Der Sturm tobt nach wie vor mit unverminderter Kraft. Nachdem ich im zweiten Ring gepinkelt habe, kehre ich in die innere Kammer zurück und schichte anschließend den Wall aus Nadeln wieder auf. Da es in der Mitte des Stamms nun wieder eisig ist, warte ich darauf, daß meine Körperwärme die Kapsel erneut erwärmt.

Zusammengekauert verharre ich mehrere Stunden. Obwohl mir im Innern des Stamms gerade einmal ein paar Zentimeter Platz bleiben, um meine Körperhaltung zu verändern, verringere ich in regelmäßigen Abständen den Druck auf die gebrochenen Rippen und die völlig lädierte Schulter. Aber wie ich mich auch drehe und wende, ich fühle mich unwohl und habe starke Schmerzen. Plötzlich kommt mir ein düsterer Gedanke: Wenn ich hier drinnen sterbe, wird nie jemand meine sterblichen Überreste finden. Ist dies hier mein Grab? Ich versuche, einen klaren Kopf zu behalten, während ich leise sage: »Du kannst hier nicht weg. Wo willst du hin? Was willst du machen? Rühr dich nicht vom Fleck, Peter. Hier ist es warm und trocken. Disziplin. Denk logisch, nicht mit Gefühl.«

Ich erlebe nochmals eine Zeit, als ich zwanzig Jahre alt war. Ich studierte damals an einer technischen Hochschule Computerprogrammierung und trainierte täglich mehrere Stunden in einer Karateschule. Meister Lee ließ die Schüler mehrere lange Minuten in ihren Haltungen verharren, während er mit hartem koreanischem Akzent das englische Wort »discipline« sagte. Einige der Haltungen waren unnatürlich und unbequem, weil man den Körper strecken mußte, was schmerzhaft war. Meister Lee ging mit einem Bambusstock durch die Klasse und versetzte jedem Schüler, der bei den Haltungen mogelte, einen Schlag auf den Waden- oder Oberschenkelmuskel. Wenn er mehrere Schüler fand, die nicht ihr Bestes gaben, litt stets die ganze Klasse darunter. Er zwang uns dann, doppelt so lange in unserer jeweiligen Haltung zu verharren. In den neun Monaten, in denen ich unter ihm lernte, schlug Lee mich kein einziges Mal mit seinem

Bambusstock. Einmal wöchentlich arbeitete er nur mit mir allein. Er ermunterte mich, meine Techniken weiterzuentwickeln, und half mir, zu neuen Ebenen persönlichen Selbstvertrauens vorzustoßen.

Ich werde Meister Lee nie vergessen. Er flößte mir einen Sinn für geistige Disziplin ein, den ich mein ganzes Leben lang behalten habe. Während ich im Innern der winzigen, dunklen Kapsel eingezwängt bleibe, nutze ich diesen eisernen Willen, den er mich lehrte, um die Schmerzen im gebrochenen Brustkorb und im zerschmetterten linken Knöchel zu ignorieren. Ich schließe die Augen und beginne langsam tief Luft zu holen. Leise, ruhig und gemessen sage ich: »In drei bis vier Tagen wird der Sturm sich legen. Länger muß ich nicht zu dieser schmerzhaften menschlichen Kugel zusammengerollt hierbleiben. Komm schon, du kannst es schaffen.«

Die eisige Nacht hat ihren Höhepunkt erreicht. Kalte Luft dringt in das Fort, senkt die Temperatur in der kleinen Höhlung und zwingt mich, die Überlebens-Aufwärmübungen zu machen. Als meine verkrampfte Lage mir auf die Blase drückt, beiße ich die Zähne zusammen. Ich will die Kapsel nicht verlassen, aus Angst, daß die Höhlung sich mit unter null Grad Celsius kalter Luft füllt. Mit schmerzhaft aufgeblähtem Leib zähle ich die Sekunden bis zu der frühmorgendlichen Veränderung der Dunkelheit.

Aber das Bedürfnis des menschlichen Körpers nach Verjüngung ist so stark, daß ich selbst angesichts des Pochens meiner gebrochenen Knochen und des Gefühls, als würde mir gleich die Blase platzen, immer wieder für zwanzig Minuten von Müdigkeit übermannt werde und jedesmal aus dem Schlaf hochschrecke vor Angst, daß mir die Gliedmaßen abfrieren. Ich versuche, meine Durchblutung anzuregen, indem ich mit der linken Hand meine Füße massiere. Angesichts der sachkundigen Behandlung fangen sie an zu stechen und zu brennen, ein sicheres Zeichen, daß das Gefühl in die stark erfrorenen Körperpartien zurückkehrt. Ich bin dabei, den Blizzard zu überleben.

Im dunklen Schoß des Stamms erfahre ich nun völlige Seelenruhe. In dem Maße, wie ich, eingezwängt in das Innere des Baumes, zur Ruhe komme, scheinen meine körperlichen Traumata sich zu verflüchtigen. Ein solches Gefühl der Entfernung von der Menschheit habe ich noch nie erlebt – nicht einmal während der vielen Male, als ich mit meinem Geländemotorrad die ausgedehnten Wüsten des Westens durchquerte. Diese Erfahrung bereitet mich auf mein ungeschriebenes Schicksal vor. Sie läutert meine Seele.

Ein kranker Mensch möchte gesund sein. Ein einsamer Mensch möchte Liebe. Ein hungriger Mensch möchte Nahrung. Ich bin ein glücklicher Mensch in diesem warmen, trockenen Unterschlupf. Trotz des unvermindert tobenden Blizzards bin ich voller Zufriedenheit. Ich murmele die Worte: »Ich lebe, und ich habe eine Chance.« Die Gesichter von Lloyd und Wave tauchen vor meinem inneren Auge auf, und ich sage: »Laßt euch nicht unterkriegen, Jungs. Ich werde es hier raus schaffen, dann komme ich zu euch zurück.«

Aus dem Innern des dunklen Baumstamms heraus beginne ich die Trompetenklänge eines Liedes zu summen und singe seinen Text:

*What the world needs now is love, sweet love,*
*That's the only thing that there's just too little of.*

Nachdem ich das Lied so oft gesungen habe, daß es unaufgefordert läuft wie eine Tonbandschleife, höre ich auf zu singen, dann flüstere ich: »Du mußt dich unter Kontrolle halten. Du bist allein, niemand kommt dir zu Hilfe. Kein Mensch weiß, wo du bist. Du hast keine Ersatzkleidung. Du darfst nicht den Kopf verlieren. Handle mit Bedacht, rette dein Leben. Nur keine Panik. Wenn du es nicht schaffst, wer wird sich dann um Dad kümmern? Du mußt es hier heraus schaffen.«

Jedesmal wenn die Windgeschwindigkeit zunimmt, macht der große alte Baum beruhigende Geräusche. Ich gehe davon aus, daß das Äußere des Forts den rauhen Elementen standhält, denn wenn die Einfriedung zusammenbräche, würde der Wind durch meinen abgeschirmten Wall aus Nadeln fegen wie ein Tornado, der die Sandburg eines Kindes attackiert.

Obwohl ich von der Außenwelt isoliert bin, spüre ich, daß die Dämmerung sich ankündigt. Ich drücke den Wall aus Nadeln etwas nach unten und spähe durch den Luftspalt. Durch eine schmale Ritze, die ich in der Nordseite der Einfriedung aus Stöcken gelassen habe, kann ich in die Wildnis blicken. Obwohl es noch dunkel ist, spüre und höre ich den Blizzard unaufhörlich wüten.

Mehrere Stunden vergehen, und wieder spähe ich durch die beiden Ringe des Forts hinaus in den weißen Nebel. Die Wolken sind so finster und dicht, daß man am Vormittag das Gefühl hat, es sei Nacht. Da meine Blase so stark schmerzt, daß ich die Beine verrenke, und weil ich meinen eingezwängten Körper ausstrecken muß, verlasse ich das Fort und recke in Gesellschaft des Blizzards meine gebrochenen Knochen. Meiner Schätzung nach ist es 10.30 Uhr. Nachdem ich meinen Stuhlgang beendet habe, benutze ich die Reihe der Felsblöcke als Rettungsleine und taste mich mit der rechten Hand an den Felsen entlang, um mich nicht zu verirren, während ich durch den Schnee auf die Spitze des östlichen Endes der Felsbrokkenreihe zustapfe. Bevor der Blizzard losbrach, hatte oben auf den Felsen kein Schnee gelegen; jetzt liegen sie unter mehr als einem halben Meter frischen Pulverschnees.

Ich kehre zum Fort zurück, begebe mich in den äußeren Ring und schiebe dann die Zweige wieder vor die Öffnung. Um zu verhindern, daß die innere Kapsel naß wird, wische ich den Schnee beiseite, bevor ich mich hineinzwänge. Als der Wall aus Kiefernnadeln wieder an seinem Platz ist, verfalle ich erneut in einen meditativen Zustand.

Da nach Tagesanbruch etwas wärmere Temperaturen herrschen, döse ich mehrere Stunden lang immer wieder ein und sehe nur gelegentlich, wenn ich wach werde, nach, wie der Sturm sich entwickelt. Aber noch immer bleicht wirbelnder Schnee die Luft aus und verwehrt mir die Sicht selbst auf die nahe gelegene Bergschlucht im Norden. Das Unwetter scheint nachzulassen, obwohl es auch nur eine Flaute sein könnte. Auf jeden Fall ist es zu spät am Tag, um noch aufzubrechen. Tatsächlich lädt der Sturm nach einer weiteren halben Stunde aufs neue unbarmherzig Schnee ab, wie es aussieht, begleitet von heftigen Winden mit Geschwindigkeiten von etwa hundertsechzig Stundenkilometern.

Obwohl meine Regel lautet, die Kapsel nach Sonnenuntergang nicht zu verlassen, zwingt mich der sprunghaft zunehmende Schmerz in meiner Blase, die Wärme und Sicherheit des Baumstamms kurzzeitig aufzugeben. Die Sonne ist seit etwa dreißig Minuten untergegangen, und ich schätze, es ist 16.30 Uhr. Während ich in den sauberen weißen Schnee uriniere, lächle ich aus zwei Gründen. Ich sehe kein Rot, ein Zeichen, daß kein Blut im Urin ist. Und die Tatsache, daß ich überhaupt uriniere, bedeutet, daß ich ausreichend Wasser zu mir nehme.

Da ich wegen des Sturms am ganzen Körper zittere, zwänge ich mich wieder ins Innere des Stamms. Während ich darauf warte, daß mein Körper den Hohlraum erneut wärmt, frage ich mich: »Wie wird Wave mit diesem Blizzard fertig? Ich lebe, und Wave hatte sieben Tage Zeit, einen Unterschlupf zu bauen. Er logiert bestimmt wie ein König. Ist Lloyd noch am Leben?«

Da der Blizzard bereits zwei Tage und zwei Nächte andauert, werde ich mich, wenn das Wetter umschlägt, tüchtig ins Zeug legen und schnell vorwärts kämpfen müssen, um verlorene Zeit wettzumachen. Allerdings werde ich mich drei Problemen gegenübersehen. Erstens wird die Schneehöhe gebietsweise um ein bis anderthalb Meter zugenommen haben. Zweitens erhöht Neuschnee die Lawinengefahr. Und drittens werde ich mit jedem Tag, den ich den extremen Elementen ausgesetzt bin, schwächer.

In meinem Kampf gegen die Angst, allein im Innern des Baumstamms zu sterben, versuche ich meine geringen Überlebenschancen als eine Art persönlicher Inspiration zu nutzen, indem ich flüstere: »Ich weiß, daß Menschen nach uns dreien suchen und daß sie uns wahrscheinlich für tot halten, seit dieser Sturm durch die Sierras fegt, aber ich werde ihnen beweisen, daß sie im Irrtum sind.«

# Der Sarg

## 5. Dezember

Der Morgen graut. Der Sturm tobt nun den dritten Tag mit unverminderter Kraft. Leise flüstere ich: »Kein Problem. Du kannst noch einen Tag hierbleiben. Entspann dich. Was ist besser, durch einen Blizzard zu marschieren oder sich in einem warmen Unterschlupf nicht vom Fleck zu rühren? Bleib ruhig. Schlaf ein bißchen.«

Etwa eine Stunde vergeht, dann ist es heller Tag. Ich schätze, es ist etwa halb acht. Obwohl die Luft noch immer von kleinen, dichten Flocken erfüllt ist, hat die Sicht sich verbessert. Nachdem ich versucht habe, mich ein paar Minuten lang auf Bäume und Felsen zu konzentrieren, sehe ich nach und nach die dunklen Umrisse einer Canyonwand im Norden.

Da ich mit dem Ende des Sturms rechne, ziehe ich mir die Stiefel über meine bläulich verfärbten Füße. Sie brennen vor Schmerz, aber ich danke Gott, daß sie jetzt tatsächlich gesünder sind als vor zwei Tagen, als ich zufällig auf diesen durch Feuer beschädigten Baum stieß. Das Gewebe in meinen Füßen hatte eine Chance, sich zu regenerieren.

Ich schiebe den Wall aus Nadeln beiseite und klettere hinaus in den äußeren Ring. Noch einmal werfe ich einen prüfenden Blick nach Norden, unsicher, ob das Wetter mir einen tödlichen Streich spielt.

Als ich das Fort verlasse, stehe ich plötzlich in knapp einem Meter Neuschnee. An einigen Stellen reicht mir der Schnee bis zu den Schultern. Wenn ich stolpere oder mich nach vorne beuge, berühre ich mit dem Gesicht den Schnee, und ein bißchen sickert mir durch den Kragen in die Jacke, so daß meine Sachen sofort naß werden. Wenn ich stillstehe, findet der Schnee einen Weg in meine Stiefel.

Der Gipfel im Süden ist jetzt zu sehen, und der Himmel ist klar. Ich beschließe, meine Reise fortzusetzen. Ich nutze die Technik der vergangenen Tage und wandere wieder von Baum zu Baum, wobei ich versuche, die Stellen zu finden, wo der Schnee am wenigsten tief ist.

Während des Sturms hielten die dichten Wolken die warme Luft am Boden und verhinderten, daß die alte Schneedecke hart genug gefror, um mein Gewicht zu tragen. Jetzt breche ich bei jedem Schritt ein, während ich am Rand des Canyons entlang in östlicher Richtung laufe.

Angesichts der Tatsache, daß ich so schwach bin wie nie zuvor, ist der einzige Faktor zu meinen Gunsten, daß das Gelände jetzt abfällt, so daß ich weniger Kraft aufwenden muß. Der bewaldete Canyon verbreitert sich zu einer kleinen Wiese. An ihrem Rand bleibe ich in brusthohem Schnee stehen und überfliege das Gelände, erkenne aber, daß es überall gleich aussieht.

Als ich murmele: »Wo zum Teufel bin ich?«, erfüllt mich eine tiefe Leere. Als ich zu denken versuche, habe ich Mattscheibe. Um etwas Lebendiges in mir zu finden, forsche ich nach irgendeinem alten Traum oder einer Erinnerung, aber nichts taucht auf. Mir kommen Zweifel an meiner Existenz, ich starre in den klaren blauen Himmel und frage mich: »Passiert dies hier wirklich? Könnte es sein, daß ich träume?«

Während ich mich in dieser geistigen Sphäre aufhalte, die aufzusuchen ich zuvor nie wagte, überzieht ein Lächeln mein Gesicht. Ein mächtiges Leuchten, so unverhüllt und wahrhaftig, verwandelt sich in einen Schrei der Erleichterung. Mit Tränen in den Augen, die mir über die wettergegerbten Wangen laufen, starre ich weiter über die Wiese hinweg. Ich sehe nichts, ich höre nichts, ich rieche nichts.

Irgendwie bin ich ganz ruhig. Ich bin in eine Art Trance verfallen.

Ich werde aus meinem Dämmerzustand gerissen, als mir etwas Schnee in den Jackenkragen fällt. Ich krümme mich, während er mir den Rücken hinunterläuft.

Als sei ein Schalter umgelegt worden, fallen die Zweifel, die mich plagten, von mir ab. Als der Wind mein aufgesprungenes Gesicht streift, so daß ich gezwungen bin, mir meine aufgesprungenen Lippen anzufeuchten, schmecke ich die kalte, trockene Gebirgsluft. Der Duft von Bäumen und Büschen erfüllt die Luft. Die hohen Sequoias und Kiefern, die zerklüfteten Felsen und die verschneite Wiese haben ihre Intensität und Farbe zurückgewonnen.

Konzentriert und hellwach fange ich an zu skandieren: »Wärme – Wasser – Wetter – Richtung... Wärme – Wasser – Wetter – Richtung.«

Ich kämpfe mich vorwärts durch den Schnee, bis ich die ersten Meter auf der Wiese hinter mir habe. Dann bleibe ich instinktiv stehen. Unruhig bei dem Gedanken, daß unter dem schneebedeckten Gelände möglicherweise Wasser fließt, bohre ich mit meinem Wanderstock in den weißen Untergrund, während ich vorsichtig über die Wiese stapfe.

Unter dem Druck zweier durch den Sturm verlorener wertvoller Marschtage ertappe ich mich dabei, wie ich meine Schritte beschleunige. Also sage ich mir: »Wenn du durch das Eis brichst, und die Strömung ist stark, wirst du todsicher unter dem Eis fortgespült. Peter, selbst wenn du Glück hast und aus dem eiskalten Wasser heraus auf den Schnee zurückkletterst, wirst du noch vor Sonnenuntergang erfroren sein.«

Langsam und methodisch sondiere ich weiter Schritt für Schritt zuerst die Schneedecke, dann stapfe ich hindurch. Plötzlich habe ich das Gefühl, als versänke ich ganz langsam in den Tiefen des Schnees. Als ich das eine Bein ein paar Zentimeter aus dem Loch heraushebe, sinkt mein anderes Bein nur um so tiefer ein. Der Schnee geht mir bis fast über den Kopf.

Weil der Schnee sehr dicht ist, hat er das Geräusch, als ich in einer dünnen Eisschicht einbrach, die einen schnell fließenden Bach bedeckt, möglicherweise gedämpft. Da mir nur Sekunden bleiben und ich durch den tiefen, dicken weißen Untergrund in meiner Bewegungsfreiheit eingeschränkt bin, fällt mir nichts anderes ein, als mich nach hinten auf den Rücken in den Pulverschnee fallen zu lassen.

Als ich wieder aufstehe, ist meine Kleidung vollgestopft mit Schnee, und ich wische ihn mir aus dem Gesicht und aus dem Jackenkragen. Ich bin bereits klatschnaß, und ich habe die Wiese noch nicht einmal überquert.

Auf der Suche nach dem Bachufer stoße ich den Wanderstock in den Schnee. Immer wieder steche ich hinein, wie ein Bergarbeiter, der nach Gold sucht. Schließlich gleitet der Stock hindurch und wird von einer harten, rutschigen Oberfläche abgebremst. Beim Vorwärtsgehen steche ich abermals hinein. Der Stock verschwindet, ohne auf Widerstand zu stoßen. Als ich ihn wieder herausziehe, kann ich eine etwa sechzig Zentimeter hohe Wasserlinie erkennen.

Nachdem ich den Bach ausfindig gemacht habe, fange ich an, die Stärke des Eises zu testen, indem ich die rechte Hacke nach unten stemme und versuche, das Eis zu brechen. Ich überquere den Bach Schritt für Schritt und prüfe dabei weiter die Sicherheit des Eises. Als ich das nächste Mal mit dem Fuß aufstampfe, bricht es, und ein Loch von der Größe meines Stiefelabdrucks entsteht. Die Öffnung enthüllt das dahinschießende Wasser, und das rauschende Geräusch wird vergrößert durch das Schweigen des Waldes.

Der Schnee, der mit dem eisigen Wasser in Berührung kommt, wird sofort zu Matsch und verschwindet dann auf seinem Weg stromabwärts unter der weißen Oberfläche.

Ich muß diesen Bach überqueren, aber ich bin mir nicht sicher, wie breit er ist. Springen kann ich nicht, weil ich nicht weiß, wie weit ich kommen muß. Wenn ich zu kurz springe, durchschlage ich vielleicht die dünne Eisschicht.

Behutsam schiebe ich einen Fuß ganz langsam weiter über das Eis. Ich schaffe einen knappen Meter, bevor das Eis anfängt zu brechen. Das Wasser ist zu tief und fließt zu schnell, um stark genug zuzufrieren, so daß es mein Gewicht tragen könnte.

Der einzige Weg hinüber ist zu springen. Ich knie mich hin, dann schiebe ich den Wanderstock durch den Schnee, bis er mit der Spitze die Oberfläche des Eises berührt. Langsam schiebe ich den Stock über das Eis, bis es plötzlich nicht mehr weitergeht. Genau dort beginnt das andere Ufer des Baches. Um mich zu vergewissern, daß ich meiner frisch ersonnenen Technik trauen kann, mache ich dreißig Zentimeter weiter einen entsprechenden Test. Der Stock stößt an der gleichen Stelle auf Widerstand. Bei einem dritten Test stoppt er wieder an der gleichen Stelle.

Der Bach ist ungefähr zwei Meter breit. Ich werde irgendeine Startrampe vor dem Ufer des Baches benötigen, um in einem weiten Sprung über ihn hinwegzusetzen. Als ich anfange, unmittelbar vor dem Bach im Schnee einen Pfad anzulegen, frage ich mich: »Was zum Teufel treibe ich hier? Wie komme ich darauf zu glauben, ich hätte die Kraft, über diesen Bach zu springen? Was passiert, wenn ich es nicht schaffe?« Doch meine Antwort auf diese Selbstzweifel ist einfach. Was bleibt mir anderes übrig?

Nach halbstündiger Schwerstarbeit mit Hilfe einer großen Rindenplatte als Schaufel gelingt es mir, einen etwa dreieinhalb Meter langen und einen Meter breiten Pfad freizuräumen. Bevor ich den Sprung versuche, humple ich ein paarmal zur Übung, um zu sehen, ob ich schnell genug werden kann, und um mein Timing bei dem Sprung genau festzulegen. Während der Aufwärmläufe merke ich, daß der Pfad an manchen Stellen ein bißchen schmal ist, also schabe ich diese Stellen aus und mache sie breiter.

An der Startlinie des Schneegrabens fülle ich mir mit einem tiefen Atemzug einen Lungenflügel und konzentriere mich ausschließlich auf den schmalen weißen Pfad vor mir. Humpelnd komme ich aus den Startlöchern. Weil ich weiß, daß bei einem Sprung alles auf den Absprung ankommt, versuche ich schneller zu werden. Am Ende der Startbahn setze ich über den Bach und lande in einem Wall aus weichem Schnee.

Als ich festen Boden unter den Füßen habe, klopfe ich mir den Schnee ab und bin kurz davor, meinen Sieg zu feiern, als ich sehe, daß es noch einen Bach gibt, parallel zu dem, über den ich soeben gesprungen bin. Ich fange an, den Schnee zu durchbohren auf der Suche nach dem Bachufer. Am Ende schaufle ich drei Gräben frei, um über drei Bäche zu springen.

Erschöpft nach all diesen Anstrengungen stiere ich auf eine Gruppe von Bäumen auf dem höher liegenden Gelände in der Mitte der Wiese. Der Schnee dort ist nicht tief, und ich schleppe mich müde dorthin.

Um aus der Sonne zu kommen, setze ich mich in der schattigen Baumgruppe auf einen Stein. Während ich auf etwas Schnee herumkaue, suche ich die Landschaft nach allem ab, was mir helfen könnte, Standort und Richtung zu bestimmen. Ich sehe nichts. Weder entdecke ich irgendwelche Gipfel noch andere markante Wahrzeichen. Ich habe vollkommen die Orientierung verloren. Es gibt keine Möglichkeit, sich in dem dichten Wald zurechtzufinden. Diese Art von Gelände veranlaßt Leute, endlos im Kreis herumzulaufen.

Als ich weitermarschiere, entdecke ich in etwa fünfzig Meter Entfernung einen dunklen, kreisrunden Fleck im Schnee. Neugierig stapfe ich durch die brusthohen Verwehungen auf die unnatürlich dunkle Stelle im Schnee zu und kann erkennen, daß sie einen Durchmesser von zwanzig bis fünfundzwanzig Zentimetern hat. Es ist die Spitze eines hölzernen Wegweisers. Während ich mich dagegen lehne, grabe ich den Schnee rings um das hölzerne, rechteckige Schild aus. Kurz darauf lege ich einen eingeschnitzten Pfeil frei, der mit dem Wort *Trail* nach Westen zeigt. Laut lachend sage ich: »Auf keinen Fall werde ich in diese Richtung zurückgehen! Ich habe neun Tage damit verbracht, bis hierher zu gelangen!«

Das *Press Telegram* bringt heute einen weiteren Artikel, der Wave, Lloyd und mir den Tod prophezeit. Die Schlagzeile lautet SUCHE NACH KLEINFLUGZEUG WEGEN SCHLECHTEM WETTER ABGEBROCHEN.

Wegen des zweitägigen Blizzards hat die CAP ihre Such- und Rettungs-Operation eingeschränkt und setzt lediglich 36 Leute ein, die mit sechs Maschinen starten und sechs Einsätze fliegen. Ins Logbuch werden 30,9 Stunden Gesamtflugzeit eingetragen, davon 18,9 Stunden in Planquadraten.

Denise, Rocco und Dad starten ihren ersten Einsatz zum Sammeln von Informationen. Rocco fährt mit meinem Motorrad zweihundert Kilometer nordöstlich in die Mojave-Wüste zum Daggett-Flughafen. Er hat ein Bild von mir und der Maule dabei und fragt jeden, den er trifft, ob er uns schon einmal gesehen hat.

Dieser hölzerne Wegweiser verspricht Hoffnung, ebenso die Veränderung im Gelände. Gut möglich, daß ich vielleicht bald Schneemobile höre oder Skilangläufer, Leute auf Schneeschuhen, auf Pferden oder den Rauch von der Feuerstelle einer Blockhütte entdecke.

Da ich schätze, daß der Weg in der entgegengesetzten Pfeilrichtung vielleicht zu einer Blockhütte führt, ziehe ich weiter. Als ich von der Wiese in dichten Wald komme, werfe ich einen kurzen Blick durch die Bäume nach oben. Die Sonne steht fast senkrecht über mir.

Angesichts nur weniger Stunden zum Trocknen meiner Kleidung halte ich mich östlich und suche nach einem Unterschlupf.

Nachdem ich dreißig Meter weitergelaufen bin, bleibe ich stehen und blicke zurück auf meine Spuren. Sie zeigen den Beginn eines allmählichen Bogens nach links, eine nördliche Richtung. Ich fange an, im Kreis zu laufen und dabei kostbare Energie für nichts zu verbrauchen. Zu versuchen, sich ohne irgendwelche sichtbaren Bezugspunkte zurechtzufinden, ist zwecklos.

Mit frisch erstarkter Entschlossenheit erreiche ich den Rand einer weiteren Wiese. Die Sonnenstrahlen haben den Schnee hier feucht und schwer passierbar gemacht. Außerdem blendet seine gleißende Helligkeit. Ich bleibe im Schutz der Bäume am Rand der Wiese. Schnell entdecke ich einen möglichen Unterschlupf. Es ist ein Koloß von Baum, der vor kurzem komplett entwurzelt worden ist. Der Fuß ist noch voller Erde, und die Wurzeln erstrecken sich über das Doppelte meiner Körperlänge in alle Richtungen. Es ist schwierig, sich dem Ungetüm zu nähern, weil seine Äste von ihm abstehen wie Stacheln an einem Stachelschwein. Bei genauerer Überprüfung komme ich zu dem Schluß, daß es zuviel Zeit und Kraft erfordern würde, diesen Baum zu einem Unterschlupf umzufunktionieren.

Am nordöstlichen Ende der Wiese ist der Schnee nur knöcheltief, und an manchen Stellen liegen bloß ein paar Zentimeter. Ich entdecke einen weiteren Baum, der auf der Seite liegt. Der dicke Stamm ist glatt und hat lediglich in der Nähe der Krone ein paar Äste.

Dieser uralte, vermodernde Torso wird mein Unterschlupf für die Nacht sein. Da nirgendwo große Steine zu sehen sind, auf denen ich meine Sachen trocknen könnte, bin ich gezwungen, sie in die Bäume zu hängen. Diese Methode bedeutet, daß die Kleidungsstücke nur von Sonnenlicht und Wind getrocknet werden, nicht durch die Strahlungswärme von Steinen oder Felsen.

Bevor ich mir aus dem gefällten Baum einen Unterschlupf baue, ziehe ich eine große, etwa einen Meter lange und einen halben Meter breite Rindenplatte ab, fülle sie mit Schnee und lege sie dann in die Sonne. Die Rinde wird die Sonnenhitze speichern und den Schnee schmelzen und so zu einer natürlichen Schale werden.

Mit Hilfe eines dicken Stocks fange ich an, unter dem Baum zu graben und das bereits bestehende Loch so weit zu vergrößern, daß ich mit dem ganzen Körper hineinpasse. Schließlich ist es groß genug, um einen Test zu machen. Als ich mich in die Grabkammer gleiten lasse und mit gestreckten Beinen flach auf den Rücken lege, berührt meine Nase gerade mal die Unterseite des Stamms.

Durstig von der anstrengenden körperlichen Arbeit verlasse ich das Loch, um nach der Rinde zu sehen. Der Schnee ist geschmolzen, also gebe ich etwas frischen Schnee auf das Wasser. Ich beginne, das Wasser aus dem Schnee zu saugen, der mir dabei als natürlicher Filter dient, um zu verhindern, daß ich Schmutz- und Rindenpartikel in den Mund bekomme.

Da die Kammer zwischen Untergrund und Baumstamm sehr knapp bemessen ist, schachte ich den Boden um weitere fünfzehn Zentimeter aus, so daß ich mich auf eine fünfzehn Zentimeter dicke Matratze aus Nadeln legen kann. Ich presse frisch abgebrochene Kiefernzweige gegen die inneren Schneewände und sorge so für eine schützende Isolierung. Abgesehen von einer Einstiegsluke ist mein kleines Fort jetzt völlig geschützt.

Als ich vorhin um die Wiese herumstrich, entdeckte ich ein paar Haufen Tierkot. Sie waren hart, und jeder hatte einen Durchmesser von etwa zwanzig Zentimetern und eine Dicke von etwa sechs Zentimetern. Als ich einmal mit Rocco auf der Jagd gewesen war, hatte er gesagt: »Tierkot ist ein großartiges Isoliermaterial.« Also sammle ich so viel, wie ich tragen kann, und kehre mit zwölf großen, dunklen Donuts zum Fort zurück.

Da der Stand der Sonne wechselt, hänge ich meine Kleidung in den Bäumen um und versuche, so viel verbleibendes Sonnenlicht wie möglich zum Trocknen einzufangen. Mit dem Abreißen einiger großer Rindenstücke von dem gefällten Dinosaurier beschaffe ich mir eine Lukentür und ein paar Insekten zum Essen.

Jetzt, wo das Fort fertig ist, muß ich mich dem Problem zuwenden, wie ich morgen meine Position und Richtung bestimme. Als ich vorhin den Kot holte, entdeckte ich, wie es aussieht, die zwei größten Bäume in der Gegend. Ich könnte auf einen klettern, um einen großartigen Blick auf die Wiese zu haben. Während ich in Skihose und Überschuhen am Fuße eines dieser Bäume stehe, wandert mein prüfender Blick langsam den dicken, rauhen Stamm hoch über das Mittelstück bis hinauf zur Krone. Ich sehe mir jeden vorstehenden Ast, jede Verdickung und jede Unebenheit in der Rinde genau an.

Drei Meter über dem Boden stehen die Äste des Baumriesen gerade eng genug zusammen zum Klettern. Oberhalb seiner Knie fangen die Äste an, eine verlängerte Treppe zu bilden, und von seiner Taille an aufwärts sind sie ineinander verschachtelt. Knapp zwei Meter über dem Boden steht an seinem Knöchel ein einzelner Ast vor, der dick genug ist, um mein Gewicht zu tragen.

Während ich zum Fort zurückkehre, überlege ich: »Auf diesen Baum zu klettern wird viel Kraft und Zeit kosten.«

Als ich den zweiten Baum untersuche, der direkt neben dem Fort steht, sehe ich einen Ausgangsast in etwa zweieinhalb Metern Höhe. Um auf diesen Baum zu klettern, brauche ich einen Holzklotz, auf den ich mich stellen kann, so daß ich den ersten Ast erreichen kann. Die Äste an diesem Baum sind versetzt, was den Aufstieg schwieriger macht. Ich werde mir dieses Problem für später aufheben. Zuerst muß ich mich für die Nacht rüsten.

Als die gesamte Wiese im Schatten versinkt, krieche ich vollständig bekleidet hinunter in das Loch. In dem Moment, als ich die dicken Rindentüren vor den winzigen Eingang schiebe, wird das ganze restliche Licht, das in die Grabkammer fällt, abgeschnitten und das Innere in völlige Dunkelheit getaucht.

Als ich mich auf der behaglichen Kiefernnadelmatratze flach auf den Rücken lege, mit einem Dunghaufen als Kissen, ist meine Nasenspitze eine Haaresbreite von dem Stamm entfernt. Von den restlichen Dunghaufen packe ich mir zu beiden Seiten des Halses je einen auf mein Sweatshirt, stopfe mir zwei unter jede Achselhöhle und drei weitere zwischen die Beine. Die übrigen Klumpen verwende ich als Versiegelung gegen die Kaltluft, die durch die Rindentür dringt.

Obwohl das Fort mich besser schützt, schüttelt mein Körper sich binnen einer Stunde vor Kälte. Wenn ich mich innerhalb der engen Grenzen des Grabes drehe und winde, schürfe ich mir Nase, Lippen und Kinn an der faßförmigen Decke des Stamms auf. Durch den eingeschränkten Platz in dem Sarg sind meine wiederholten Bewegungen begrenzt, aber jeder warme Hauch, den ich ausatme, wird in meine Jacke gelenkt und wärmt mir den Brustraum. Als ich mit meinen erfrorenen Zehen wackle, entfährt mir wegen des schmerzhaften Brennens ein unterdrückter Schrei.

Rocco kehrt nach einer über fünfhundert Kilometer langen Rundreise nach Long Beach zurück und klärt Dad und Denise auf, daß er die Fotos jedem Piloten gezeigt habe, der in Dagget gelandet sei. Rocco fuhr anschließend noch zu zwei weiteren Flughäfen in der Mojave-Wüste, Apple Valley und Hesperia. Er zeigte die Fotos Mechanikern, Fluglehrern und anderen Piloten. Ein paar Leute erinnerten sich, einen rotweißen Heckschleifer gesehen zu haben, der in der Einflugbahn Aufsetzen und Durchstarten übte, aber das sei ein paar Wochen her, vielleicht einen Monat oder zwei.

Wieder zu Hause starrt Rocco auf die Karte von Kalifornien an meiner Bürowand, dann geht er zum zweitenmal die Unterlagen über meine früheren Flüge mit der Maule durch. Er sagt Denise und Dad, daß das Flugzeug in den Bergen abgestürzt sei und daß es eine Verschwendung von Ressourcen sei, weiter die Wüsten abzusuchen.

Rocco erklärt, daß sie, wenn das Flugzeug in der Stadt abgestürzt wäre, davon erfahren hätten. Wenn wir gezwungen gewesen wären, eine Bruchlandung in der Wüste zu machen, dürfte es kein Problem geben. Er sagt, ich sei ein erfahrener Pilot, der kreuz und quer durchs Land geflogen und neben Seen, auf ausgetrockneten Seebetten, auf Grasplätzen und auf kurzen Gebirgspisten gelandet sei. Die Maule sei ein robustes kleines Buschflugzeug. Bei einem Absturz in der Wüste würde wahrscheinlich das Fahrgestell einklappen, die Tragflächen würden sich verbiegen und der Propeller würde zerstört, aber bestimmt hätten wir uns in diesem Fall von der Absturzstelle entfernt und noch am selben Tag eine Straße erreicht. Aber durch einen Absturz in den Bergen, in entlegenem Gelände, würde das Flugzeug zerstört, würden Leute bewegungsunfähig, und die Verbindungen zur Außenwelt wären abgeschnitten.

Denise, Rocco und Dad sind einer Meinung, daß die Suche sich auf die Berge konzentrieren sollte. Rocco plant, am Morgen mit einem Mann, den er tags zuvor auf dem Flughafen von Long Beach kennengelernt hat, in die Sierras zu fahren.

Meine Familie hat die Hoffnung nicht aufgegeben.

# Das erste Suchflugzeug

## 6. Dezember

Als ich den Gipfel der Nacht überschreite, ziehe ich den linken Handschuh aus, so daß ich das Äußere meiner Kleidung kontrollieren kann, um zu sehen, ob sie überall warm ist. Ich lege die Hand auf die Leistengegend, dann klopfe ich langsam meinen Körper ab bis hinauf zum Hals und stelle fest, daß meine Sachen sich tatsächlich warm anfühlen.

Meine innere Uhr spürt die Veränderung der Dunkelheit. Ich schiebe die Rindentüren beiseite und rutsche unter der Säule hervor. Wenngleich ich mich schwächer fühle und stärkere Schmerzen habe, stehe ich, von meinem Wanderstock gestützt, draußen vor dem Eingang des Forts, starre in das dunkle Loch und flüstere: »Ich habe eine weitere Nacht überstanden.«

Obwohl meine linke Gesichtshälfte noch geschwollen ist, kann ich mit dem Auge auf dieser Seite jetzt sehen. Da es noch so früh ist, sind die Bäume, Büsche und Felsen bloß in Umrissen zu erkennen. Der einzige Kontrast, den ich entdecken kann, ist der zwischen dem weißen Schnee und den dunklen Objekten, aus denen der Wald besteht.

Ich wandere rüber zu dem großen Baum, den ich mir gestern angesehen habe. Gähnend und völlig ausgepumpt versuche ich, mir mit der linken, nicht behandschuhten Handfläche langsam den Schlaf der Nacht aus dem rechten Auge zu reiben.

Fünfzehn Minuten vergehen, und alles, was ich geschafft habe, ist, zögernd um das Ungetüm herumzuhinken und es ungläubig anzustarren. Je länger ich zaudere, desto größer wird es. Angesichts einiger kleinerer umgestürzter Bäume in der Nähe, die eine Sitzgelegenheit bieten, tendiere ich dazu, mich ein bißchen ausruhen und in Ruhe über die Sache nachzudenken, als ich mich plötzlich selbst anschreie: »Schwing deinen faulen Hintern hoch und fang an zu klettern!«

Sofort springe ich auf und greife mir mit der behandschuhten linken Hand den niedrigsten Ast, dann fange ich an, mich hochzuziehen, während ich gleichzeitig versuche, die Füße gegen den Stamm zu pressen, um Haftung zu bekommen. Obwohl ich mir alle Mühe gebe durchzuhalten, falle ich schon nach wenigen Sekunden auf den schneebedeckten Boden.

Während ich darauf warte, daß der Schmerz in Brustkorb und linkem Knöchel abklingt, humple ich langsam um den Baum herum und untersuche ihn. Dabei wimmere ich leise: »Wie soll ich es anstellen, wenn ich nur einen Arm benutze?« Wieder springe ich auf, um den Ast zu packen, dann fange ich an, mit dem Arm zu ziehen. Beide Füße baumeln herab, schlagen gegen den Stamm und beginnen instinktiv, an seiner Außenfläche zu scharren, als sie versuchen, von unten zu drücken, aber sie finden nirgends Halt. Erschöpft lockere ich meinen linkshändigen Fesselgriff und stürze in den Schnee.

Zehn Minuten später, noch immer im Dunkeln, hänge ich mich wieder an den Ast, dann fange ich an, mich hochzuziehen. Aber die Muskeln in meinem linken Arm sind zu ausgelaugt, so daß ich gezwungen bin, mich auf den Boden fallen zu lassen.

Ich entscheide mich für eine andere Technik. Der Schnee zu Füßen des Baums ist an einer Stelle höher und hart gefroren. Wenn ich einen Fuß auf diese Stelle setze und den anderen gegen den Stamm drücke, komme ich mit den Fingerspitzen der linken Hand von unten an den niedrigsten Ast.

Entschlossen, jeden Zentimeter zu ergattern, den ich kann,

drücke ich mich langsam mit den Zehenspitzen ab, dann angle ich mir mit dem linken Unterarm den Ast. Gestützt nur durch die linken Zehenspitzen und den linken Unterarm, beginne ich mit dem rechten Stiefel an dem Baum zu scharren und versuche, mich ein paar Zentimeter weiter hochzuschieben. Schließlich findet mein Stiefel eine griffige Stelle an dem Stamm, so daß ich mir den Ast sicher mit dem linken Ellenbogen angeln kann.

Ich strecke mich ganz aus, nehme die linke Schulter zu Hilfe und fange an, mich hochzuziehen, während ich gleichzeitig mit den Füßen am Stamm Halt suche. Ich bekomme nur mühsam Luft und nehme jetzt mein Kinn, um mir den Ast zu angeln, wodurch sich die Arbeitslast auf der linken Schulter verringert. Mit der rechten Wange an die verwitterte, rauhe Oberfläche des Stamms gepreßt, ruhe ich mich einen Moment lang aus.

Gesichert durch Kinn und Wange, wechsle ich rasch den Ellenbogen-Fesselgriff, so daß nun meine linke Hand oben auf den Ast greift. Mit aller Kraft drücke ich mit der Hand und ziehe mit dem Kinn. Ich hänge jetzt über dem Ast wie ein nasses Handtuch, das an einer Wäscheleine flattert.

Da ich den Schmerz von meinen gebrochenen Rippen spüre und wegen des auf meinen Brustkorb drückenden Körpergewichts nicht atmen kann, verlagere ich mich so, daß ich, mit meiner linken Seite gegen den Stamm gelehnt, auf dem Ast zu sitzen komme.

Als ich mich auf den Ast stelle, kann ich einen nächsten weiter oben packen, und ich finde Halt für die Füße, was mir beim Klettern hilft. Die Kombination aus den Verletzungen, die ich bei dem Absturz davongetragen habe, und den eigenartigen Körperhaltungen, die ich nun plötzlich beim Erklettern eines Baumes einnehme, läßt mich vor Schmerzen keuchen. Angesichts des anbrechenden Tages und erst dreier erklommener Äste bin ich drauf und dran, meine Kletterambitionen aufzugeben.

Während ich auf die Äste unter mir starre und mich zum Abstieg bereit mache, sage ich: »Steig einfach einen Ast höher.« Mehrere Stunden Kletterei vergehen, und noch immer befinde ich mich unterhalb der umliegenden Baumkronen und kann nicht das geringste sehen. Überzeugt davon, daß diese ganze Anstrengung die reinste Zeit- und Energieverschwendung war, bereite ich mich darauf vor, die Aktion abzubrechen.

Auf einem Ast hockend, fange ich an, mit mir selbst zu reden. »Bist du dieses ganze Stück geklettert, um aufzugeben? Du bist fast auf einer Höhe mit den Bäumen der Umgebung.«

Ich klettere weiter, bis ich auf einer Linie mit den Baumkronen bin. Mit jedem höheren Ast bietet sich eine bessere Sicht. Ein Lächeln huscht mir plötzlich über das Gesicht, aus dem ein freudiges Lachen wird. Wenn ich noch einen Ast vorrücke, kann ich oberhalb aller Baumwipfel über den Wald blicken. »Nur noch ein oder zwei Äste höher«, sage ich und spüre, wie eine Woge der Kraft mich durchströmt.

Endlich erreiche ich den Wipfel. Da keine weiteren Äste mehr zu erklettern sind, klammere ich mich an die gut fünfzehn Zentimeter dicke Spitze, während sie sich hin und her wiegt und beinahe abbricht. Jetzt, wo ich höher bin als alle anderen umliegenden Bäume, sehe ich den Wald aus der Vogelperspektive. Im Osten und etwas nördlich erhebt sich in der Ferne, etwa drei Tagesmärsche weit weg, ein beherrschender Berggipfel. Zu diesem Zeitpunkt ist mir nicht bewußt, daß dies der 3695 Meter hohe Olancha Peak ist. In größerer Nähe liegt ein kleinerer Berg, das heutige Ziel.

Während die Baumspitze schwankt, studiere ich das dichtbewaldete Gelände, das zu dem ersten Berg führt. Um eine konstante Richtung beizubehalten, werde ich durch diesen Abschnitt marschieren müssen, bis ich den Fuß des Berges erreiche. Danach werden mich die natürlichen Höhenlinien auf den Gipfel zu führen, und von dort aus müßte ich in der

Lage sein, den benachbarten Gipfel im Osten zu sehen, was mir erlauben würde, eine Richtung auszumachen.

Ich klettere von dem Baum herunter und setze mich in Marsch. Die Sonne steht bereits in 11-Uhr-Position, was bedeutet, daß ich heute nicht mehr weit kommen werde. Der Schnee in diesem Gebiet reicht mir teils bis zu den Knien, teils bis zur Taille. Durch die dicht an dicht stehenden Bäume dringt kaum Sonnenlicht.

Ich laufe ohne Umschweife hinüber zum Fuß des Berges. An einem Baum zusammengesackt, schnappe ich vor Erschöpfung nach Luft und danke Gott, daß er mir geholfen hat, mir einen Weg durch den dichten Wald zu bahnen. In östlicher Richtung erreiche ich den Bergrücken und folge einem künstlichen Trampelpfad, der nach Osten führt.

Als ich den Pfad entlang weitergehe, übertönt das Rauschen von dahinschießendem Wasser alle anderen Geräusche. Zu meiner Rechten, unterhalb einer steilen Böschung, fließt neben dem Pfad ein Bach nach Osten. In der Ferne kann ich durch das Dickicht der Bäume in niedrigerer Höhe eine weiße Fläche sehen, die fast die Größe einer kleinen Stadt hat. Ich weiß nicht, daß dies die 2600 Meter hoch gelegene Monache Meadows ist.

Unvermittelt zweigt der verschneite Pfad nach links in Richtung Norden ab und verliert sich anderthalb Meter hinter der Biegung. Als ich stehenbleibe, um festzustellen, in welche Richtung der Pfad verläuft, überlege ich, ob dieser Trampelpfad zu einer Blockhütte führt? Ich komme zu dem Schluß, daß er sich wahrscheinlich in Schlangenlinien hin und her windet und dann bis zum nördlichen Ende der Wiese führt.

Obwohl die Wiese in der Nähe liegt und mir wahrscheinlich erlauben würde, ziemlich mühelos Entfernung wettzumachen, möchte ich mich in meiner momentanen körperlichen Verfassung nicht über die Mittagszeit dem offenen Gelände aussetzen. Außerdem werde ich, wenn ich auf Terrain bleibe, das höher liegt als die Wiese, das Tal weiter von oben sehen können, und vielleicht entdecke ich heute nacht Licht, das aus einer Waldarbeiterhütte kommt und mir gestattet, schnurstracks auf das Leuchtfeuer zuzugehen.

Dieser einzigartige Ort in den Bergen ist die Grenze zweier unterschiedlicher Geländetypen. Das Gebiet westlich meines Standorts ist stark bewaldet, mit dichtem Unterholz. Der Osten ist Hochwüstenland mit vereinzelten Busch- und Baumgruppen.

Obwohl ich weit entfernt bin von dem Tal, glaube ich Spuren von Dornengestrüpp zu entdecken. Ich platze schier vor Energie bei dem Gedanken und denke, ich nähere mich dem Highway 395! Wenn mich nicht wieder ein Sturm festhält, müßte ich in der Lage sein, es binnen zwei oder drei Tagen bis zur Zivilisation zu schaffen!

Bei so vielen umgestürzten Bäumen, die auf der Seite liegen, mit dicken Rindenplatten an ihren Rümpfen, müßte ich imstande sein, einen Schutz für die Nacht zu bauen und tote Insekten zu finden, um mir Ungeziefer-Schneesuppe zu machen. Dieses Gebiet ist überaus reich an Unterschlüpfen. Überall in der Gegend verstreut finden sich großflächige Nadelbetten, die den zum Bau eines Forts erforderlichen Zeit- und Kraftaufwand weiter reduzieren.

Da in der unmittelbaren Umgebung nirgendwo Steine oder Felsen sind, hänge ich meine Sachen an sonnigen Einsprengseln in die Bäume. Schließlich habe ich nur noch meine Unterwäsche und die Innenjacke an. Dann stürze ich mich in meine Vorbereitungen. Ich bin gerade im Begriff, meine in der Sonne hängenden Sachen zu wenden, als ich das Dröhnen eines kolbengetriebenen Flugzeugs höre, das über den Wald trompetet.

Völlig aufgedreht lege ich einen linkischen, gehandikapten Sprint hin, während ich barfuß durch den Schnee zu der Stelle laufe, wo meine Außenjacke hängt, und reiße sie von den Bäumen. Dann marschiere ich schnell zu einer etwa zwanzig Meter entfernten Lichtung und suche unterwegs die Baumwipfel nach der niedrig fliegenden Maschine ab.

Auf der Lichtung klettere ich wegen der größeren Höhe auf einen gefällten Baum und halte verzweifelt nach dem Flugzeug Ausschau. Als das Dröhnen der Maschine lauter wird, fange ich an, mit meiner roten Jacke zu winken, und versuche, die Besatzung auf mich aufmerksam zu machen. Der Tiefdecker fliegt etwa dreihundert Meter über dem Boden schnell über mich hinweg. Zu meiner Enttäuschung sehe ich nicht, daß er die Tragflächen neigt, was das Zeichen wäre, daß er mich entdeckt hat. Allerdings bieten Tiefdecker keine gute Bodensicht. Weil die Tragflächen sich unter dem Rumpf befinden, versperren sie der Besatzung die Sicht.

Während ich dem Heck des Flugzeugs mit der Faust drohe, als es verschwindet, kommt mir ein zweiter Gedanke. Ich stoße einen Glücksschrei aus und sage: »Gute Arbeit, Wave! Du und Lloyd, ihr seid gerettet worden, und jetzt sucht ihr nach mir!«

Wie ich so in Unterwäsche auf dem Stamm stehe, während meine nackten, erfrorenen Füße vom Laufen durch den Schnee brennen, ist mir der Gedanke zuwider, zu der Stelle zurückzulaufen, wo meine Stiefel zum Trocknen hängen. Das tieffliegende Flugzeug könnte eine Maschine der CAP gewesen sein. Ich beschließe, auf dem Stamm auszuharren, um zu sehen, ob sie ein zweites Mal über mich hinwegfliegt. Falls dies ihr Planquadrat ist, wird sie die Stelle in Kürze mehrmals passieren. Ich überlege, wie ich dieses Flugzeug auf mich aufmerksam machen kann, und komme zu dem Schluß, daß ich leichter zu entdecken wäre, wenn ich in dem offenen Tal stünde, aber das würde mindestens eine Dreiviertelstunde dauern plus die Zeit, die ich bräuchte, um mich anzuziehen.

Während ich auf den zweiten Überflug warte, setze ich mich auf den Stamm und wickle meine Füße in meine Jacke. Die Chance, ohne Rauch entdeckt zu werden, ist gering. Im

Jahr 1948 flog eine Stinson 108-3, ein Hochdecker der allgemeinen Luftfahrt, von einem privaten Behelfsflugplatz in Moose Creek, Idaho, ab und stürzte dann nur 30 Kilometer nach dem Start ab. Die Überreste der Maschine und des Piloten wurden erst 39 Jahre später gefunden.

Rocco und der Mann, den er auf dem Long Beach Airport kennengelernt hat, sind früher am heutigen Morgen in dem Allrad-Truck des Mannes in die Sierras gefahren. Unterwegs haben sie in Bakersfield gehalten, um zwei Paar Schneeschuhe und ein Zelt zu kaufen. Hinter Kernville erreichten sie eine schneebedeckte Straße, die sie in ein Gebiet geführt hat, das als »The Needles« bekannt ist; Rocco hat vor, dieses Gebiet bis zum Einbruch der Dunkelheit auf Schneeschuhen abzusuchen, dann die Nacht in dem Zelt zu verbringen und die Suche am nächsten Morgen fortzusetzen.

Rocco und sein Partner kommen der Stelle, wo die Maule liegt, bis auf etwa fünfzig Kilometer Luftlinie nahe, als sie auf dem Grund eines steilen Hohlweges etwas entdecken, das wie ein Wrack aussieht. Mit Hilfe eines Kletterseils läßt Rocco sich auf den Grund der Schlucht hinab, nur um festzustellen, daß es ein altes Auto ist.

Rocco will in den eiskalten Sierras biwakieren, aber sein Partner sagt ihm, daß es ihm viel zu kalt sei. Er möchte nach Long Beach zurückfahren. Am Ende ist Rocco einverstanden, aber er wird zurückkommen. Er will nicht eher aufgeben, bis er mich gefunden hat.

Die CAP stockt ihre Leute auf 51 auf, die mit elf Maschinen starten. Sie fliegen 30 Einsätze, und ins Logbuch wird eine Gesamtflugzeit von 56,1 Stunden eingetragen, bei 26,1 Stunden in Planquadraten.

Es ist jetzt vier Tage her, seit ich zum letztenmal einen Blick auf das Gebiet werfen konnte, wo die Maule abgestürzt ist. Vielleicht hat ein Flugzeug oder Hubschrauber Wave entdeckt oder ist auf das ELT-Signal zugeflogen. Falls das passiert ist, konzentrieren die Suchmannschaften ihre Kräfte wahrscheinlich auf den Kern River, entsprechend dem Plan, den ich mir mit Wave überlegt habe. Allerdings bin ich mehrere Gipfel, gut fünfunddreißig Kilometer weiter östlich davon.

Das Suchflugzeug setzt seinen Weg fort und fliegt ein quadratisches Muster im Norden. Ich erspähe es in der Ferne durch die Baumwipfel in südlichem Abschnitt seines Planquadrats. Das Dröhnen wird schwächer. Ich bin wieder allein. Abgesehen von den in zehntausend Metern Höhe fliegenden Düsenjets, die ich entdeckte, als ich genüßlich in den heißen Quellen badete, war dies das erste Flugzeug, das ich gesehen habe.

Ich finde innere Kraft, indem ich leise sage: »Kein Problem, daß sie mich nicht gefunden haben. Wave hat es geschafft und Lloyd vielleicht auch. Und wenn ich einen klaren Kopf behalte, ohne irgendwelche Fehler zu machen, werde ich es ebenfalls schaffen. Ich werde überleben und sie wiedersehen.« Andererseits ist mir klar, daß der Anblick eines Suchflugzeugs, das über mich hinwegfliegt, nicht heißt, daß Wave und Lloyd gerettet worden sind. Auch um ihretwillen muß ich es nach wie vor hier heraus schaffen.

Bekleidet mit meiner Unterwäsche, den Überschuhen und der Innenjacke, sammle ich Rinde und Nadeln für meinen nächsten nächtlichen Unterschlupf. Nachdem ich eine Handvoll Schnee mit dem gesammelten toten Ungeziefer vermischt habe, das ich unter der Rinde gefunden habe, schlucke ich das kalte Studentenfutter hinunter.

Durstig sehe ich nach dem Schnee, den ich zum Schmelzen auf einem Rindenstreifen gelassen habe. Er ist erst teilweise geschmolzen, es reicht nicht einmal, um eine Kaffeetasse zu füllen. Da der plätschernde Bach mich noch durstiger macht, zerre ich meine Skihose von den Bäumen, streife sie über und laufe dann die steile, schneebedeckte Böschung hinunter.

Am Ufer des Bachs knie ich mich in den Schnee, stütze mich mit der linken Hand auf und schlürfe das eisige Wasser wie ein dreibeiniger Hund. Obwohl es den Weg in meinen Organismus nur langsam findet, eine Zungevoll nach der anderen, beginnen meine Schläfen zu brennen, dann zu pochen.

Als mein Durst gelöscht ist, wandere ich zurück zu meinen Sachen und wende sie ein letztes Mal in der Sonne. Angesichts der hereinbrechenden Dunkelheit und der schon für die Nacht bereiteten Nadeln und Rinde ziehe ich mich an und suche zugleich aufgeregt das Tal ab, in der Hoffnung, ein Licht zu entdecken.

Das Tal ist riesig. Ich kann nicht allein sein. Irgend jemand wird bald eine Kerze anzünden oder eine mitternächtliche Fahrt auf einem Schneemobil unternehmen. In ein, zwei Minuten werde ich ein Licht sehen oder ein Geräusch hören, und dieser Alptraum wird ein Ende haben. Doch all mein Suchen erweist sich als vergeblich.

Mehrere Stunden der einsamen Nacht sind vergangen, als die Kälte in das Fort eindringt. Bis zu diesem Moment glaubte ich dieser schleichenden Bedrohung entkommen zu sein. Ich reagiere mit einem sarkastischen Lachen und sage: »Dagegen hilft nur eins.« Aber bevor ich die Worte noch ganz aussprechen kann, verwandelt sich der Sarkasmus in einen Schrei der Wut. Laut brülle ich: »Zum Teufel mit dieser Scheiße! Ich halte es nicht mehr aus! Ich habe diese endlose Tortur satt.«

Als mir die Worte von der Zunge rollen, lösen sich die hitzigen, negativen Dämpfe in der frostigen Luft auf. Ich fange an, mich zu beruhigen. Instinktiv, ohne es zu merken, mache ich schon wieder die Aufwärmübungen und leite ausgeatmete Warmluft in meine Jacke.

Das Tal ist still, ohne eine Spur von Leben. Das stetige Plätschern des eisigen Gebirgsbaches beruhigt mich. Als eine stellenweise aufgerissene Wolkenschicht über mich hinwegzieht, kann ich hin und wieder eine Sternengruppe sehen. Da ich spüre, daß sich ein Sturm zusammenbraut, beobachte ich weiter gespannt den Himmel und versuche, durch die offenen Stellen hindurch meine Sternformation zu entdekken. Ein großes Loch, das sich schließlich in 12-Uhr-Position in den Wolken auftut, ermöglicht mir, die Konstellation ausmachen, und sie bestätigt die östliche Richtung.

Ich suche das Tal ab und glaube, ein Licht zu sehen. Gezwungen, mich ein Stück weit aufzudecken, um einen anderen Blickwinkel zu haben, erkenne ich, daß es falscher Alarm war.

Während ich noch letzte Hand anlege, um mich wieder mit den Kiefernnadeln zuzudecken, spüre ich, wie weiche, kalte nasse Flocken auf meine rechte Wange treffen. Es ist lockerer Schnee, aber er sammelt sich und bildet allmählich eine geschlossene Schicht auf meiner Nadel- und Rindendecke.

Die Flocken fallen immer weiter bis tief in die Nacht. Während ich unter den Nadeln und der Rinde begraben bleibe, bedeckt von fünf Zentimetern Neuschnee, ahne ich nicht, daß mein Bruder Rocco, der mich so vieles über die Eigenarten des Waldes lehrte, sich der Suche angeschlossen hat.

# Um ein Haar gerettet

## 7. Dezember

Als Frühaufsteher wacht Rocco im Stockdunkeln auf und trifft letzte Vorbereitungen, um sich in der Sierra Nevada allein auf die Suche zu machen. Da er weiß, daß eine Waffe in der Wildnis hilfreich sein kann, befestigt er das Holster mit meiner 44er Smith & Wesson-Magnum seitlich am Gürtel und stopft eine Schachtel mit fünfzig Schuß 240-Gran-Hohlspitz-Patronen in seinen Rucksack. Er zieht sich an wie für eine Polarexpedition, dann geht er mit einem Motorradhelm in der einen und einer Karte der südlichen Sierras in der anderen Hand nach draußen zur Garage. Rocco überläßt Denise den Van als Beförderungsmittel, befestigt den mit Überlebensausrüstung vollgestopften Rucksack und ein Paar Schneeschuhe auf dem Beifahrersitz meines Motorrads und fährt los.

Während der Scheinwerfer die Dunkelheit durchschneidet, läßt Rocco den warmen Badeort hinter sich. Mit einem Schnitt von 145 Stundenkilometern fährt er rund dreihundert Kilometer nach Norden zum Sherman Peak, einem im südlichen Herzen der Sierras gelegenen, 3020 Meter hohen Berg, gut dreißig Kilometer nördlich von dem im Winter unerreichbaren Kern Valley Airport. Die Suche des heutigen Tages hat begonnen.

Ich fange an, meinen Körper von den mit Schnee bepackten Nadeln und der Rinde zu befreien. Unvermittelt durchdringt die frostige Luft meinen ungeschützten Körper und läßt mich erschauern. Beim Versuch aufzustehen probiere ich zunächst, mich auf die linke Seite zu rollen, aber meine Muskeln und Gelenke sind eiskalt. Ich bin gelähmt.

Die Kombination aus ernsthaften Verletzungen, heftiger Kälte und Unterernährung hat mich in einen Schockzustand versetzt und meinen Organismus heruntergefahren. Mit aller Kraft versuche ich, sämtliche vier Gliedmaßen zu bewegen. Als sie anfangen, sich zu drehen und zu strecken wie eine zerlumpte Marionette an einer Schnur, wird der Schmerz größer, und ich habe nicht die Kraft weiterzumachen.

Nach mehreren fehlgeschlagenen Versuchen, mich vom kalten Boden zu erheben, greife ich auf einen der ältesten Kniffe aus meiner Trickkiste zurück. Während ich versuche, meine Glieder zu rühren, sage ich: »Es ist bloß dein Arm und dein Bein! Also was soll's, wenn's weh tut. Es ist ja nicht so, als ob es dein Herz oder deine Leber wäre.«

Nun, da ich meine Gliedmaßen bewegen kann wie den Arm an einem rostigen Roboter, fahre ich fort, sie in Schwung zu bringen und für die heutige Etappe bereitzumachen. Beim Aufstehen klopfe ich mir die Nadeln ab und greife nach meinem Wanderstock. Während ich versuche, den Schmerz zu dämpfen, breche ich in östlicher Richtung auf.

Nachdem ich ein kurzes Stück marschiert bin – gerade so weit, um mich davon zu überzeugen, daß ich nicht an diesem Ort umkommen werde –, bleibe ich stehen und horche auf den kalten Wind, der durch die Bäume streicht und die Äste hin und her wiegt. Während ich ein paarmal Luft hole, überlege ich: »Dieses Flugzeug, das ich gestern gesehen habe, hat es nach mir oder nach uns allen dreien gesucht?«

Da ich der Vorstellung mehr Glauben schenke, daß Wave und Lloyd gefunden wurden, überzieht ein Lächeln der Erleichterung mein Gesicht. Während ich zitternd in dem dunklen, kalten Wald stehe, versinke ich, je mehr das Schwächegefühl in den Muskeln zunimmt und meine Entschlossenheit schwindet, langsam im Schnee. Bei dem Gedanken, daß es bei dieser endlosen, beschwerlichen Reise nur noch um mein Leben geht, verliert meine Mission an Bedeutung.

Angesichts der in der Luft liegenden Verzweiflung sage ich: »Was ist, wenn Wave und Lloyd nicht gefunden wurden? Was ist, wenn dieses Flugzeug überhaupt keine CAP-Maschine war? Du mußt weitermachen, egal wie sehr du auch leidest.«

Nachdem ich meine Gedanken an Aufgabe vorläufig unterdrückt habe, laufe ich nach Osten, bleibe aber oben auf der Höhe und versuche, vor Tagesanbruch ein Licht im Tal zu entdecken. Als ich plötzlich nicht mehr weiterkomme, breche ich in ein glucksendes Lachen aus. Ich bin in einen Stacheldrahtzaun gelaufen. Ich befinde mich in der Nähe eines Gehöfts oder einer Straße.

Beim ersten Anzeichen der Dämmerung, marschiere ich neben dem plätschernden Bach her und trinke gelegentlich an seinen schneebedeckten Ufern.

Ich folge dem Wasserlauf nach Osten und komme am Fuß des Monache Mountain vorbei. Er ragt zu meiner Rechten 2870 Meter empor und bildet einen Teil der westlichen Grenze von Monache Meadows. Im Osten liegt der Gipfel, der mich vorwärts lockt, der Olancha Peak.

Jetzt, da ich ihm einen Tagesmarsch näher bin, sehe ich, daß seine Flanke steiler ist, als mir bewußt gewesen war. Mit seinen breiten Schultern, die sich, so weit das Auge reicht, nach Norden und Süden erstrecken, scheint er das Firmament zu stützen. Während ich in den klaren blauen Himmel auf seine lange Kammlinie starre, vermute ich stark, daß parallel auf der Ostseite dieser gewaltigen Gebirgsbarriere der Highway 395 verläuft.

Als ich den Rand des verschneiten Tals betrete, bin ich plötzlich der Sonne ausgesetzt. Aus Angst vor Dehydrierung versuche ich, mich im Schatten der spärlichen Bäume zu halten. Um der Sonne vollständig zu entgehen, müßte ich das Tal einmal komplett umrunden, was Tage dauern könnte, also steuere ich statt dessen auf eine kleine Anhöhe zu, wo eine Baumgruppe Schatten spendet.

Als ich den Hügel erreiche, suche ich Schutz unter den ausladenden Zweigen, während ich auf einem Schneeball herumkaue. Mich erstaunt, daß ich keine Blockhütten gesehen habe. Ich suche das Tal ab und frage mich, wenn ich hier eine Hütte bauen sollte, wo ich sie hinsetzen würde. Entscheidend ist, daß sie windgeschützt ist und südliche Sonne abbekommt. Ich konzentriere mich auf den Osthang des Tals, wo das Schmelzwasser vom Olancha Peak herabfließt. Die Bäume in diesem Gebiet würden für Schutz und das Hochland für fließendes Wasser sorgen.

Während ich die Augen zusammenkneife, um das offene Gelände im Süden abzusuchen, zeichnet sich allmählich ein Gebilde ab. Es ist quadratisch und scheint etwa die Größe einer Blockhütte zu haben. Aber ich überlege: »Eine Hütte in der Mitte des Tals zu haben, wo Wind, Regen und Schnee sie Tag für Tag malträtieren können, scheint nicht sehr vernünftig.«

Nachdem ich elf Tage lang gehungert und gefroren habe, sehe ich vielleicht schon Gespenster. Ich wünsche mir nichts sehnlicher, als in einer Blockhütte Schutz zu suchen. Ich könnte essen und ein Feuer machen, vielleicht Hilfe anfordern. Aber ich kann nicht anfangen, in diesem Tal herumzuwandern und Schimären in der Ferne nachzujagen, die aussehen wie Blockhäuser. Ich muß hundertprozentig sicher sein, bevor ich mich darauf festlege, darauf zuzumarschieren.

Rocco befindet sich unmittelbar südlich der zum Sherman Peak führenden Forststraße, nach der er sucht, als ein Sheriff ihn aus einem parkenden Allradfahrzeug heraus anhält. Der Sheriff, der bei laufendem Motor und eingeschaltetem Heizgebläse in dem Wagen sitzt, stoppt alle Fahrzeuge und erlaubt nur Wagen mit Allradantrieb, nach Norden über den Paß zu fahren. Er brüllt so laut, daß er die laufenden Motoren der beiden Fahrzeuge übertönt, und sagt, wobei er mit den Händen fuchtelt: »Sind Sie verrückt? Drehen Sie um mit Ihrem Motorrad! Die Straßen sind voller Schnee und Eis! Sie werden da oben draufgehn mit diesem Ding!«

Angesichts der unter seiner Jacke verborgenen Magnum will Rocco den Sheriff nicht noch mehr auf sich aufmerksam machen. Lächelnd erwidert er: »Schnee auf der Straße! Mann, das ist gefährlich. Danke für die Hilfe, Sir.«

Er läßt die Kupplung kommen und wendet die Hochleistungsmaschine vor dem Allradfahrzeug. Während er die schmale, kurvenreiche Bergstraße wieder hinunterfährt, klebt der Sheriff die ganze Zeit an seinem Schutzblech.

Rocco behält seinen Verfolger in den Rückspiegeln im Auge und wartet darauf, daß der Sheriff von der Hauptstraße abbiegt. Endlich, nachdem sie an ein paar Abzweigungen vorbeigekommen sind, entscheidet der Sheriff sich für eine. Sofort wendet Rocco die 1000er und kehrt auf die Höhe zurück.

Nachdem er an der Stelle vorbeigerast ist, wo er zuvor angehalten wurde, zwingt er die 240 Kilogramm schwere Sportmaschine über die schneebedeckte Forststraße. Bei ausbrechendem Heck versucht er die Maschine weiter vorwärts zu bewegen, näher zum Sherman Peak. Aber bald steckt er im Schnee fest. Er zieht, zerrt und schiebt das Motorrad so lange, bis er es, auf beiden Rädern stehend, an einen Baum lehnen kann.

Rocco läßt die Maschine stehen, schnallt sich die Schneeschuhe um, wirft sich den Rucksack über die Schultern und läuft dann rüber zu einem Baum, um einen abgestorbenen Ast abzubrechen, aus dem er sich einen Wanderstock macht. Mit nun geladener Pistole bricht er allein in die verschneite Wildnis nach Norden zum Sherman Peak auf.

Etwa zwei Stunden vergehen, und noch immer halte ich nach Blockhütten Ausschau und versuche, mich für eine Richtung zu entscheiden. Je länger ich auf das schuppengroße Objekt in der Mitte der Wiese starre, desto mehr sieht es wie eine Blockhütte aus. Der Marsch in die Talmitte durch eine einen Meter hohe Schneedecke wird einen Großteil des Tages verbrauchen und viel Kraft kosten. Da es weder Bäume noch Wolken gibt, deren Schatten Schutz böte, wird der grelle Schein des Schnees mich der Gefahr aussetzen, schneeblind zu werden.

Und wenn das Gebilde sich nicht als Blockhütte erweist – oder wenn es eine Blockhütte ist, ich mir aber keinen Zutritt verschaffen kann, oder wenn es ein altes, verwahrlostes Wohnhaus ist –, werde ich für nichts und wieder nichts marschiert sein und mich Sonne und Schnee ausgesetzt haben. Ich müßte also mehrere Stunden mit einem anstrengenden Marsch in offenem Gelände verbringen, bevor ich wieder unter den Bäumen Schutz suchen könnte.

Während ich einen neuerlichen Blick auf das blockhausähnliche Objekt werfe, überlege ich: »Warum sollte irgend jemand hier eine Blockhütte hinsetzen? Könnte es ein gewaltiger Fels oder Geröllblock sein?«

Obwohl ich weit von der östlichen Baumgrenze des Tals entfernt bin, habe ich keinen Zweifel daran, daß, sollte überhaupt jemand hier eine Blockhütte bauen, dieser Platz ideal wäre. Ich laufe in östlicher Richtung quer durch das Tal zum Westhang des Olancha Peak, wo die Reihe der Bäume am dichtesten ist.

Die Durchquerung des unberührten Tals wird rasch zu einem Spießrutenlauf über die weiße Wiese. Der Schnee, der einen halben bis einen Meter tief ist, verbirgt das rauhe, drahtige Dornengestrüpp der Hochwüste. Bei jedem zweiten Schritt breche ich durch den Harsch und verfange mich mit Füßen und Knöcheln in dem Buschwerk. Jedesmal wenn ich meinen zerschmetterten linken Knöchel aus den Dornen herauswinden muß, jagt mir ein intensiver Schmerz in Wellen durch den Körper, der so heftig ist, daß er mich gelegentlich in die Knie zwingt.

Ich keuche vor Schmerzen, während ich auf die Baumgrenze starre und mir wünsche, sie könnte zu mir kommen. Um in meiner hoffnungslosen Lage den Humor nicht zu verlieren, rede ich mir ein: »Dieses Dornengestrüpp ist eine gute Sache. Es bedeutet, daß ich in die richtige Richtung laufe, nach Osten.« Ich versuche, mich zu zwingen weiterzumachen, indem ich mir sage: »Das Ende des Regenbogens ist genau da. Du kannst es beinahe berühren. Kriech, wenn du mußt, aber sieh bloß zu, daß du es schaffst.«

Während ich mich auf beiden Knien und linker Hand fortbewege, kreuze ich ein paar große Abdrücke im Schnee. Unmittelbar davor findet sich eine große Ansammlung Bärenkots. Obwohl der Kot gefroren ist, ist er frisch. Ich glaube, er stammt vom frühen Morgen, nachdem es zu schneien aufgehört hat. Die Abdrücke zeigen, daß der Bär nach Westen gelaufen ist.

Da der stechende Schmerz in Knöchel und Knie ein wenig nachgelassen hat, stelle ich mich hin und setze den Marsch fort, bis ich an ein Flußufer komme. Es ist der South Fork, die südliche Gabelung des Kern River. Der Fluß stößt von Norden auf Monache Meadows und schlängelt sich anschließend durch das Tal, wobei er sich auf drei getrennte Wasserläufe aufteilt. Dann vereinigen sich alle wieder und fließen in südlicher Richtung weiter.

Ich stehe am Ufer im Schnee und starre auf die Baumgrenze, die für einen gesunden Menschen bloß einen Fünf-Minuten-Spaziergang entfernt ist. Ein Objekt von der Größe einer Blockhütte beginnt sich abzuzeichnen. Voller Hoffnung gehe ich auf der Suche nach einer Furt am Ufer entlang. Der Fluß sieht hier seicht aus, etwa einen halben Meter tief an der tiefsten Stelle, aber trotzdem ist er zu breit, um ihn zu überqueren. Hundert Meter weiter nördlich komme ich zu einem Abschnitt, wo das Wasser gefroren ist und eine Eisbrücke bildet.

Während ich mit Hilfe des Wanderstocks die rutschige Brücke überquere, horche ich auf das kalte Wasser, das unter mir vorbeifließt. Als das Eis knackt und Donnergeräusche macht, überlege ich: »Ich habe seit zehn Tagen nichts gegessen. Eigentlich müßte ich federleicht sein.«

Am anderen Ufer angelangt, stoße ich zehn Meter voraus auf einen weiteren Wasserlauf. Auch er ist zugefroren. Der dritte Wasserlauf ist eine Kombination aus Eis und Wasser. Aber er ist nur knöcheltief und seicht genug, um hindurchzuwaten, ohne daß mir Wasser in die Stiefel läuft.

Bei einer kurzen Verschnaufpause werfe ich einen Blick auf die Blockhütte und stelle fest, daß sie eine Veranda hat, auf der Propangasflaschen liegen, die neu aussehen. Noch immer schwer atmend, breche ich meine Pause ab und humple schwankend auf das Schloß zu, wobei ich drei Gedanken habe: Wärme, Nahrung und eine Telefon- oder Funkverbindung.

Als ich mich den grauen Zementstufen nähere, kann ich sehen, daß die Hütte mit Brettern vernagelt, die Vordertür verschlossen und mit Ketten gesichert ist, wie die Haupthütte bei den Jordan Hot Springs. Ich packe den massiven Griff der dicken, schweren Holztür und versuche, ihn von seinen Ketten zu befreien, indem ich daran rüttle, aber der Zutritt wird mir verwehrt.

Neben den Propangasflaschen auf der grauen Zementveranda steht ein großer, schwarzer eiserner Ofen mit sechs Kochplatten. Ich schiebe die schwere Eisenmasse in die Sonne, so daß das Metall die Wärme aufnehmen kann. Meine Sachen kann ich trocknen und mich selbst aufwärmen, auch wenn ich diese Hütte nicht betreten kann.

Ich drehe an den Propangasventilen und horche auf ein Zischen. In den Flaschen ist Gas, also brauche ich lediglich eine Möglichkeit, einen Funken zu erzeugen, und schon werde ich Feuer haben. In der Nähe deckt eine große, dicke schwarze Plane einen ordentlichen Stapel frisch gehacktes Holz ab.

Als ich nach irgend etwas suche, um einen Funken zu erzeugen, entdecke ich eine bunte Dartscheibe, die an einem Baumstamm befestigt ist. Der Dartspieler hätte einen endlosen Blick auf Monache Meadows und die Höhen des Monache Mountain. An einem anderen Baum ist im Schatten, wie eine Uhr, die an der Wand hängt, ein großes, rundes Thermometer befestigt, das minus 6,6 Grad Celsius anzeigt.

Im Osten steht eine Reihe kleinerer Blockhäuser. Ich kann nirgends Stromkabel oder Telefonleitungen entdecken. Alle Blockhütten sind vernagelt und fest verschlossen.

Als ich um die Hütten humple, finde ich einen stählernen Zaunpfahl, der zum Aufrollen von Stacheldraht benutzt wurde. Mit dem Pfahl bewaffnet, marschiere ich hinüber zu einem der mit Brettern vernagelten Fenster der Haupthütte und fange an, es zu bearbeiten. Nach dreißig Minuten Drükken, Stemmen und Schlagen schaffe ich es lediglich, die Oberfläche einzubeulen.

Ich ramme den Zaunpfahl gegen die zugekettete Vordertür. Nachdem ich mit aller Kraft versucht habe, sie aufzustemmen, lockere ich meinen einhändigen Griff und breche vor Erschöpfung auf dem kalten Zementboden zusammen. Nach einer Verschnaufpause benutze ich meine Finger, um die Wölbungen des großen schwarzen Ofens zu testen. Er ist heiß, eindeutig. Mein Arm schnellt rasch zurück und zieht meine Finger von der glühenden Oberfläche weg.

Angesichts der Tatsache, daß der schwarze Koloß Kameradschaft und Wärme bietet, ziehe ich meine nassen Sachen aus und drapiere sie auf meinem vierbeinigen Freund zum Trocknen. Da meine Stiefel und die Innenschuhe am nassesten sind, lege ich sie zum Trocknen auf die heißeste Stelle des Ofens. Dann lege ich mich in T-Shirt und langer Unterhose auf den Zementboden und halte meine nackten bläulichschwarzen Füße an die sonnige Seite des Ofens.

Zuerst kann ich die Hitze nicht spüren, aber nach ein paar Minuten habe ich das Gefühl, daß kleinere Fußpartien geröstet wurden, also ziehe ich die Füße weg, damit sie abkühlen können, bevor ich sie erneut brate. Wenngleich sie verfärbt sind, ist der Schmerz ein sicheres Zeichen, daß sie noch am Leben sind.

Bei Erfrierungen unterscheidet man vier Schweregrade. Der erste Grad bezeichnet ein teilweises Erfrieren der äußeren Hautschichten. Der befallene Bereich ist rötlich; etwa eine Woche später kommt es zur Schwellung und manchmal zur Ablösung der Haut. Zu den Symptomen gehören ein kribbelndes Gefühl sowie ein periodisches Brennen, Stechen, Schmerzen und Pochen der Haut.

Bei Erfrierungen zweiten Grades sind alle Hautschichten erfroren. Die Haut ist rötlich und beträchtlich angeschwollen. Es bilden sich Blasen. Die Symptome sind Starre und Schwerfälligkeit des betroffenen Bereichs.

Erfrierungen dritten Grades sind lebensgefährlich. Der Bereich weist leicht violette, blutgefüllte Blasen auf. Symptome sind unter anderem Empfindungslosigkeit, und der Bereich fühlt sich »holzig« an. Später, falls man überlebt, brennt und pocht die Stelle stark.

Erfrierungen vierten Grades dringen in Muskeln, Nerven und Knochen ein. Der befallene Bereich ist geringfügig angeschwollen, ist anfangs ganz rot und verfärbt sich dann schwarz. Brand kann einsetzen.

Sowohl Alkohol als auch Nikotin erhöhen das Erfrierungsrisiko. Alkohol führt dazu, daß das Blut rasch Hitze verliert, und Nikotin verschlechtert die Durchblutung der Extremitäten. Diabetes ist ein weiterer Risikofaktor. Diabetiker haben Durchblutungsstörungen, was zu niedrigen Körpertemperaturen führt.

Ich taue mich weiter auf, indem ich abwechselnd die Füße

an die heiße Oberfläche des Ofens halte und mich mit Schultern und Oberkörper an seine hohen, glühenden Seiten lehne. Allmählich gehen die Verfärbungen an den Fingern zurück, und sie reagieren empfindlich auf die Berührung mit dem heißen Metall.

Entspannt und zufrieden, mit jeder Menge restlichem Tageslicht, um mich aufzuwärmen und meine Kleidung zu trocknen, denke ich an das helle Licht, das ich in der vergangenen Woche am Himmel sah. Immer noch ohne eine Erklärung dafür, sage ich mir, daß ich froh sein kann, mich für diese Richtung entschieden zu haben, statt auf die Mitte der Wiese zu laufen, wo ich glaubte, eine Blockhütte gesehen zu haben. Dieser Stern war ein Zeichen der guten Vorsehung.

Erschöpft, aber getröstet durch die Hitze des Ofens, nicke ich so tief ein, daß meine Hände und Finger zucken. Während ich mich in dieser Ruhephase befinde, höre ich den Lärm eines fernen Hubschraubers. Ich bin unfähig, die Augen zu öffnen und mich aus meinem schläfrigen Trancezustand aufzuraffen. Als das Hubschraubergeräusch lauter wird, öffnen meine Augen sich langsam und finden einen sonnigen, südlichen Himmel. Aufgrund des Geräuschs der Rotorblätter und der Reflexion des Rumpfs kann ich den Helikopter mehrere Kilometer weiter nördlich entdecken, etwa dreihundert Meter über dem Boden.

Belebt von einem Adrenalinstoß, springe ich auf und winke verzweifelt mit meiner roten Jacke, als der Hubschrauber die Blockhütte in ungefähr fünfzehn Metern Höhe in nördlicher Richtung überfliegt.

Er schwebt für weniger als dreißig Sekunden hinter der Blockhütte, fliegt dann im Schneckentempo fünfzig Meter nach Westen, dann nach Süden, wo er drei Meter über dem Boden schwebt. Meine Hilfeschreie werden übertönt vom ohrenbetäubenden Dröhnen der Rotorblätter. Ich winke dem Piloten weiter mit der Jacke zu. Durch den Luftstrudel des Rotors werde ich mit einer Wand aus Schnee und Eis beworfen, als der Hubschrauber weniger als dreißig Meter von mir entfernt in der Luft steht. Während ich mir das Gesicht bedecke, winke ich ziellos weiter mit der Jacke.

Ich bin voller Freude, weil ich überzeugt bin, daß er mich sieht. Während ich außer Reichweite der sich drehenden Rotorblätter auf der Veranda warte, überlege ich: »Woher wußte Wave, daß er einen Helikopter in diese Richtung schicken mußte, nach Osten? Danke, Wave.«

Der Hubschrauber beginnt langsam zu steigen, senkt dann seine Nase nach vorn, beschleunigt und fliegt direkt auf mich zu. Er stößt rechts von mir herab und setzt eine 180-Grad-Kurve mit südlichem Kurs fort. Als der Helikopter in die grelle Sonne aufsteigt, verliere ich den Sichtkontakt mit ihm. Ich beschirme meine Augen mit der Hand gegen die Sonne und sehe ihn auf Nimmerwiedersehen verschwinden, während mir nichts bleibt, als in den klaren, südlichen Sierra-Himmel zu starren, während ich mich anstrenge, seinen schwächer werdenden Rotorschlag in der Ferne zu vernehmen.

Ich stehe reglos mit zusammengesackten Schultern und hängenden Armen da, meine Jacke baumelt mir an der linken Hand, und ich zwinge mich zu einem Lächeln, während mir die Tränen über die Wangen laufen. Angesichts der kalten Brise, die mein aufgesprungenes Gesicht und meine vom Wetter spröden Lippen abkühlt, setze ich mich wieder so hin, daß ich mit meinem schwarzen, eisernen Freund weiterkuscheln kann, während ich dem Flüstern des Windes in den Bäumen lausche.

Mir fallen nur zwei Erklärungen für den Hubschrauber ein. Erstens, der Pilot war bloß auf einem Vergnügungsflug. Oder es war jemand, der die Berge auf die Schneehöhe hin inspizierte.

Die kalifornische Wasserbehörde hat überall in den Bergen optische Meßstangen im Boden stecken. Diese Stangen erinnern an eine Leiter, und jede ist mit einer besonderen

Nummer versehen, um ihren Standort identifizieren zu können. Die einzelnen Sprossen der Leiter zeigen die Schneehöhe an. Da diese Leitermeßgeräte groß genug sind, um aus der Luft ausgemacht zu werden, flog die Wasserbehörde früher eine Route, auf der die Leitern fotografiert wurden. Zurück in der Dienststelle, wurden die Fotos dann ausgewertet, und man zählte, wie viele Sprossen noch freilagen. Mittels dieser Technik schätzte man die Wassermenge ein, die im Frühjahr und Sommer zur Verfügung stehen würde.

Dort, wo es in den Bergen Wildreservate gibt, sind Tiefflüge heute verboten. In diesen Fällen übernehmen Leute auf Langlaufskiern oder Schneeschuhen die Sichtkontrolle der Leitern. Obwohl einige der Leitern gegenwärtig durch elektronische Sensortechnologie ersetzt werden, bleiben sie dennoch stehen, weil eine Demontage wegen der Größe und des Gewichts kostspielig ist. Vielleicht inspizierte dieser Hubschrauberpilot Monache Meadows für eine generelle Überprüfung zu Beginn der Saison. Ich weiß nicht, wieso er mich übersehen haben könnte, als ich auf der vorderen Veranda der Haupthütte stand und mit der roten Jacke winkte, obwohl er nur fünfzehn Meter entfernt war und direkt auf mich zuflog. Es ist möglich, daß er mich entdeckt hat und dann über Funk Hilfe angefordert hat. Aber er hätte mir irgendein Zeichen gegeben, um mich wissen zu lassen, daß er mich gesehen hat, damit ich mich nicht vom Fleck rührte, solange die Trupps unterwegs wären.

Falls er bei der CAP war, dann gehörte er zu den 48 Mann von heute, die mit 16 Maschinen starteten, 50 Einsätze flogen und bei insgesamt 90,5 Stunden am Himmel 51,6 Stunden in den Suchplanquadraten ins Logbuch eintrugen.

Zwischen dem Tiefdecker, der gestern beinahe die Baumwipfel rasiert hätte, und der Bombardierung durch den Luftstrudel heute – den alptraumhaften Erlebnissen des Entdecktwerdens um Haaresbreite, nur um zu sehen, wie die Retter sich in Luft auflösten – wird meine Entschlossenheit nur mehr gefestigt. Ich muß mich unter Kontrolle haben und einfach damit rechnen, daß es keine Rettung geben wird.

Während ich die Hitze des Ofens genieße, spüre ich, daß etwas auf mich herabstarrt. Ich wende den Kopf nach Osten und blicke empor zu der felsigen Kammhöhe des Olancha Peak. Er lädt mich ein, ihn herauszufordern. Der schneebedeckte, 3695 Meter hohe Gipfel überragt das Tal mit der nötigen Autorität. Ich werde schlafen müssen, bevor ich einen Aufstieg versuche, der schätzungsweise achtzehn bis zwanzig Stunden in Anspruch nehmen wird.

Angesichts des Umstands, daß die Sonne sich in Kürze mit den Gipfeln im Westen vermählt, unternehme ich, warm und vollständig angezogen, einen weiteren Versuch, in die Haupthütte einzubrechen. Als ich erneut viel Kraft aufwende, nur um das dicke Holz des Fensters kaum zum Splittern zu bringen, fange ich an, mich nach einem anderen Unterschlupf umzusehen.

Ich ziehe die Plane, die das Feuerholz bedeckt, ganz von dem Stapel ab. Auf der Suche nach dem besten Platz, um sie auszubreiten, marschiere ich hinter die Hütten und finde zu meiner Überraschung zwei Außentoiletten. Mich interessiert besonders die kleinere, weil ich glaube, daß mein Körper ein kleineres Kabuff möglicherweise leichter heizt. Ich kehre zu der Plane zurück und zerre die schwere, schwarze Decke durch den Schnee. Nachdem ich sie in der Mitte einmal gefaltet und die Tür der Außentoilette geöffnet habe, schleife ich die Plane über den Holzboden und breite sie zu Füßen der nackten Kloschüssel aus.

Bevor ich mein Lager für die Nacht aufschlage, humple ich hinüber zu ein paar Büschen, um Wasser zu lassen. Farbe und Geruch verraten mir, daß ich allmählich an meine letzten Kraftreserven komme. Während ich mir den Helikopter vorstelle, wie er vorhin wegflog, frage ich mich: »Ist es mir bestimmt, nach elf Tagen in der Wildnis zu sterben?«

Mit einem letzten, ausgedehnten Gruß an den alles überragenden Wächter des Tals schließe ich die Tür hinter mir. Ich rutsche zwischen die gefalteten Hälften der Plane und lege ich mich so hin, daß ich durch den langen, schmalen Spalt zwischen Tür und Pfosten hinausspähen und warten kann, bis ich die Veränderung der Dunkelheit sehe.

Seit meinem letzten Aufenthalt in einer Blockhütte, als ich zusammengerollt in dem Teppich lag, habe ich nur tagsüber, wenn die Sonne schien, kurze Nickerchen gemacht. Dieses Fünf-Sterne-Außenklo wärmt mich im Verein mit der warmen, behaglichen Plane so sehr und macht es mir so bequem, daß meine einzige Sorge ist, morgen früh zu verschlafen.

Ich lege letzte Hand an, indem ich mir die Plane über den Kopf ziehe, um meine gesamte Körperwärme einzufangen. Nachdem ich im Innern der Plane lange genug geatmet habe, um sie aufzuheizen, hebe ich die obere Hälfte, die mein Gesicht bedeckt, leicht an. So kann ich die frische Abortluft gefrorener Exkremente atmen. Zufriedenheit herrscht dort, wo man sie findet.

Rocco hat den ganzen Tag nach Spuren der Maule gesucht. Er hat sich hoch oben, über Schluchten, auf Felsgruppen und Gipfeln postiert, die ihm eine umfassendere und klarere Sicht auf das Gelände und die Baumwipfel unter ihm bieten. Auf diese Weise hoffte er, menschliche Spuren im Schnee, Flugzeugteile, die noch in den Bäumen hängen, oder Anzeichen frisch gekappter Baumwipfel, die von der Maule bei ihrem Überflug rasiert wurden, zu entdecken.

Im Licht des Viertelmondes kehrt Rocco enttäuscht und mit leeren Händen zu seinem eiskalten eisernen Pferd zurück, das noch immer an dem Baum lehnt. Er entlädt die Pistole und verstaut sie wieder im Rucksack. Nachdem er diesen und die Schneeschuhe auf dem Rücksitz befestigt hat, fängt er an, das Motorrad von dem vereisten Baum wegzuzerren.

Er zieht den Choke, dann drückt er den Starterknopf. Stotternd springt der Motor an. Rocco läßt ihn im Leerlauf laufen, während er sich für die Fahrt rüstet, indem er sich fest in seine Kleidung hüllt, die Reißverschlüsse hochzieht und alle Öffnungen gegen den eisigen Wind abdichtet.

Geleitet vom Licht seines Scheinwerfers, verläßt er die Bergstraße im Hinterland und fährt einen zweispurigen Highway hinunter. Bei konstanten 80 Stundenkilometern gefriert allmählich seine von dem anstrengenden Marsch des heutigen Tages nasse Kleidung. Als er fröstelnd einen Paß hochfährt, gerät er direkt in einen örtlichen Eisregen und Schneesturm. Der Schnee bleibt schnell auf dem Visier seines Helms haften und raubt ihm die Sicht. Um nicht zu verunglücken, klappt er es schnell hoch, so daß er etwas sehen kann, und nimmt in Kauf, daß die frostige Luft, Eis und Schnee sein bloßes Gesicht malträtieren.

Bei dem Versuch, das Einzugsgebiet des Sturms zu passieren, kommt er auf ein vereistes Stück Straße, woraufhin die Maschine in einer Serie unkontrollierter Schlingerbewegungen ausbricht. Rocco gerät auf die linke Spur, direkt in die Scheinwerferkegel eines großen Sattelschleppers. Zum Überlegen bleibt keine Zeit, und Rocco erkennt instinktiv, daß die beiden Fahrzeuge selbst an einem sonnigen Nachmittag, wenn die Straße trocken wäre, zusammenstoßen würden. Während der Fahrer des Sattelschleppers sich auf einen Frontalzusammenstoß gefaßt macht und seine Drucklufthupe betätigt, behält Rocco die Nerven und manövriert das Motorrad vorsichtig auf die gelbe Doppellinie am Fahrbahnrand zu. Taub durch die Drucklufthupe und blind durch Schnee, Wind und Eis, streift Rocco den Sattelschlepper, während er auf die rechte Spur schleudert und rutscht.

Knapp fünfhundert Meter die Straße hinauf entdeckt er eine Ansammlung heller Lichter und rollt im Leerlauf zu einem Motel, wo er anhält. Im Büro klingelt er, und ein alter Mann kommt ans Fenster. Am ganzen Körper zitternd und mit klappernden Zähnen sagt Rocco: »Ich brauche schnell ein Zimmer mit heißem Wasser! Ein Telefon! Und haben Sie irgendeinen Platz, wo ich meine nassen Sachen trocknen kann?« Der alte Mann blickt durch die Fenster hinaus in den Schneesturm, sieht dann wieder Rocco an, der noch immer zittert und den Motorradhelm aufhat, und fragt: »Was führt Sie um diese Jahreszeit auf einem Motorrad hoch in diese Gegend?« Rocco erwidert: »Mein Bruder ist mit seinem Flugzeug in den Bergen abgestürzt, und ich versuche, ihn zu finden.« Mit einem Ausdruck des Erstaunens sagt der alte Mann: »Ja, wir können Ihnen helfen!«

Zitternd und bebend stürzt Rocco in das Motelzimmer. Noch immer angezogen und mit dem Helm auf dem Kopf, läßt er in der Dusche sofort das heiße Wasser laufen und beeilt sich dann, seine nassen Sachen auszuziehen, die er auf den Boden wirft. Als er unter den dampfenden Strahl springt, denkt er an meine Notlage: mitten im Winter in die High Sierras verschlagen, höchstwahrscheinlich verletzt, ohne Nahrung, ohne Verbindungen zur Außenwelt und ohne Expeditionsausrüstung.

Nachdem er seinen Körper gründlich aufgewärmt hat, ruft er bei mir zu Hause an. Denise geht an den Apparat. »Wie ist es gelaufen? Hast du irgend etwas gesehen?«

»Ich war auf Schneeschuhen in der Gegend um den Sherman Peak und habe nichts gesehen. Ich bin in einem Motel. Ich bin in ein Unwetter geraten.«

»Wie geht's dir? Bist du okay?«

Rocco, der nicht will, daß Denise in Panik gerät, sagt: »Es ist ein bißchen frisch, aber mir geht's gut. Ich ruf dich morgen früh wieder an. Halt, warte! Hast du irgendwelche neuen Hinweise?«

»Eigentlich nicht, nein. Wann wirst du morgen zurück sein?«

»Wenn es vormittags klar ist, fahre ich zurück.«

# Das Geröllfeld

## 7./8. Dezember

In meinen 33 Lebensjahren, in denen ich versucht habe, gesund und glücklich zu leben, in denen ich in Häusern mit Zentralheizung geschlafen habe und in Betten, die mit bunten, dicken, warmen Oberbetten und Heizdecken ausgestattet waren, deren Küchenschränke gefüllt waren mit Lebensmitteln und Gewürzen und deren Kühlschränke überquollen von frischen Fleischwaren, Gemüse und Käse, hätte ich nie gedacht, daß ich einmal solchen Frieden in einer übelriechenden alten Außentoilette in den Bergen fände.

Die Gemütsruhe führt indes nicht zu einer Nacht ungestörten Schlafs. Jedesmal wenn ich anfange, mein Bewußtsein allmählich auszuschalten, klappen plötzlich meine Augen auf, und meine Muskeln ziehen sich so zusammen, daß ich beinahe vom Boden des Aborts hochschnelle. Irgendwo tief aus dem Unterbewußtsein heraus murmelt eine Stimme: »Wenn du schläfst, stirbst du!«

Da ich angesichts des Olancha Peak, der mich erwartet, dringend Schlaf brauche, fange ich an, die Aufwärmübungen zu machen, einzig und allein, um mich zu beruhigen, ein Impuls, der zu einem unfreiwilligen nächtlichen Überlebensritual geworden ist. Zwischenzeitlich döse ich immer wieder eine Stunde vor mich hin, wache auf, spähe durch den Spalt in der Tür und kontrolliere die Dunkelheit, bevor ich erneut einschlafe.

Nach der vierten Schlafphase spüre ich die Veränderung der Dunkelheit. Ausgezehrt vor Schmerz und Erschöpfung, versuche ich meinem inneren Wecker zu entfliehen, indem ich mir die Plane über den Kopf ziehe und mich von der Außenwelt abschotte. Die Sekunden vergehen. Noch immer unter der Plane, fange ich an zu lachen. Ich kann nicht glauben, daß ich so faul bin. Wenn ich zu Hause bin, ist es genau das gleiche. Ich bleibe für mein Leben gern die ganze Nacht auf und schlafe dann am nächsten Morgen lange aus.

Außerstande, friedlich zu schlafen, und weil ich weiß, daß der Schnee gefroren ist, weshalb jetzt die ideale Marschzeit ist, gebe ich mein warmes, nach Abwässern duftendes Quartier auf. Während ich über den von Sternen erleuchteten, gefrorenen Untergrund marschiere, halte ich auf die Höhen des Olancha Peak zu, die sich in Umrissen abzeichnen. Obwohl der Wind mich mit losen Eispartikeln bombardiert und dicke Äste in den überhängenden Bäumen biegt, konzentriere ich mich auf den Gipfel. »Ich komme zu dir!« murmele ich.

Mit jedem mühseligen Hinken, das mich dem hohen, windigen Gipfel näher bringt, sehne ich mich nach der Wärme und Geborgenheit der Plane, aber sie war zu sperrig und zu schwer zum Mitnehmen.

Nachdem ich mehrere Schmelzwasserabflüsse überquert, ein paar winzige, schneebedeckte Felder voller Hirsche passiert habe und mehrere vereiste Hohlwege hinauf- und hinuntergekrochen bin, erreiche ich den Fuß des Berges. Die Strecke zwischen der Außentoilette der Blockhütte und der Stelle, an der ich jetzt stehe, war zerklüftetes Gelände und hat mich kräftemäßig völlig ausgelaugt. Der Wind hat sich gelegt. Die Sonne am klaren blauen Himmel scheint strahlend in 10-Uhr-30-Position. Es ist ein großartiger Tag zum Fliegen.

Ich versuche, meinen Dreizehnhundert-Meter-Aufstieg zu planen, studiere eingehend die Konturen des Geländes und entscheide mich für eine Strecke zwischen dem Olancha und dem Berg südlich von ihm. Noch immer eine Marschstunde entfernt, besteht dieser Steilhang aus einer Ansammlung gewaltiger Felsblöcke und Bäume, die aus größeren Höhen herabgestürzt sind und nun ein knapp einen Kilometer langes Geröllfeld bilden. Ich überlege, den Gipfelsturm auf einen Zweitagesmarsch aufzuteilen.

Diese Frage werde ich später entscheiden müssen. Ich schleiche weiter vorwärts, und vorübergehend spüre ich meine schmerzenden Knochenbrüche nicht. Auf irgendeine seltsame Weise scheine ich mit zunehmender Nähe zur Zivilisation mental in Schwung zu kommen. Leise sage ich zu mir: »Ich bin am Leben, und ich habe eine Chance. Ich kann es schaffen.« In meinem Kopf tauchen die Gesichter von Wave und Lloyd auf. Sie sind darauf angewiesen, daß ich Hilfe bringe, ermahne ich mich selbst. »Ich muß es schaffen. Ich muß. Was ist, wenn sie nicht gerettet wurden?«

Wieder bin ich gezwungen, durch hüfthohen Schnee zu waten, und stütze mich bei jedem Hinken auf meinen Wanderstock. Meine Gedanken kreisen um die Wärme und Geborgenheit der Außentoilette. Ich muß lachen und denke: »Da komme ich der Wüste immer näher und gerate in immer tieferen Schnee. Es kommt eins zum anderen.«

Das Gelände ist körperlich so anspruchsvoll, daß es mir den Weg diktiert. Obwohl ich an die Schmerzen meiner gebrochenen Rippen gewöhnt bin, bereitet mir das Atmen Mühe. Angesichts meiner kurzen, abgehackten, ungleichmäßigen Atemzüge hat meine Lunge nie eine Chance, sich ganz zu füllen.

Während ich mir einen Weg durch die Wildnis bahne, folge ich der Fährte eines Maultierhirschs in eine Sackgasse. Die Büsche und Disteln sind so dicht überwuchert, daß ein solches Tier kaum durchkäme. Ich beschließe, umzuschwenken und dorthin zu marschieren, wo die beiden Berge sich treffen. An dieser V-förmigen Stelle stoße ich jedoch auf eine winterliche Schneerinne. Felsblöcke und Eis machen auch diesen Weg unpassierbar. Ich habe eine halbe

Stunde damit verbracht, meine Marschrichtung zu ändern, und dabei kostbare Zeit und Energie vergeudet.

Ich folge der Fährte und kehre zu den Disteln zurück. Beim Anblick des dichten, dornigen Gestrüpps denke ich: »Wenn die Hirsche es können, kann ich es auch.« Als ich mich bäuchlings darunter hindurchschlängle, stechen sie durch meine Kleidung und reißen mir die Haut auf. Von allen Seiten stecken Dornen in meinem Körper. Ich bleibe reglos liegen. Ich kann die Fährte des Maultierhirschs sehen, aber sobald ich versuche, mich einen Zentimeter zu rühren, egal in welche Richtung, zerren die spitzen Stachel an meinem Fleisch. Schließlich finde ich mich mit der Tatsache ab, daß ich mich wohl von den Dornen ein klein wenig werde zerfetzen lassen müssen, wenn ich aus diesem Distelgestrüpp herauskommen will. Ich achte darauf, mein Gesicht zu schützen, besonders die Augen, und während ich einen plötzlichen heftigen Schmerz verspüre, als meine Haut aufreißt, zwänge ich mich ohne Rücksicht das restliche Stück hindurch.

Als ich auf der anderen Seite der steilen, glitschigen Fährte stehe, ruhe ich mich aus und ziehe mir die Dornen aus Körper und Kleidung. Da die hellen Tagesstunden rapide zur Neige gehen, beschließe ich, noch etwas weiter zu klettern, zu einer Stelle, wo ich ein paar Kiefern sehen kann, in der Hoffnung, dort einiges Material zu finden, um mir ein Fort zu bauen, sollte ich mich entschließen, aus dem Berggipfel einen Zweitagesmarsch zu machen.

Die Kiefern bieten keinen Schutz, also laufe ich zwischen ihnen hindurch weiter zu einem fast senkrechten Abschnitt, wo der Schnee nur rund dreißig Zentimeter tief ist. Das Gelände ist hier offen, mit einigen Felsbrocken von der Größe eines fetten Waschbären. Zwischen den Steinen und dem Schnee finde ich reichlich Bodenhaftung, bekomme aber nicht genug Luft, und schnell liege ich, mit den Füßen in ein paar Felsbrocken festgekeilt, auf der Seite, während ich würge, keuche und spucke und versuche, zu Atem zu kommen.

Als ich wieder ruhiger atme, blicke ich den Hang empor, und zu meiner Überraschung ist das untere Ende des großen Geröllfeldes nur drei Meter entfernt. Aus meiner Perspektive sieht es so aus, als erstreckte es sich immer weiter und entschwände im Himmel. Was mich von ihm trennt, ist das kräftigste drahtartige Gestrüpp, das ich je gesehen habe. Es ist so dicht, daß nicht einmal ein Kaninchen durchkäme.

Statt über den Boden zu kriechen, entscheide ich mich für den direkten Weg, mitten hindurch. Ein paar Disteln dringen mir durch die Haut, aber ich winde mich heraus und reiße mich von den Dornen los, bis ich den Schnee auf der anderen Seite erreiche. Nun stehe ich am Rande des Geröllfeldes, wo der eigentliche Gipfelanstieg beginnt.

Wie andere Kinder kraxelte und spielte auch ich für mein Leben gern auf Felsbrocken. Jetzt habe ich einen langen, steilen Hang davon. Das Geröllfeld ist frei von irgendwelchen Hindernissen, und da es leicht nach Süden liegt, ist es intensiver Sonneneinstrahlung ausgesetzt.

Es gibt nirgends einen Schmelzwasserabfluß, aus dem ich trinken könnte, also kaue ich, während ich über die Felsen klettere, auf Eiszapfen herum, die sich in den schattigen Zwischenräumen gebildet haben. Aber mein Durst erweist sich als zu stark, als daß die Eiszapfen ihn stillen könnten. Manche Felsbrocken haben oben große Vertiefungen, die mit Wasser gefüllt sind. Einige dieser Pfützen sind nicht hart gefroren, so daß ich das Eis aufbrechen und anschließend das restliche Wasser aus dem Loch schlürfen kann. Nach jedem tiefen Zug spucke ich den Dreck und die Kieselsteine aus. Als ich den langsamen, zermürbenden Aufstieg fortsetze, komme ich manchmal an schmelzendem Eis vorbei. An diesen Oasen halte ich an und schlürfe und sauge die Stelle trocken.

Als ich heute zum erstenmal Wasser lasse, sehe ich einen Farbton, den ich vorher noch nie gesehen habe. Mein Körper hat sich während dieser zwölf Hungertage in der Wildnis von seinem Gewebe ernährt. Mein Fettpolster war bereits dürftig, als ich zu dieser Reise aufbrach. Ich wog 78 Kilo. So wie meine Sachen mir inzwischen am Körper schlottern und meine Arme und Beine aussehen, schätze ich mein jetziges Gewicht auf 60 Kilo.

Als ich das Geröllfeld hinaufklettere, merke ich schnell, daß das Hüpfen von Stein zu Stein mich mental und körperlich sehr viel mehr anstrengt als das Wandern auf festem Boden. Wenn ich daneben trete, kann ich fünf bis sechs Meter tief in eine kalte, dunkle Felsspalte fallen. Das Hüpfen zermürbt mich rasch, mir wird auf einmal etwas schwindelig, und ich verliere fast das Bewußtsein.

In der Hoffnung, daß das Schwindelgefühl vorübergeht, ruhe ich mich ein paar Minuten aus. Ich versuche aufzustehen, aber sofort ist das heftige Schwindelgefühl wieder da, und ich falle beinahe zwischen zwei Felsbrocken. Aus Angst, ohnmächtig zu werden, während ich auf einem Felsen stehe, halte ich mich jetzt stets dicht an der Oberfläche der Felsen und nehme das Geröllfeld im Kriechgang in Angriff.

Als diese Reise vor elf Tagen begann, wußte ich, daß die Elemente mich schwächen und irgendwann meine Fähigkeit, logisch zu denken, untergraben würden. Ich habe versucht, den jetzigen Anfall hinauszuzögern, indem ich tagsüber viel Wasser getrunken und es vermieden habe, mich direkt der Sonne auszusetzen, indem ich meine Kleidung trocken gehalten und mir die Reise eingeteilt habe. Bis zu diesem Augenblick glaubte ich, die hellen Tagesstunden böten Zuflucht. Es waren die eiskalten Nächte, die ich fürchtete.

Durch das ständige Auf und Nieder beim Erklimmen der Felsbrocken, kommen die Schwindelanfälle jetzt heftig und schnell hintereinander und lassen meine unmittelbare Umgebung verschwimmen. Als ich wieder klar sehen kann, entdecke ich in etwa fünfzehn Meter Entfernung einen großen Felsbrocken, der aussieht, als böte er Schutz vor der Sonne. Weil ich weiß, daß ich eine Weile aus der starken Sonne muß, stemme ich mich langsam hoch und lehne mich gegen einen Felsen. Als die Erde sich unter mir dreht, warte ich, daß der Schwindel vorübergeht. Noch immer umnebelt, gehe ich ganz langsam weiter, auf den großen Felsen zu. Nachdem mir beim dritten kurzen Schritt schwarz vor Augen wird und ich weiche Knie bekomme, lehne ich mein Gesicht gegen den kalten Stein.

Mehrere Minuten vergehen. Ich konzentriere mich nur auf meine Atmung. Leise frage ich: »Wie kann ich diese Anfälle überwinden? Es muß eine Möglichkeit geben. Wieso werde ich ohnmächtig? Ist es eine bestimmte Muskelgruppe? Eine bestimmte Bewegung?«

Ungefähr fünfzig Meter oberhalb meines Standortes erblicke ich auf der linken Seite des Feldes ein paar Kiefern. Von mir aus gesehen wirkt die Stelle wie ein perfekter Platz, um auszuruhen und vielleicht die Nacht über auszuharren. Benommen bewege ich mich zwischen den Felsbrocken hindurch weiter aufwärts. Wenn sich ein Schwindelanfall ankündigt, bleibe ich stehen, bis er vorübergeht. Dann laufe ich weiter, wobei ich mich bei jedem Schritt vorsichtig absichere.

Ich merke, daß die Ohnmachtsanfälle heftig und schnell hintereinander erfolgen, wenn ich meine Muskeln überanstrenge, weil ich versuche, die Beine aus einer fast ganz angewinkelten Position heraus zu strecken. Indem ich meine Beinbewegungen fortan auf 20- bis 30-Grad-Beugen beschränke, gelingt es mir, das Feld ohne weitere Schwindelanfälle zu durchqueren.

Da die Sonne aus einer 2-Uhr-Position auf mich niederbrennt und mein Körper zugleich vollkommen unterernährt ist, erhalte ich jetzt nur noch kurze, leichte Energieschübe.

Schweißgebadet und mühsam nach Luft ringend, strecke ich mich auf einem Felsblock aus und bette die linke Gesichtshälfte auf die kalte, rauhe Oberfläche des Steins. Entspannt schließe ich die Augen, um die warmen Tagesstunden zu genießen und dem rhythmischen, beruhigenden Geräusch der leichten Brise zu lauschen, die sanft über das Geröllfeld streicht. Der Wind wogt wie Wellen auf dem Ozean. Die Windstöße sind stetig, nur gelegentlich strömt ein stärkerer Luftzug über die Felsblöcke und erzeugt ein tiefes Stöhnen.

Wie ich so daliege, ist mir beinahe, als ob ich träumte. Bilder aus meinem Leben mit Mom und Dad, mit meinem Bruder und meiner Schwester wirbeln mir durch den Kopf wie Szenen einer überladenen, verwirrenden Montage. Als die flackernden Fotos vor meinem inneren Auge sich so weit verlangsamen, daß ich jedes Bild und das mit ihm verbundene Erlebnis erkennen und identifizieren kann, beginnen sich langsam die Fotos von Wave und Lloyd durchzusetzen.

Das Bild ruft in mir die Erinnerung wach an Sonntag, den 27. November, den Tag, an dem wir abstürzten. Zwei Stunden, bevor wir runtergingen, waren wir auf einem ausgetrockneten Seebett unmittelbar nördlich des California City Airport gelandet. Wir waren alle drei furchtbar aufgeregt, als wir auf dem Seebett miteinander sprachen und um die Maule herumgingen. Ich kann sehen, wie Lloyd den Kopf senkt, als er unter die Tragfläche geht und Fotos macht.

Die Traumbilder wechseln, und ich bin jetzt wieder an der Absturzstelle bei Wave und Lloyd. Wave starrt mich an und sagt: »Falls du gehst, kannst du es schaffen?« Ich sehe mich langsam mit dem Kopf nicken und mit Ja antworten. Während ich mich meinem halb apathischen Zustand hingebe, versuche ich ungewöhnlichen Lärm zu identifizieren. Ich fange an, das stetig zunehmende Geräusch in meinen Traum einzubeziehen und meinen Traum beinahe um es herum zu errichten. Genau in dem Moment, da mein Traumzustand das Geräusch in die Vorstellung eines Flugzeugs verwandelt, reiße ich die Augen weit auf. Ich bekomme einen Energieschub, als ich in der Ferne das Flugzeug entdecke, das direkt auf mich zukommt.

Weil ich mir beim Klettern über die Felsblöcke meine Jacke um die Hüften gebunden hatte, kann ich sie schnell losbinden, so daß ich das rote Kleidungsstück in der Luft schwenken kann, als die Maschine näher kommt. Mein momentaner Standort erschwert eine Entdeckung aus der Luft, also beschließe ich, mich zum größten Felsblock in der Gegend aufzumachen. Wenn es mir gelingt, mich oben auf diesen Brocken zu stellen, könnte mich sogar ein Blinder sehen.

Das Flugzeug kommt aus Südwesten. Während der Lärm lauter wird, mühe ich mich ab, an die richtige Stelle zu kommen, um die Maschine herbeizuwinken, aber ich kann nicht. Da mir keine Zeit mehr bleibt, fange ich an, meine Jacke zu schwenken wie die Start-und-Ziel-Flagge beim 500-Meilen-Rennen von Indianapolis. Nur eine Leiterhöhe entfernt dröhnt die einmotorige Cessna über mich hinweg und fliegt das Geröllfeld hoch. Da sie nicht genug Höhe hat, um den Gipfel zu nehmen, neigt sie die linke Tragfläche und geht in eine Kurve Richtung Nordwesten.

Noch immer mit der Jacke herumfuchtelnd, schreie ich den Piloten an. Ich kann erkennen, daß er eine Sonnenbrille und Kopfhörer aufhat. Als er die Maschine noch mehr in Schräglage bringt, um die Kurve zu Ende zu fliegen, kann ich sehen, daß es David-Clark-Kopfhörer sind, bei denen die Ohrmuscheln durch einen Chromhaltebügel miteinander verbunden sind. Motor und Propeller machen einen so ohrenbetäubenden Lärm, daß ich mich ducke, während ich weiter mit der Jacke wedele. *Wow!* Er hat mich entdeckt! Er wackelt mit den Tragflächen, als versuchte er, sich mit mir zu verständigen.

Dies ist der dritte Tag hintereinander, an dem ich ein Flugzeug sehe, und nun hat man mich entdeckt, endlich! Ich betrachte das Heck der Maschine, während der Pilot die Tragflächen in eine horizontale Lage bringt und die Kurve beendet, und sage dankbar: »Wave, ihr habt es geschafft. Ihr habt den Rettungstrupp in diese Gegend geführt, danke. Ich bin gerettet! Dieser Wahnsinn ist vorüber.«

In freudiger Erwartung eines Wiedersehens mit Wave und vielleicht mit Lloyd durchläuft mich ein wohliges Kribbeln. Aber aus meiner Zufriedenheit wird Verwirrung, als das Flugzeug seinen Weg die Kammlinie entlang nach Norden fortsetzt. Es müßte Kreise um mich fliegen und mich dabei an seiner Tragflächenspitze behalten, während wir auf den Rettungshubschrauber warten. Bald ist es fünf Kilometer weiter nördlich und kreist zum zweitenmal über einem anderen Tal. Nach Beendigung der Runde bringt der Pilot die Tragflächen in eine horizontale Lage und nimmt Kurs nach Westen.

Ich habe eine Stinkwut, finde mich aber mit der Tatsache ab, daß er mich überhaupt nicht gesehen hat, und klettere weiter auf den großen Felsen zu. So werde ich, falls er zurückkommt, wenigstens in einer günstigeren Position sein, um ihn herbeizuwinken. Eine halbe Stunde vergeht. Mit der Jacke in der Hand hocke ich oben auf dem Felsen und horche auf die Cessna.

Auf diesem Felsen in der Sonne darauf zu warten, gerettet zu werden, ist ein riskanter Schritt. Um die Nacht in großer, windiger Höhe zu überstehen, muß ich mich an mein strenges Programm halten und anfangen, mir einen Unterschlupf zu bauen. Als ich Anstalten treffe, mich nach etwas Passendem umzusehen, höre ich das Flugzeug schwach im Westen und leicht südlich. Ein paar Minuten vergehen, und ich erspähe die Maschine in etwa acht Kilometer Entfernung neben dem Monache Mountain, wie sie mit horizontalen Tragflächen in schneller Bewegung direkt auf mich zufliegt. Als ich mich hinstelle, kann ich sehen, daß sie sich auf einer Höhe mit mir befindet. Als ich anfange, mit meiner Jacke zu winken, höre ich eine leichte Veränderung beim Geräusch des Motors. »O nein, sie steigt.«

Noch immer ihren Kurs haltend, rast die Maschine an den Blockhütten und der Außentoilette am Fuß des Berges vorbei. Die Sekunden vergehen. Die Cessna fliegt direkt über mich hinweg. Motor und Propeller dröhnen über das ganze Geröllfeld. Noch bevor ich schreien kann, verschwindet das Flugzeug hinter der Kammlinie, der Lärm wird schwächer, und die Luft ist wieder still.

Ich starre in den klaren Himmel. »Was zum Teufel war das?« Wenn das ein Suchflugzeug der CAP war, dann gehörte es zu den 15 Maschinen, die die CAP heute losgeschickt hat.

Ich habe spekuliert und verloren. Ich wollte gerettet werden. Wäre ich gerettet worden und Lloyd und Wave wären noch an der Absturzstelle, wäre gleich jetzt ein Rettungshubschrauber für sie unterwegs. In meiner körperlichen Verfassung können Minuten über Leben und Tod entscheiden, aber ich entschied mich dafür, viel Zeit und Energie beim Klettern über die Felsbrocken zu verbrauchen, damit ich an der richtigen Stelle wäre, um das Flugzeug auf mich aufmerksam zu machen. Die Mühe hat sich nicht ausgezahlt, und nun geht die Sonne hinter den Gipfeln im Westen unter. Ich stehe in großer, zugiger Höhe, und es ist unter null Grad Celsius. Meine Sachen sind naß. Ich habe keinen Unterschlupf, und ich bin umgeben von kalten Steinen.

Da mir klar ist, daß ich mich auf dem Endspurt um mein Leben befinde, suche ich die Flanke des Berges ab und entdecke einen auf der Seite liegenden Baum. In der Hoffnung, mir daraus ein Fort bauen zu können, setze ich langsam meinen Weg über das Geröllfeld fort.

Obwohl ich jetzt körperlich erschöpfter bin als während der Mittagsstunden, haben die Ohnmachten und Schwindelanfälle aufgehört. Die Ohnmachten dürften die Folge einer Kombination aus zu starker Sonne, der ich in der Höhe ausgesetzt war, Nahrungsmangel und völliger Erschöpfung gewesen sein.

Bei jedem Schritt in Richtung auf den stürmischen Gipfel spüre ich, daß sich Windgeschwindigkeit und -richtung immer schneller ändern. Als ich zwei Stunden später im Dunkeln den gefällten Baum erreiche, stelle ich fest, daß das gefrorene Gelände keinerlei Schutz bietet.

Lediglich mit Hilfe des vom Schnee reflektierten Lichts studiere ich die Umgebung und versuche, die dunklen Objekte im Wald zu identifizieren, wobei ich nach allem Ausschau halte, das mich besser vor der Kälte schützen wird. In der Ferne entdecke ich eine Gruppe großer, dunkler Schemen. Als ich mich weiter auf die Objekte konzentriere, sieht eines von ihnen aus wie ein Zelt. Fasziniert von der Erscheinung des zeltartigen Gebildes in der Dunkelheit, starre ich darauf und denke: »Sehe ich Gespenster?« Ich kann nicht von Objekt zu Objekt wandern und mich ausschließlich von Wunschdenken leiten lassen. Ich muß mir sicher sein, bevor ich den letzten Rest meiner Kraft investiere.

Da ich keinen anderen Unterschlupf entdecken kann, setze ich den nächtlichen Anstieg fort und stolpere in der Dunkelheit auf das zeltartige Gebilde zu. Als ich anhalte, um zu verschnaufen, kann ich spüren, daß die Luft dünner ist. Um genug Sauerstoff zu bekommen, bin ich gezwungen, die kalte Luft stärker und schneller einzuziehen.

Nachdem ich das letzte Stück des Geröllfeldes bezwungen habe, gehe ich vor Erschöpfung in die Knie. Ich wälze mich auf die linke Seite und konzentriere mich darauf, so viel Sauerstoff einzuatmen, wie ich kann. Während ich auf dem gefrorenen, zugigen Boden liege, zittere ich am ganzen Körper und schnaufe laut. Ganz langsam erhole ich mich von dem Sauerstoffmangel, was mir die Kraft gibt, zur Kontrolle mit meinen erfrorenen Füßen und Händen zu wakkeln, um zu sehen, ob sie noch am Leben sind.

Ich stemme mich mit dem Wanderstock vom Boden hoch

und bringe anschließend den fünfminütigen Marsch zu dem Gebilde hinter mich. Das »Zelt« stellt sich als lebende, auf der Seite liegende Kiefer heraus. Es gibt auch noch ein paar tote umgestürzte Bäume, die keinen Schutz bieten, also versuche ich, unter ihren Stämmen zu graben, in der Hoffnung, einen Hohlraum zu schaffen, der groß genug ist, daß ich der Kälte entfliehen kann. Nachdem ich ein paar Minuten mit dem Wanderstock gegraben habe, wird mir klar, daß der Boden zu hart gefroren ist.

Angesichts der Dunkelheit und des kalten Windes, der mein Gesicht mit Eis bombardiert, bleibt mir nichts anderes übrig als den Kopf einzuziehen und mir schützend die Arme über die Augen zu halten, während ich, in der Hoffnung, Schutz zu finden, weiter bergauf steige. Der Wind ist so stark, daß die Böen mich, wenn ich die Füße nicht fest in den Harsch setze, aus dem Gleichgewicht bringen und um ein Haar das steile Gebirgsterrain hinunterstürzen lassen.

Während ich mich mit dem ganzen Körpergewicht gegen den Wind stemme, stabilisiere ich mich mit dem Wanderstock. Mein ungeschütztes Gesicht bedecke ich mit dem Kragen meiner Jacke. Nur meine Augen sind noch frei und blikken nach Westen. Ich kann die nächtliche Silhouette des Monache Mountain und ganz Monache Meadows sehen. Weiter westlich hinter dem Monache Mountain erkenne ich schwach ein paar Gipfel, über die ich auf meiner bisherigen Reise gekommen bin. Als ich länger hinstarre, erfüllt mich Stolz. Beim Anblick der ganzen Strecke, die ich schon zurückgelegt habe, verspüre ich frische Kraft und Hoffnung.

Als ich den Berg weiter oben absuche, fällt mein Blick auf einen weiteren kleinen, struppigen Baum. Ich humple auf mein Ziel zu und lehne mich an den Stamm. Dieses Gelände ähnelt der Stelle, von der ich gerade gekommen bin. Ein paar Bäume liegen auf der Seite, aber der Schnee ist tief und der Boden gefroren. Der einzige Unterschied ist, daß ich dem

Gipfel näher bin, wo die Winde heftiger und die Temperaturen niedriger sind.

Seltsamerweise bin ich nicht unzufrieden. Die Windböen sind so stark, daß ich hin und her schwanke. Ich fange an zu lachen, während ich sage: »Diese ganze Strecke, und nun werde ich erfrieren. O Mann, das ist zuviel. Ich kann nicht glauben, daß das passiert.« Ich muß weitergehen. Was auch geschieht, ich darf nicht aufgeben. Ich darf nicht einschlafen. Das hier wird die schlimmste Nacht meines Lebens.

Auf dem steilen, schwierigen, vereisten Terrain gibt es im Dunkeln kein Durchkommen. Meine Tiefenwahrnehmung ist ernstlich beeinträchtigt, und ich finde kaum sicheren Halt für meine Füße. Obwohl es Nacht ist, ist die Schneedecke nicht dick genug gefroren, daß ich auf ihr dahingleiten könnte, also setze ich mich auf einen der gefällten schneebedeckten Bäume. Seit ich zu diesem Marsch aufgebrochen bin, ist die wasserdichte Imprägnierung meiner Stiefel immer durchlässiger geworden, und in den letzten paar Tagen ist mir Wasser hineingesickert. Während ich sitze, ziehe ich schnell einen Stiefel aus und nehme den Innenschuh heraus. Als ich den Stiefel verkehrt herum halte, läuft Wasser heraus. Als nächstes wringe ich den Einsatz aus. Dann mache ich das gleiche mit dem anderen Stiefel.

Danach steuere ich auf einen anderen Baum weiter oben am Berg zu.

Obwohl der Anstieg anstrengend ist und meinem Körper Schwerstarbeit abverlangt, die eigentlich Wärme erzeugen sollte, zittere ich wegen des scharfen Windes und der Minusgrade. Ich erinnere mich, wie ich als Junge in Killington, Vermont, Ski gefahren war. Die empfundene Temperatur lag angeblich bei minus 40 Grad Celsius. Bis heute war ich niemals scheußlicheren Winden ausgesetzt oder habe mehr gefroren.

Als ich nur noch wenige Schritte von dem einsamen Baum entfernt bin, sehe ich, daß das Areal weder Schutz noch Material zum Bau eines Unterschlupfs bietet. Ich bräuchte ein windundurchlässiges Zelt, einen Winterschlafsack und trockene Kleidung zum Wechseln. Außerstande, länger zu stehen, setze ich mich auf einen der schneebedeckten Bäume. Mein unkontrollierbares Zittern verwandelt sich rasch in krampfartige Zuckungen, die mich mit dem Rücken in den Schnee werfen.

Während ich gegen die unfreiwilligen Muskelkontraktionen ankämpfe, sage ich mir, daß ich mich bewegen muß. Nur so kann ich mich vor dem Erfrieren bewahren. Ich aber liege, in großer Gipfelnähe, wo es nur spärlichen Schutz durch Bäume gibt, wo die Windböen sprunghaft auf über einhundertsechzig Stundenkilometer auffrischen, in fötaler Haltung zusammengerollt, im Dunkeln und bibbere, während meine Körpertemperatur sinkt.

Ich werde von heftigen Krämpfen geschüttelt. Verzweifelt sage ich: »Steh auf, bevor es zu spät ist!« Ich reagiere, indem ich sage: »Okay, einen Moment noch. Ich schaffe das schon.« Die Minuten verstreichen, und alles, was ich mache, ist den Dialog immer und immer zu wiederholen.

Unter heftigem Zittern schleppe ich mich langsam ein Stück durch den Schnee, bis ich mich, wieder in fötaler Haltung, an den Fuß des Baumes schmiege. Mein Körper wird weiter von den regelmäßigen Krämpfen geschüttelt, während ich mich auf alle viere hochraffe und den Kopf dann unmittelbar oberhalb der Schneelinie an den Stamm lehne.

Ich verwende den Stamm als Stütze und rutsche langsam an ihm hoch, bis ich stehe. Noch immer zitternd, lehne ich die linke Schulter und den Kopf an den Baum, um mich zu stabilisieren. Gleichzeitig fange ich an, langsam gegen den Uhrzeigersinn Zentimeter für Zentimeter um den Baum herumzugehen, um meinen Körper in Bewegung zu halten und auf diese Weise zu versuchen, Körperwärme zu erzeugen. Meine Knochenbrüche schmerzen mich stärker denn je, und ich spüre die größere Unbeweglichkeit aufgrund meiner gerissenen Bänder und Sehnen.

Nachdem ich die erste Runde beendet habe, sage ich: »Peter, hör nicht auf, um diesen Baum herumzugehen. Lauf die ganze Nacht. Du mußt in Bewegung bleiben, oder du stirbst. Du kannst es schaffen.«

Ich schiebe mich weiter im Dunkeln zentimeterweise um den Baum, verbrauche den letzten Rest meiner Kraft und gehe gelegentlich in die Knie, wenn ich stolpere oder abrutsche. Der Wind kennt kein Erbarmen und schleudert mir lose Eispartikel und lockeren Schnee entgegen. Mit kalter, stockender, wütender Stimme schreie ich in den eisigen Bergwind: »Das hier ist so furchtbar ätzend. Hey, Wave, ich hoffe, du und Lloyd, ihr seid gerettet worden. Für mich sieht's nicht gut aus.«

# Letzter Abstieg

## 8./9. Dezember

Immer wieder kommen die quälenden Gedanken, heute zweimal um ein Haar von einem Flugzeug entdeckt worden zu sein, das für mich eindeutig ein Suchflugzeug war. Ich ertappe mich dabei, wie ich, schlaff gegen den Baum gelehnt, reglos dastehe. Ich habe ihn so viele Male umrundet, daß ich ihn hasse. Da ich nur noch über einen Hauch von Kampfgeist verfüge, bin ich außerstande, meinen durchgefrorenen Körper davon abzuhalten, an dem Stamm herunterzurutschen und im Schnee zu liegen. Unter Rückgriff auf dieselben Selbsthilfetechniken wie in den vergangenen zwölf Tagen sage ich verzweifelt: »Du mogelst. Steh auf. Du bekommst nur das zurück, was du investierst. Du mußt weitermachen. Los, komm schon. Es gibt Menschen auf dieser Welt, die sind schlechter dran als du.«

Unfähig mich zu rühren, stecke ich in dem Grab aus Schnee und starre empor zu der dicken, zerrissenen Wolkenschicht. Die dichte Wolkendecke scheint fünf- bis siebenhundert Meter über dem Gipfel zu schweben, und sie bedeckt die Bergkette, so weit das Auge reicht. Ich starre in den eiskalten Himmel und warte darauf, eine Lücke in den Wolken zu entdecken, um meine Sterne zu finden und die Marschrichtung gen Osten sicherzustellen. Während die Wolken über mich hinwegziehen, sehe ich gelegentlich das trübe Licht, das von dem im Osten in 10-Uhr-30-Position stehenden Viertelmond kommt.

Endlich kann ich meine östliche Richtung bestätigen und

konzentriere mich nun auf das vom Schnee reflektierte Mondlicht. Wenn die Wolkenschicht zerrissen bleibt, habe ich vielleicht gerade genug Licht, um bis zum Gipfel zu wandern.

Ein Anstieg bei Nacht ist riskant, aber ich habe keine Kraft mehr. Statt die ganze Nacht den Baum zu umkreisen, könnte ich dieselben Kalorien ebensogut verbrennen, indem ich eine größere Strecke nach Osten zurücklege. Außerdem, falls dies der letzte Berg ist, den ich erklimmen muß, erreiche ich vielleicht schon morgen nachmittag die Zivilisation und nicht erst am nächsten Tag.

Im Gegensatz zu den Tagesmärschen achte ich darauf, daß meine Kletterroute durch offenes, schneebedecktes Gelände führt, und ich halte mich von Bäumen und Felsen fern. Da meine Augen sich an die mondhelle Dunkelheit gewöhnen, kann ich mir einen Weg durch das einsame, schwarze Dickicht bahnen. Weil die Schneedecke wegen der eisigen Temperaturen eine dünne gefrorene Kruste hat, aber auch, weil ich so viel Gewicht verloren habe, versinke ich weniger als fünfzehn Zentimeter im Schnee.

Ich erreiche den Kamm einer Anhöhe. Als ich den hohen Hügel hinabmarschiere, wird das Dornengestrüpp unter dem Schnee zusammengepreßt und fängt meinen zerschmetterten Knöchel auf, während ich über das weiche, nachgiebige Gelände humple. Nur gelegentlich steht ein ausgefranster Baumfarn aus der Schneedecke hervor.

Obwohl die Winde zu einer langsamen, stetigen Brise abgeflaut sind, macht die schneidende Kälte mir weiter zu schaffen. Das brennende Gefühl in den Füßen ist verflogen; ich habe jetzt gar kein Gefühl mehr in ihnen. Auch meine Fingerspitzen sind taub.

Als ich die Kuppe einer weiteren Anhöhe erreiche, halte ich an, damit ich mit Füßen und Händen wackeln kann. Während ich versuche, meine Durchblutung anzuregen, wende ich mich nach Südwesten und sehe auf Monache Meadows hinab. Das Mondlicht bringt ein Panoramabild der verschneiten Wiesen vorteilhaft zur Geltung. Ich kann die Augen nicht von dem Anblick abwenden, und allmählich durchströmt mich ein Gefühl tiefster innerer Zufriedenheit.

Ich hole ein paarmal tief Luft und rüste mich innerlich zum Aufbruch, dann sage ich: »Keine Sorge. Nur noch ein paar Tage, bis du die Zivilisation erreichst. Du kannst es schaffen.«

Nachdem ich erst ein paar Schritte gehumpelt bin, bleibe ich stehen. Auf meinen Wanderstock gestützt, blicke ich auf meine erfrorenen Füße hinunter und frage mich: »Wird man mir die Füße amputieren, falls ich es hier herausschaffe? Wie viele Zehen wird man mir abnehmen müssen?«

Unterwegs zum Fuß einer weiteren Anhöhe halte ich den Kopf gesenkt und konzentriere mich nur auf die wenigen Meter unmittelbar vor mir. Unten an dem Hügel angekommen, bleibe ich stehen, um, auf meinen Wanderstock gestützt, auszuruhen. Als ich dann langsam den nächsten Hang hinaufmarschiere, sehe ich das traumhafte Bild des Bergrückens, dessen Umrisse sich vor dem Hintergrund eines vom Viertelmond erleuchteten Himmels abheben.

Mit gesenktem Gesicht studiere ich sorgfältig das Terrain, während ich vorwärtsdränge in Richtung Osten. Kurz vor der Spitze einer weiteren Kuppe bleibt mein Körper stehen und verweigert meine Befehle zum Weitergehen. Weil ich von denselben warmen, ruhigen, zufriedenen Empfindungen genährt werden möchte und auch muß, die mich durchströmten, als ich dastand und auf Monache Meadows starrte, hebe ich langsam den Kopf in der Erwartung, daß eine leichte, sanfte Brise heiterer Gelassenheit die Gebirgsluft erfüllt. Plötzlich entdecke ich unmittelbar hinter dem dunklen, gezackten Kammprofil ein starres, helles Licht. Von meinem Standort aus kann ich nicht erkennen, ob es sich auf der östlichen Seite der Sierras befindet, wo die schneebedeckten Berge zum Wüstenboden am Westrand des Owens

Valley hin abfallen, oder ob das Licht von den Inyo Mountains herüberscheint, die, mehr als sechzehn Kilometer vom Osthang der Sierras entfernt, im Osten an das Owens Valley grenzen.

Nachdem ich von zwei Suchflugzeugen und einem Helikopter nicht entdeckt worden bin; nachdem ich unfähig war, in zwei Blockhäuser einzubrechen, die gute Aussichten auf Nahrung, eine Telefon- oder Funkverbindung und Material zum Feuermachen boten; und nachdem ich zwei Tage lang von einem Blizzard malträtiert worden bin, der in manchen Gebieten über anderthalb Meter Schnee ablud, versuche ich, mir jede von dem Licht ausgehende Aufregung zu verkneifen, aus Angst, daß der Schein meine knappe Reserve an Lebenswillen zerstören wird.

Dieser Stern könnte das oberste der Warnlichter für den Flugverkehr sein, wie sie an Funk- und Radiomasten angebracht sind. Die Warnlichter ermöglichen Piloten, den Mast bei Nacht zu sehen, und verhindern eine Kollision. Piloten nutzen die Masten auch als Bezugspunkte, die ihnen bei der Navigation helfen.

Obwohl ich den Standort des Signalfeuers nicht mit Sicherheit ausmachen kann, beruhigt mich sein Vorhandensein und macht mich gleichzeitig nervös. Es ist etwas Außergewöhnliches. Es ist etwas, das ich seit zwölf Tagen nicht gesehen habe: starres, künstliches Licht.

Natürlich kann das Licht auch einfach nur eine Leuchtbake sein, die sich an einem Berghang befindet und niedrig fliegenden Flugzeugen bei Nacht die Spitze der Berge anzeigt. Ein solches Licht wäre mir keine Hilfe.

Ich lasse das Signalfeuer vorübergehend aus den Augen und suche die eisige Wildnis ringsherum ab, in der Hoffnung, irgendwo Kerzenschein zu entdecken, der aus einer alten Blockhütte dringt, aber die einzigen Begleiter von mir und meinem treuen Wanderstock sind der alles überragende Wächter des Tals und das starre Licht.

Ich weiche der emotionalen Verlockung des Lichts aus, indem ich den Kopf senke, um mich auf das Gelände in nächster Nähe zu konzentrieren, und gehe dann weiter in östlicher Richtung. Ich bemühe mich, den Kopf gesenkt zu halten, und wehre mich gegen die wogende Erregung, die der Anblick des Lichts ausgelöst hat, aber meine Augen geben dem Drang nach, rollen in ihren Höhlen nach oben und versuchen, einen Strahl von dem Licht zu erhaschen. Ich kämpfe gegen den Fesselgriff des Lichts an, behalte den Kopf unten und bewahre mich so vor noch mehr Enttäuschung, während ich einen weiteren leichten Hang hinaufwandere.

Als ich den nächsten Hang erreiche, hebe ich langsam und demütig den Kopf und mache mich auf das Glitzern gefaßt. Ich seufze vor Erleichterung, und meine Augen verschwimmen vor Tränen. Laut rufe ich aus: »Ich habe es geschafft.« Das Licht wird von einem zweiten Licht weiter unten an dem Turm begleitet, was bedeutet, daß es sich um einen Mast mit Warnlichtern für den Flugverkehr am Osthang der Bergkette handelt, der im Owens Valley steht, etwa fünf bis sechs Kilometer südlich der Stadt Olancha.

Beflügelt durch die Lichter, kämpfe ich mich weiter vor zum Gipfel und erklettere einen steilen, felsigen Abschnitt. Als ich mich zum höchsten Punkt quäle und den Kopf über den letzten der gezackten Felsen des Gipfels ziehe, habe ich eine Höhe von fast viertausend Metern erklommen. Ungefähr zwanzig Kilometer entfernt im Südosten kann ich die hellen Lichter der Naval Air Warfare Center Weapons Division bei China Lake erkennen, die eine Fläche am weiten südlichen Ausgang des Owens Valley beleuchten. Dieses Testgelände für scharfe Geschütze und Sprengstoffe verfügt über drei große Start- und Landebahnen, darunter eine mit einer Länge von 3,3 Kilometern. Himmelhochjauchzend auf einem kalten Felsvorsprung sitzend, der etwa zweihundert Meter steil abfällt, verflüchtigen sich sämtliche ängstlichen

Empfindungen, als ich mit Adleraugen auf die über viertausend Quadratkilometer militärischen Sperrgebiets blicke. Während ich das dunkle Tal mehrmals von Süden nach Norden überfliege und versuche, mich mittels der schwachen Lichter der entlang dem Highway 395 verstreuten winzigen Städte zu orientieren, pfeift der stetige eisige Wind über den Gipfel. Es ist ein beruhigendes Geräusch, ähnlich dem, das die Schale der Schneckenmuschel erzeugt, wenn man sie sich ans Ohr hält.

Ich starre weiter auf die trüben Lichter, die von verstreut im Tal liegenden Häusern und Ranchs kommen. Auf dem Highway 395 sind Scheinwerfer in nördlicher und südlicher Richtung unterwegs, aber sobald sie sich der von meinem Standort aus senkrecht zum Highway führenden Linie nähern, verschwinden sie außer Sichtweite.

Naß, durchgefroren und ausgehungert denke ich an eine heiße Dusche und daran, was ich mir alles zu essen machen werde. Ich werde Waffeln backen und sie mit Fruchtcocktail garnieren. Ich werde alle möglichen Sorten Obst essen. Ich werde mir in der Mikrowelle Ananasscheiben aufwärmen und sie auf der gemütlichen Couch vor dem Fernseher essen. Ich werde meinen Dad zu einem italienischen *All you can eat*-Buffet einladen, ihm anschließend die Rechnung aufhalsen und auf dem ganzen Weg nach Hause mit ihm lachen.

Die hohen Felswände, auf denen ich stehe, sind ohne Kletterausrüstung nicht zu bewältigen. Ich muß eine Route nach Süden finden, über die ich allmählich absteigen kann, ohne daß ich einen Abhang hinunterstürze. Den Wanderstock fest in der linken Hand, sicher im Schnee postiert, lächle ich, dann fange ich mit neuer Hoffnung und Kraft an zu lachen. Während ich dem Nachhall meines Lachens über dem dünnbesiedelten Tal lausche, humple ich im Mondlicht über die Kammlinie.

Auf einmal genieße ich die Stunden, die mir in meiner Verbundenheit mit einer der letzten Wildnisregionen des

Westens noch bleiben. Während der vergangenen zwölf Tage, als ich Mühe hatte zu atmen, atmeten die Berge im Gleichklang mit mir. Wenn ich weinte, schluchzten die eisigen Bäche mit mir. Wenn ich vor Erschöpfung im Schnee stolperte, trösteten mich die schaukelnden Äste an den hohen Bäumen wie die offenen Arme meiner Familie. Nachts teilte das Land seine Nadeln und Rinde mit mir, so daß ich mich zudecken konnte. So nahe ich der Natur in der Vergangenheit auch war, meine spirituelle Verbindung mit dem grenzenlosen wilden Land wird nie wieder so rein, so herzlich, so wahrhaftig sein, wie sie es in diesen vergangenen zwölf Tagen gewesen ist.

Während ich die Kammlinie entlanglaufe, halte ich nach Abhängen mit Baumbestand Ausschau. Die Bäume werden dafür sorgen, daß die Schneeschichten aneinanderhaften, und eine Lawine verhindern, wenn ich über das steile, schmale Gelände abwärts wandere. Außerdem werden sie Halt bieten, weil sie mir ermöglichen, niedrighängende Äste als Seil zu benutzen, so daß ich mich Schritt für Schritt hinunterlassen kann. Aber die einzigen Passagen, die ich bislang entdeckt habe, sind mehr oder weniger senkrechte, schmale felsige Durchgänge, die auf die schnelle Art zum Wüstenboden führen – direkt abwärts.

Durch den Abstieg über eine natürliche Felsentreppe verliere ich rasch einiges an Höhe. Der schneebedeckte Treppenabsatz bietet einen weiteren faszinierenden Blick auf das Owens Valley. Mein Blutdruck steigt bei dem Anblick. Sollte ich keinen Hang finden, den ich hinabsteigen kann, werde ich dieser langsam auslaufenden Kammlinie den ganzen Weg nach Süden bis zu der Stelle folgen, wo sie unmittelbar vor den Tehachapi Mountains in die Hochwüste mündet.

Bald bin ich gezwungen, einige hausgroße Felsblöcke zu umgehen, die mir die Sicht auf das Owens Valley versperren. Am Ende des Umwegs taucht das Tal wieder auf, und ich stelle fest, daß ich jetzt oben an einem knapp zehn Meter breiten, steilen Abhang stehe. Auf der linken Seite von einem senkrechten Felsabsturz begrenzt, beschreibt dieser langsam einen Bogen nach links. Fünfzig Meter weiter unten kann ich Baumwipfel sehen. Die rechte Seite wird von einer Felswand begrenzt, die fast bis an die Baumgrenze darunter reicht. Ich überlege, ob ich mich für diesen Weg entscheiden soll. Der Abstieg ist steil, aber wenn ich es schaffe, kann ich eine Menge Zeit sparen, also sage ich ja.

Bei der Auswahl meiner Abstiegsroute halte ich nach einem Bereich Ausschau, wo die Temperatur höchstwahrscheinlich den ganzen Tag über konstant bleibt, wo die Schnee- und Eisschichten sich verbinden, so daß die Lawinengefahr dort geringer ist. Das Problem ist, daß der sehr hoch gelegene Steilhang direkt nach Osten zeigt und das Sonnenlicht durch nichts blockiert wird. Das bedeutet, daß Schnee und Eis hier in regelmäßigem Kreislauf gefrieren und schmelzen, was Lawinen begünstigt.

Trotzdem, wenn ich diesen Weg nach unten nehmen will, dann ist jetzt der richtige Zeitpunkt, weil die Sonne in wenigen Stunden anfangen wird, darauf niederzubrennen, so daß die Schnee- und Eisschichten brüchiger werden. Ich halte mich von dem endlosen Felsabsturz fern und mache mich an der rechten Seite vorsichtig an den Abstieg, wobei ich mit der Schulter fast die Felswand entlangschramme.

Beim Absteigen verliere ich den Halt und falle ein kurzes Stück den Steilhang hinunter, bevor ich mich mitten im hüfthohen Schnee wieder fangen kann. Da es mir mit Gewalt den Atem verschlagen hat, liege ich hustend und würgend im Schnee und versuche zu verschnaufen.

Als ich mich von der Hinterhältigkeit des Hangs erholt habe, stehe ich auf und fange an, mir den Schnee von der Jacke zu klopfen und aus dem Kragen zu wischen. Bei einem nochmaligen Blick nach oben wird mir bewußt, daß ich in die Mulde des Steilhangs gelockt worden bin und jetzt einen Punkt erreicht habe, an dem es kein Zurück mehr gibt.

Angesichts der eiskalten nassen Sachen, die meinen bibbernden Körper bedecken, ist mein einziger Gedanke, mich noch ein paar hundert Meter fallen zu lassen, dorthin, wo die Temperaturen über dem Gefrierpunkt liegen. Außerdem wird in nur wenigen Stunden die Sonne aufgehen, den Wüstenboden erwärmen und eine warme Luftströmung erzeugen, die längs der Kammlinie aufsteigen wird.

Ich halte auf die Baumgrenze zu, in der Hoffnung, einen Sturz mit Hilfe der Bäume abbremsen zu können, falls der Schnee auf dem stark geneigten Hang nachgibt. Der Pulverschnee geht mir bis zum Hals, so daß ich nicht hindurchstapfen kann, sondern statt dessen gezwungen bin, absichtlich bergab zu fallen und zu rollen. Die Schmerzen schaffen mich körperlich derart, daß ich mit dem Rollen aufhören muß, um erneut zu verschnaufen.

Bei jeder Pause, die ich zwischen diesen schmerzhaften Rollbewegungen einlege, befreie ich mich vom Schnee. Dann suche ich mir den nächsten senkrechten Abschnitt, durch den ich mich wälzen kann. Dabei versuche ich den Felsabsturz zu meiden, den ich links im Mondlicht sehen kann, und bleibe gleichzeitig den scharfkantigen Felsen ganz zur Rechten fern.

Nachdem ich mich von einem weiteren Sturz erholt habe, stehe ich auf, dann breche ich zusammen. Ich bin völlig ausgelaugt. Ich bin jetzt seit vierundzwanzig Stunden auf den Beinen. Ich will einfach nur schlafen. Laut sage ich: »Ich werde bis morgen warten und mich dann wieder auf den Weg machen.«

Aber bevor ich auch nur eine winzige Mütze voll Schlaf nehmen kann, sagt die starke beschützende Kraft, die während der vergangenen zwölf Tage dafür gesorgt hat, daß ich mich immer wieder hochgerappelt habe: Wo zum Teufel willst du bleiben? Hier oben in dem kalten, nassen Schnee? Du kannst die Lichter sehen! Marschier zu den Lichtern! Besorg für Wave und Lloyd noch heute einen Rettungstrupp! Steh auf und beweg dich!

Der Abhang macht jetzt einen Bogen nach links. Beim Übergang in die Kurve merke ich, daß die Stelle dunkler ist. Es gibt dort nicht so viele verschneite Zonen, die das Mondlicht reflektieren könnten. Mit dem Wanderstock in der Linken taste ich mich langsam vorwärts. Plötzlich läßt mich der Untergrund aus Schnee ohne Vorwarnung im Stich und befördert mich auf den Rand des einhundertfünfzig Meter tiefen Felsabsturzes zu.

Während ich auf dem Rücken mit den Füßen voran rutsche, kann ich den Schnee vor mir über die Felskante verschwinden sehen. Verzweifelt stemme ich die Fersen in das Schneebrett, in der Hoffnung, mich an einem Stein oder Stumpf unter der rutschenden weißen Masse festhaken zu können. Es ist zwecklos. Der Schwung des in Bewegung geratenen Schnees ist zu groß. Ich fahre auf einem Schneeschlitten in den Tod. Die Wucht der Lawine wirbelt mich herum, und ich rutsche auf dem Bauch weiter. Ich nehme beide Hände über den Kopf und versuche zu bremsen, indem ich an dem Schnee scharre und gleichzeitig beide Füße in den Boden ramme.

Als ich mich dem Rand nähere, kann ich spüren, wie die Kräfte der weißen Woge erlahmen. Plötzlich merke ich, wie meine Füße über die Kante schießen und Luft treten. Ich schleife mit den Knien über den Felsen, dann mit der Taille, dann mit der Brust. Als es mir endlich gelingt, zum Halten zu kommen, hänge ich über der Kante, und mein gesamtes Körpergewicht wird lediglich von meinem linken Unterarm gehalten, der auf einer fünfzehn Zentimeter langen Felsnase ruht.

Weil ich fürchte, daß mein Unterarm von dem winzigen, glatten Sims abrutschen wird, wage ich erst nicht, mit dem kleinsten Muskel zu zucken und verharre reglos. Dann versuche ich, meinen Unterarm ein wenig vom Druck zu entlasten, indem ich mit der linken Wange und der Nase an der Felskante Halt suche. Als ich in die dunklen Tiefen unter mir starre, kann ich schwach die langen, speerspitzenförmig zulaufenden Felszacken erkennen. Von Sekunde zu Sekunde schwächer, mühe ich mich ab, Unterarm und Körper ruhig zu halten, während ich gegen wilde Panik ankämpfe.

Als ich genau zum falschen Zeitpunkt husten muß, zittert mein Körper leicht, wodurch ich mit dem Unterarm weitere Zentimeter von der Felsnase abrutsche. Ich verändere daraufhin den Winkel, in dem mein Unterarm die winzige Felsnase festgeklemmt hält, wobei ich darauf achte, die erfrorenen Finger der linken Hand nicht zu bewegen, damit die Unterarmmuskeln sich weder dehnen noch zusammenziehen.

Das Sims ist leicht nach unten geneigt, so daß ich fast unmerklich millimeterweise abrutsche. Vorsichtig suche ich mit den Zehen Halt an der Felswand. Aber sie rutschen in der Dunkelheit an der glatten Wand einfach ab.

Weil der Schnee über mir sich gelöst hat und von dem Vorsprung gerutscht ist, ist die verbliebene Schicht dünn. Eine ausgestreckte Armeslänge entfernt zu meiner Rechten entdecke ich einen dunklen Knubbel, der aus dem Schnee heraussteht. Da mein linker Unterarm weiter Halt verliert, besteht meine einzige Überlebenschance darin, die rechte Schulter zu benutzen, um mich in Sicherheit zu ziehen.

Da ich die rechte Hand nicht über den Kopf heben kann, lege ich sie mit gespreizten Fingern an die Felswand und fahre dann mit den Fingern langsam wie mit Spinnenbeinen die Wand hoch. Als ich die rechte Hand langsam über den Kopf schiebe, geht mir der stechende Schmerz in meiner übel zugerichteten Schulter bis in den kleinen Zeh. Ich kann hören und spüren, wie die gebrochenen Knochen unter der Haut mahlen und knirschen. Während mir von dem durchdringenden Schmerz die Augen tränen, versuche ich den Körper vollkommen ruhig zu halten.

Winselnd wie ein in den scharfen Zähnen einer Falle gefangenes Tier, strecke ich den rechten Arm ganz aus, bis ich mit den Handschuhspitzen gerade eben das untere Ende des dunklen Knubbels berühre. Außerstande, die Hand weiter auszustrecken, bohre ich die Finger in den Schnee und suche nach einem anderen Halt für meine Hand, finde aber nichts, was ich packen könnte. Kleine Schneebrocken fallen unter meinen Fingern herab und verschwinden in dem dunklen Abgrund. Ich versuche, ein paar Zentimeter zu gewinnen, indem ich mich vorsichtig nach rechts lehne, während ich mit der linken Schulter langsam auf den linken Unterarm drücke. Als er zu rutschen beginnt, drücke ich mit dem Gesicht gegen den Fels, was meiner rechten Hand erlaubt, den Knubbel zu packen. Es handelt sich um die Wurzel eines Busches. Zwar nicht gesichert, aber mit linkem Unterarm, Gesicht und dem Halt für die rechte Hand das Gleichgewicht haltend, teste ich die Stärke der Wurzel, indem ich leicht daran ziehe und mich vergewissere, daß sie sich nicht aus dem Felsen rupfen läßt wie ein spröder Korken aus einer alten Flasche.

Obwohl ich beinahe aus meiner katzengleichen Position wegrutsche, habe ich Angst, der Stärke der Wurzel zu trauen. Während ich vorsichtig an dem Knubbel ziehe und mit dem Gesicht drücke, bin ich in der Lage, den Druck auf dem linken Unterarm zu verringern, was mir erlaubt, ihn wieder die Felsnase hochzuschieben. Da ich jetzt durch linken Unterarm, Gesicht und rechte Hand abgesichert bin, gönne ich meinen Muskeln eine Ruhepause und lasse den gellenden Schmerz in der Schulter abklingen, während ich wieder zu Kräften komme.

Ich habe den rechten Arm und die rechte Schulter zwölf Tage lang gehätschelt, weil ich vorhatte, mir die gebrochene Schulter für einen Notfall aufzubewahren. Da ich genau weiß, daß mir ihre volle Kraft nur wenige Sekunden zur Verfügung stehen wird, wappne ich mich für einen urplötzlichen, grauenhaften Schmerz, indem ich ununterbrochen gegen die Felswand hämmere. In einer einzigen Bewegung drücke ich mit dem linken Unterarm, während ich gleichzeitig mit dem rechten Arm ziehe. Schreiend vor Schmerz, hieve ich mich ein paar Zentimeter hoch und positioniere dann die linke Hand neu, so daß ich mit ihr nun von oben auf die Felsnase drücke. Ich kämpfe gegen den Schmerz an und hebe das linke Knie hoch genug, daß es auf der Felskante ruht.

Jetzt, wo mein linkes Knie Halt hat, verlange ich meiner rechten Schulter noch eine Anstrengung ab. Wieder ziehe ich mich ein Stück die Wand hoch. Meine rechte Schulter knackt und knirscht und verursacht mir Schmerzen bislang ungekannten Ausmaßes. Keuchend und zitternd verkante ich mich mit dem Unterkörper an dem Wurzelknubbel, während ich mein Körpergewicht abstütze, indem ich den zerschmetterten linken Knöchel auf die Felskante lege. Weil ich fürchte, daß mir die Schulter ihren Dienst versagt, wage ich nicht auszuruhen, sondern greife mit der linken Hand einen weiteren Busch und presse wegen der Haftung Unterkörper, Hüften und Knie an den dunklen Knubbel. Langsam bugsiere ich mich auf den Hang zurück, bis ich im Schnee sitze. Ich stemme beide Hacken in die dünne Schneeschicht und verankere meinen Körper fest. Wie ein verwundetes Tier lege ich die linke Hand vorsichtig an meine zerfetzte Schulter und tröste sie, während ich vor Schmerz in die kalte, schweigende Dunkelheit hinausstöhne.

Nachdem ich mich mehr als zwanzig Minuten vor Schmerz gekrümmt habe, stehe ich auf, noch immer bibbernd von der Erfahrung des nahen Todes. Von dem dunklen Loch halte ich mich fern und schleiche langsam zur linken Seite des Felsabsatzes, wo das Gelände in ein Geröllfeld übergeht, das nach unten führt. Mir meinen Weg ertastend, stütze ich mich mit Füßen und Händen gleichzeitig ab, um den Abhang hinabzusteigen. Beim Erreichen des unteren Endes der Felswand kann ich nicht glauben, wie steil und hoch sie ist. Als ich ihren Fuß überfliege, erschaudere ich angesichts der spitzen Felsnadeln, in die ich gefallen wäre.

Das Geräusch von tropfendem Wasser ist in der einsamen Gebirgsluft weithin zu hören. Ich habe genug an Höhe verloren, daß Wasser durch die vereisten Felsen tröpfelt. Das Gelände, in dem ich mich jetzt befinde, ist während der Zeit der Schneeschmelze ein Wasserfall. Wegen der steilen Abstürze und der dichten Vegetation, welche die Rinne begrenzen, ist es schwierig zu durchwandern. Ich muß einen weniger steilen Abstieg finden.

Noch immer hoch über dem Talboden verändert sich das Terrain und geht in das Dornengestrüpp der Wüste über, mit kurzen Kakteen, zwischen denen sich gelegentlich helle Schneefelder finden. Das lockere Erdreich löst sich, als ich es mit federleichten Schritten durchquere. Wenn die aufgewühlte Erde den steilen Abhang hinabrieselt, werden die Steine schneller, verschwinden laut kullernd bergab in der Dunkelheit und geben, wenn sie andere Steine treffen, krachende und splitternde Geräusche von sich.

Ich rutsche den Berg fünf bis sechs Meter am Stück auf dem Hintern hinunter. Diese Rutschpartien kommen so oft vor, daß ich eine immer ausgefeiltere Hintern-Rutschtechnik entwickle, wie ein Kind, das Rodeln lernt. Ich halte mich mit dem Körper dicht am Boden, rechne damit, daß das Gelände unter mir nachgibt, und warte auf den Beginn der Rutschpartie, während ich weiter den Hang quere. Wenn die Schlittenfahrt beginnt, halte ich meinen Körper im Gleichgewicht, indem ich die linke Hand gegen den Boden ausstrecke. Zum Steuern benutze ich den rechten Fuß, wie ein Ruder an einem Boot. Indem ich das rechte Bein ganz angewinkelt habe, den Fuß flach am Boden und die Zehen nach oben angezogen, kann ich über die spitzen, festsitzenden Steine hinweggleiten, ohne mir Füße oder Zehen zu quetschen. Außerdem verlängert der rechte Fuß so meine Rutschfläche, und ich kann mein Hinterteil mittels der natürlichen Elastizität in Knöchel und Knie heben und senken. Mein linkes Bein ist fast ganz gestreckt und führt mit dem wenige

Zentimeter über dem Boden schwebenden zerschmetterten Knöchel die Fahrt an. Jedesmal wenn der Knöchel Bodenkontakt hat oder an einem festsitzenden Stein hängenbleibt, durchzuckt mich ein heftiger Schmerz.

Erde, Steine, Gestrüpp und Kakteen zerfetzen mir bei jeder Schlittenpartie meine Skihose im Gesäßbereich. Wenn möglich, bremse ich die schnellen, außer Kontrolle geratenen Fahrten aus, indem ich den rechten Fuß zu Hilfe nehme, um auf das trockene, drahtige Dornengestrüpp auszuweichen, aber manchmal bin ich gezwungen, den rechten Fuß gegen einen großen Stein zu stemmen, so daß ich abrupt zum Halten komme.

Als ich mich dem Fuß des Berges nähere, kann ich Wasser strömen hören. Ich würde gern an diesem Schmelzwasserbach entlangmarschieren, aber die Felsblöcke und die dichte Vegetation machen das unmöglich.

Nachdem ich aus dem Bach getrunken habe, gewinne ich durch das Verlassen der Rinne wieder so weit an Höhe, um einen tiefen Panoramablick auf das Tal zu haben. Während ich mich auf einem Stein ausruhe, schaue ich zu, wie die Dunkelheit abnimmt und die verstreuten Lichter, die den Talboden zierten, blasser werden. Gebäude unterschiedlicher Größe und Form sprenkeln nun die ferne Landschaft. Als ich mitten durch einen Canyon blicke, kann ich Autos, die Streichholzschachteln gleichen, über den Highway 395 fahren sehen. Als häßliche Erinnerung an die Zivilisation quillt etwa drei Kilometer südlich in Stößen dicker, schwarzer Rauch aus dem Owens Valley empor. Nach dem Aussehen der bedrohlichen Wolke zu urteilen, verbrennt offenbar jemand illegal große Mengen Gummi.

In der Ferne entdecke ich eine unbefestigte Straße, die vom Highway aus die Wüste durchquert und zum Eingang des Canyons führt. Ich liege mit zwischen den Steinen eingeklemmten Füßen ruhig an dem Berghang und behalte die Straße im Auge. Obwohl die Sonne noch nicht zu sehen ist, kann ich die vom Tal aufsteigende warme Luft spüren. Es ist das wärmste Wetter, dem ich seit 13 Tagen ausgesetzt bin.

Ich gehe weiter, denn ich muß die unbefestigte Straße erreichen, bevor die Sonne ganz aufgegangen ist. Als ich flüchtig den Hang hinabblicke, entdecke ich etwas, das wie die Fährte eines Maultierhirschs aussieht. Die Spur verläuft längs eines Bachs, verläßt den Canyon und führt zu der unbefestigten Straße. Durstig und neugierig auf die Fährte, rutsche ich zu dem Bach hinunter. Das kalte Wasser fließt ununterbrochen im Schatten großer Büsche und Bäume. Dünnes Eis bedeckt die Bachufer, und der Erdboden ist wegen des fehlenden Sonnenlichts von einer dünnen Schneeschicht überzogen.

Die Fährte bietet mir streckenweise freies Gelände, aber hin und wieder bin ich gezwungen, sie zu verlassen, um Steilhänge und dichtes Gestrüpp zu umgehen. Während ich Mühe habe, dieser Spur zu folgen, wundere ich mich darüber, wie stark und zäh die Tiere sein müssen, daß sie ihr ganzes Leben damit verbringen, diese steilen Canyonhänge hinauf- und hinunterzulaufen.

Als die Fährte flach wird und ich an dem Bach entlanghumpeln kann, stehe ich plötzlich verblüfft Auge in Auge einer schwarzweißen Kuh gegenüber, die eine Kuhglocke trägt. Als das erschrockene Vieh aufspringt, ertönt die Glocke. Das Tier verschwindet rasch im Gestrüpp, und das Gebimmel wird leiser. Ich muß lachen bei dem Gedanken, daß eine Zweihundert-Kilo-Kuh wegen meines ausgehungerten, schmutzigen, bärtigen Gesichts, dem die Sehnsucht nach einem saftigen Steak anzusehen ist, die Flucht ergriffen hat.

Ich wandere weiter den sanften Hang hinab durch den Canyon und hoffe, irgendwo den Rancher zu entdecken, dem die Kuh gehört. Über den Pfad erreiche ich eine Stelle, wo das Gelände kurz steil abfällt. Bald nachdem ich den Steilhang hinuntergeklettert und -gerutscht bin, muß ich an einem brusthohen, rostigen Weidezaun anhalten. Bei der Suche nach einer Möglichkeit, den Zaun zu umgehen, blicke ich über den Bach und sehe zu meiner Überraschung eine schneebedeckte unbefestigte Straße. Als ich eine Reihe gleichmäßig verteilter Steine finde, die aus dem Wasser herausragen, hopple ich über den gut einen halben Meter tiefen Wasserlauf. Ich schlüpfe durch eine Lücke im Zaun und hinke die Straße hinunter, wobei ich Fußabdrücke in dem nicht sehr hohen, unberührten Schnee hinterlasse.

Weil ich langsam gehe und der Schnee meine Schritte dämpft, werde ich frühzeitig durch ein tiefes Knurren etwa sechs Meter vor mir gewarnt. Während ich dem Geräusch näher komme, das unter hohem Gestrüpp hervorkommt, verwandelt mein Humpeln sich in den Pirschgang eines Jägers. Ich entdecke einen Puma, der im Begriff steht, ahnungsloses Federwild anzugreifen. Ich bleibe stehen und beobachte die Situation. Ich möchte näher herankommen und schleiche vorsichtig vorwärts. Das große Raubtier ist so auf seine Beute fixiert, daß es mich nicht einmal bemerkt. Plötzlich stieben die Vögel in die Luft. Während sie versuchen, der dichten Deckung des hohen Gestrüpps zu entkommen, verheddern sich ihre Flügel und Körper ineinander, was sie langsamer macht. Der Puma, der leer ausgeht, dreht sich in meine Richtung und heftet den Blick auf mich. Die spöttische Katze zeigt keine Anzeichen von Furcht, während sie meinen Wert taxiert. Dann verschwindet sie in dem Gestrüpp.

Mein Mund wird trocken, als ich mich der Beutezone nähere. Ich suche ringsum alles ab und hoffe, der Puma hat keinen Haken geschlagen, um mich von oben anzugreifen. Als ich den Bereich passiere, entdecke ich frische Hirschspuren. Nach dem mit Erde und Blättern untergepflügten Schnee zu urteilen, sieht es so aus, als habe ein Bock auf Futtersuche den Boden mit seinem Geweih aufgekratzt.

Als ich aus dem Schlund des Canyons heraustrete, verwandelt sich die schneebedeckte Straße in staubigen Dreck und durchquert eine dichte, struppige Vegetation. Aber bevor ich meine Reise fortsetzen kann, muß ich den Bergen Lebewohl sagen. Ich drehe mich um und starre auf die schneebedeckten Gipfel. Der klare blaue Himmel ruht auf der gezackten Kammlinie, von der ich die ganze Nacht herabgestiegen bin. Während ich *good-bye* stammle, laufen mir Tränen über die Wangen. Ich stehe am Boden des 1200 Meter hoch gelegenen Tals, nur knapp sieben Kilometer von dem viel befahrenen Highway entfernt. Ich habe es geschafft. Ich möchte nicht, daß meine Beziehung zu den Bergen endet, aber es muß sein. Ich möchte sie mit nach Hause nehmen und sie meiner Familie und meinen Freunden zeigen. Ich möchte, daß sie die Berge mit meinen Augen sehen und den Wind mit meinen Ohren hören und die kalte, frische Luft so spüren, wie ich sie gespürt habe. Aber ich möchte nicht, daß sie die unmenschlichen Qualen erleben, die ich ertragen habe. Ich weiß, daß ein Teil von mir für immer in den High Sierras bleiben wird. Diese Berge haben einen Teil von mir genommen und mir dafür das Leben geschenkt. Während ich hier, auf meinen Wanderstock gestützt, dastehe, habe ich einen Panoramablick auf die Bergkette, und mir ist, als würde ich mich von meinem besten Freund verabschieden, den ich nie wiedersehen werde. Während ich versuche, den Bergen den Respekt zu erweisen, den sie verdienen, danke ich ihnen für die sichere Durchreise.

# Ranch House Café

## 9. Dezember

Während ich die gewundene, nicht asphaltierte Straße hinunterhumple, lasse ich die Sierra Nevada hinter mir und bewege mich langsam auf die Zivilisation zu. Als das Owens Valley sich öffnet, dörrt die Sonne den Boden des Wüstentals aus. Der Bach fließt etwa fünfzig Meter zu meiner Linken und ist wegen der an seinen Ufern wuchernden dichten, farbenfrohen Vegetation leicht auszumachen.

Die schwarzen Wolken im Süden werden von Flammen gespeist, die wie ein außer Kontrolle geratenes Feuer in einer Ölraffinerie lodern. Da ich annehme, daß dort Leute sein müssen, die das Feuer unterhalten, überlege ich, auf den Rauch zuzugehen, um Hilfe zu holen. Aber bevor ich losmarschiere, überlege ich es mir anders. Diese Leute werden mir kaum helfen, mich mit dem Sheriff in Verbindung zu setzen, weil sie Angst hätten, ins Gefängnis zu wandern. Während ich den Gedanken zu Ende denke, verläßt ein weißer Laster die Feuerzone und rast die unbefestigte Straße hinunter. Obwohl ich ihn aus den Augen verliere, kann ich seinen Bewegungen anhand des Staubwirbels folgen, der das Fahrzeug einhüllt, als es davonbraust und zum Highway 395 entwischt.

Die traurige Wahrheit ist, daß ich schon viele Male, wenn ich mit meinen Kumpels zu Enduro-Touren in die Wüste fuhr oder mit der Maule in niedriger Höhe über einsames Wüstengebiet flog, gewaltige Mengen Müll gesehen habe, die mitten im Niemandsland weggeworfen oder zum Verbrennen dagelassen wurden. Dann bleibt ein Schandfleck zurück, die Leute entweihen damit das Land und brechen das Gesetz. Mit dem Anblick der schwarzen Schadstoffe, die in den blauen Himmel über dem unberührten Canyon schießen, empfangen mich bei meiner Rückkehr die Komplexitäten der modernen Zivilisation, die ich gezwungen war, für zwölf Tage zu verlassen.

Als ich die Wärme der Wüstensonne spüre, ziehe ich meine Jacke aus und binde sie mir um die Hüften. Im Weitergehen starre ich auf die Autos in der Ferne und denke: »O Mann, ich sehe beschissen aus. Ich bin dreckig, und stinke. Ich habe einen schmutzigen Bart, getrockneten Schorf im Gesicht und verfilzte, fettig am Kopf klebende Haare. Ich muß aussehen wie ein Penner. Mein Zahnfleisch und meine Zähne sind mit Insekten- und Rindenresten überzogen. Wie präsentiere ich mich den Leuten? Behalte ich die Sweatshirtkapuze auf dem Kopf oder lasse ich die Leute mein verzweifeltes Gesicht sehen?«

Da ich mich noch immer oberhalb des Tals befinde, kann ich das Haiwee Reservoir sehen, das ein paar Kilometer südlich von Olancha liegt. Wave und ich haben den langen, schmalen Stausee auf unseren Flügen mit der Maule das Tal hinauf und hinunter oft zur Navigation genutzt. Ich hatte erfahren, daß der Wasserspeicher 1913 von den Wasser- und Elektrizitätswerken Los Angeles als Teil des Los Angeles Aqueduct Systems angelegt wurde. Eigentlich gibt es zwei Stauseen, das North Haiwee Reservoir und das South Haiwee Reservoir.

Weil der Haiwee lang und schmal ist, ist er ein idealer Stausee für einen natürlichen Reinigungsprozeß. Das Wasser fließt langsam durch den Haiwee, so daß sich Lockermassen wie Schutt, Geröll und Kies absetzen können und das Wasser der Luft und dem Sonnenlicht ausgesetzt wird. Zeit seines Bestehens sind mehr als 70 Prozent des Wassers von Los Angeles durch den Haiwee geflossen. Sobald das

Wasser den Haiwee verläßt, strömt es durch Kanäle, Tunnel und Röhren und sieht auf dem ganzen Weg nach Los Angeles nie mehr freien Himmel und Licht.

Ich halte an, um auszuruhen, und lasse mich auf die Knie fallen. Dann strecke ich mich auf der klumpigen, warmen Erde aus und blinzle in die brennenden Strahlen der Sonne. In der Ferne spannen sich Stromkabel durch das Tal wie Weihnachtslichter. Die erholsamen warmen Strahlen von der Sonne und das Bett aus trockener Erde erzeugen ein wohliges Gefühl, während ich die Augen schließe und beinahe einschlafe.

Weil ich beim Marsch über die Gestrüppebene nicht auf den fernen Highway gestarrt habe, sondern den Blick statt dessen unmittelbar auf das vor mir liegende Wegstück gerichtet hielt, habe ich jetzt stärker das Gefühl, daß der Highway 395 zum Greifen nahe ist. Alles, was ich tun muß, ist weiter einen Fuß vor den anderen zu setzen.

Zu meinen Freunden und der Familie sickert die Information durch, die CAP halte es für ausgeschlossen, nach einem schweren Absturz in den Bergen dreizehn Tage in der Wildnis unter Blizzard-Bedingungen zu überleben. Die CAP treffe gerade Vorbereitungen, die Mission nach dem kommenden Wochenende komplett einzustellen. Rocco, Denise und mein Vater fangen schnell an, die Geldmittel zum Mieten von Helikoptern aufzutreiben, um die Sierras zu durchkämmen, sobald die CAP ihren Sucheinsatz abbläst.

In ihrer Verzweiflung handeln sie selbst aufgrund von Informationen, die ein Hellseher liefert. Obwohl Denise keine Pilotin ist, mietet sie ein Flugzeug und heuert einen ebenfalls aus Long Beach stammenden Piloten namens Stephen an, um einige Zielgebiete in der offenen Wüste zu überfliegen. Während Stephen die Checkliste für den Abflug der Cessna 172 abhakt, tritt Denise gegen einen der Reifen am Hauptfahrgestell, bekämpft die Tränen, die ihr übers Gesicht laufen, und sagt: »Lieber Gott, mach, daß heute der Tag ist. Es sind jetzt dreizehn Tage. Viel mehr kann ich nicht ertragen. Komme, was da wolle, mir ist es gleich. Ich bin bereit, das Ergebnis zu akzeptieren.«

Nervös klettert Denise auf den Rücksitz und schnallt sich fest an. Zu ihrer Überraschung nimmt ein kleiner, dicker, schmutziger junger Mann mit einer dicken Brille namens Josh auf dem Kopilotensitz Platz. Die Maschine hebt um 10 Uhr morgens von Long Beach ab und nimmt Kurs auf General Fox Field, wo sich das Hauptquartier des CAP-Sucheinsatzes befindet. Sobald Stephen die Maschine hat ausrollen lassen, steigt Denise aus und marschiert auf der Suche nach den CAP-Oberen in die Flughafengebäude.

Plötzlich ist sie so schockiert, daß sie sich beinahe übergibt. Große Fotos von Wave, Lloyd und mir sind an ein Schwarzes Brett geheftet, und darüber stehen die Worte »Heutiger Einsatz«.

Denise informiert die CAP persönlich, daß sie ein Flugzeug gemietet hat, um über dem trockenen Gebiet von Bakersfield, der Mojave-Wüste und längs des Los Angeles Aqueduct Systems Suchaktionen aus der Luft durchzuführen. Da man Denise' Drängen spürt und weiß, daß bereits Pläne gemacht wurden, der Suche die Unterstützung zu entziehen, dankt die CAP ihr, daß sie das Hauptquartier über ihre Flugpläne und die anvisierten Suchgebiete informiert hat. Die CAP ist einverstanden, daß das Flugzeug von Denise in ständigem Funkkontakt mit der CAP-Zentrale bleibt, so daß eine Abstimmung mit anderen Suchflugzeugen erfolgen kann.

Während die Besatzung die Funkfrequenz der CAP überwacht, rollt die winzige Cessna über die Fox-Startbahn und nimmt Kurs auf Bakersfield. In der Zwischenzeit starten 51 CAP-Angehörige mit 15 Maschinen, die heute den Himmel übersäen und 41 Einsätze fliegen. Die Maschinen absolvieren laut Logbuch eine Gesamtflugzeit von 67,3 Stunden, wovon 21,9 Stunden auf die Suche in den Planquadraten entfallen.

Zu Hause sehen mein Bruder und mein Vater noch einmal meine Flugunterlagen, Karten und die seit Beginn der Suche erhaltenen Mitteilungen durch, in der Hoffnung, einen neuen Anhaltspunkt zu finden. Nachdem sie das Haus auf Hinweise durchforstet haben, beschließen sie, daß Rocco zum Long Beach Airport zurückfahren sollte, um mit anderen Piloten und Flugzeugeignern zu sprechen. Sie haben keine Ahnung, daß ich bereits aus den Bergen aufgetaucht bin.

Nachdem ich den Kopf beim Marschieren eine ganze Weile gesenkt gehalten habe, sehe ich die Hochspannungsmasten in meinem peripheren Gesichtsfeld. Ich schreie: »Ich habe es zu den Stromleitungen geschafft! Nicht übel! Du siehst, der Trick mit dem gesenkten Kopf beim Laufen funktioniert.« Dann jedoch, als ich in Richtung Highway 395 blicke, stöhne ich auf: »O Gott! Diese ganze Zeit, und ich bin erst die halbe Strecke marschiert.«

Die unbefestigte Straße mündet in eine andere, die in Nord-Süd-Richtung parallel zum Highway verläuft. Da ich nach Osten muß, bahne ich mir in gerader Linie einen Weg mitten durch das Dornengestrüpp zum Highway. Die Gebäude längs der Schnellstraße sind jetzt nur noch einen Steinwurf weit entfernt. Ich bekomme einen Vorgeschmack vom Ende des Kampfes und dränge vorwärts, als ich plötzlich an einen knapp drei Meter hohen, oben von Stacheldraht gekrönten Drahtzaun gerate. Ich spüre, sehe und höre die auf dem Highway 395 fahrenden Autos und verschwende keine Zeit damit, über das lächerliche Hindernis zu klettern. Aber als ich den Zementrand des Los Angeles Aqueduct erreiche, bin ich gezwungen anzuhalten.

Der sechseinhalb Meter breite Betonkanal leitet das Bergwasser nach Süden, parallel zum Highway 395, bis das Aquädukt den Highway überquert und ins Haiwee Reservoir fließt. Wie angewurzelt bin ich am Rand des reißenden Wassers stehengeblieben und brülle vor Enttäuschung. Der künstliche Fluß ist etwa zweieinhalb bis drei Meter breit. Ich knie mich hin und nehme die Wassertiefe genauer in Augenschein, während ich laut nachdenke: »Kann ich, wenn ich springe, bei dieser starken Strömung auf die andere Seite hinüberschwimmen?« Da der Beton glatt verarbeitet ist, bietet er keinen Halt, keine Kletterhilfe, um auf der anderen Seite aus dem Kanal herauszukommen. Außerdem sind sowohl Schwimmen als auch Klettern sehr schwierig, wenn die eigene Kleidung dreimal so schwer ist wie gewöhnlich, weil sie klatschnaß ist. Ich habe seit zwölf Tagen nichts gegessen, ich bin viel zu schwach, um gegen die Strömung anzukämpfen, falls das Wasser so tief ist, daß es mir über den Kopf geht, und was passiert, wenn ich durch die Strömung ein paar hundert Meter weit nach Süden abtreibe? Verläuft der Kanal irgendwann unterirdisch?

*Wow!* Ich kann nicht glauben, daß ich den Versuch in Betracht ziehe, das Aquädukt zu durchschwimmen. Ich sage mir: »Ganz ruhig! Mach jetzt keine Dummheiten.«

Während ich nach Süden marschiere und nach einem langen Brett oder irgend etwas suche, mit dessen Hilfe ich den Kanal überqueren könnte, wird das Geräusch des strömenden Wassers durch ein niedrig fliegendes Flugzeug übertönt. In der Annahme, daß es sich um ein Suchflugzeug handelt, binde ich mir schnell die Jacke von der Taille los und fange an, damit zu winken. Das Flugzeug fliegt zweihundertfünfzig Meter über mir nach Süden. Aber es sieht mich ebensowenig wie die anderen Flugzeuge vorher.

In der Ferne erregt eine Unterbrechung in dem Zaun meine Aufmerksamkeit. Als ich auf den beschädigten Draht zusteuere, finde ich eine Lücke im Zaun, die zu einem Zementsockel führt, der quer unter dem Wasserkanal verläuft. Auf Knien und gestützt auf die linke Hand, krieche ich durch den kalten, stinkigen Betontunnel und versuche, zerbrochenem Glas, Bierdosen, weggeworfenen Kondomen und verschiedenem anderen Müll auszuweichen.

Als ich das Ende des Tunnels erreiche, stecke ich den Kopf über das Betonsims und finde ein langes, fast senkrechtes Gefälle bis zum Boden. Zum Glück sind dort alte Autoreifen aufgestapelt wie eine Gummileiter.

Auf der anderen Seite des Aquädukts sehe ich mich meinem letzten Hindernis gegenüber, bevor ich den Highway erreiche. Dort gibt es einen weiteren Zaun und eine Betonkonstruktion, die bei flutartigen Überschwemmungen hilft, das Wasser zu kanalisieren. Wieder finde ich einen Spalt im Zaun, und auf der anderen Seite ist ein Hohlweg aus gestampfter Erde. Als ich ihn hochklettere, befinde ich mich im Hinterhof eines Hotels.

Rasch laufe ich um das Gebäude herum und finde das Büro verlassen und den Parkplatz ausgestorben vor. In der Hoffnung, daß jemand das ganze Jahr über in dem Hotel wohnt, klopfe ich so kräftig an die Tür, daß die Fensterscheiben beinahe zu Bruch gehen. Verzweifelt blicke ich durch die gespenstischen Fenster, sehe aber nirgends ein Telefon; das Büro ist generalstabsmäßig aufgeräumt und weist keine Spur von Leben auf. Offenbar ist Nebensaison. Wenn die Telefone abgeschaltet sind, habe ich keinen Grund, ein Fenster einzuschlagen, um mir Zutritt zu verschaffen.

Als ich quer über die vom Highway 395 zum Hoteleingang führende Auffahrt humple, muß ich mich entscheiden, wie ich mich den vorbeifahrenden Autos präsentieren will. Halte ich es mit dem Look eines ausgehungerten Landstreichers, verberge mein Gesicht und behalte die Sweatshirtkapuze auf, oder lasse ich es drauf ankommen und behalte die Kapuze unten? Es ist Freitag, und viele dieser nach Norden fahrenden Autos kommen aus Los Angeles, einer Stadt der Morde und Autodiebstähle.

Als ich den Fuß auf den Asphalt des Highways setze, schließe ich die Augen und weine vor Erleichterung. Ich werfe meinen treuen Wanderstock weg, um den vorbeifahrenden Autos weniger bedrohlich zu erscheinen. Die Sonne steht beinahe im Zenit. Im Moment ist der Highway frei, aber in der Ferne kann ich ein paar aus Süden kommende Autos sehen. Verzweifelt winke ich mit der linken Hand, um sie anzuhalten. Die Fahrer der ersten drei Wagen reagieren, indem sie energisch hupen, während sie mich beinahe mit ihren rechten vorderen Kotflügeln streifen.

Während ich ein paar Minuten auf eine weitere Welle von Autos warte, nehme ich die Sweatshirtkapuze ab, um nicht wie ein flüchtiger Ausreißer auszusehen. Ein paar Nachzügler kommen aus Norden, und obwohl ich eigentlich in diese Richtung muß, winke ich ihnen ebenfalls. Wieder rasen die Autos vorbei, ohne mich auch nur eines zweiten Blicks zu würdigen, und behandeln mich, als sei ich ein verrückter, geistig verwirrter Bettler. Als sich mit hoher Geschwindigkeit eine Reihe Autos von Süden nähert, winke ich und bete, ein Fahrer möge an den Seitenstreifen fahren, aber die Wagen rasen vorbei, wobei sie Kieselsteine hochwirbeln, die mir ins Gesicht prasseln.

Niedergeschlagen, weil die dahinrasenden Fahrzeuge bloß in einer Tour hupen, und gequält von dem Gedanken, daß Wave und Lloyd dringend gerettet werden müssen, beginne ich schnell über den unbefestigten Seitenstreifen zu humpeln. Kurz darauf entdecke ich ein Straßenschild mit der Aufschrift »Ranch House Café 2 miles ahead«. Angesichts der Tatsache, daß meine lange, einsame Reise nun zu einem Dreieinhalb-Kilometer-Marsch über den Wüstenhighway schrumpft, mobilisiere ich eine letzte Kraftreserve. Mir ist klar, daß der Verkehr schwach ist, weil es um die Mittagszeit ist und ein Wochentag, daher beschließe ich, weiter in Richtung Café zu laufen. Wenn sich Autos nähern, werde ich den Daumen raushalten.

Als ich eine weitere Welle von Autos aus dem Süden heranrollen höre, laufe ich weiter, bis sie über der Kuppe auftauchen und in Sichtweite kommen. Entschlossen, um jeden Preis ein Auto anzuhalten, stelle ich mich mit gespreizten Beinen und Armen mitten auf die Straße und winke. Die Wagen, die die Gruppe anführen, machen keine Anstalten zu bremsen oder mir auszuweichen. In letzter Sekunde schert der erste Wagen nach rechts aus und verschont mein Leben. Die Fahrer der übrigen Wagen treten auf die Bremse, daß die Reifen quietschen. Überzeugt, endlich Hilfe besorgt zu haben, warte ich, daß die Autos an den Seitenstreifen fahren. Zu meiner Bestürzung fangen die Leute in den Autos an, mit den Fingern auf mich zu zeigen, als sei ich eine Monstrosität aus dem Zirkus. Sämtliche Wagen umkurven mich langsam, während die Leute weiter mit den Fingern zeigen und lachen. Ich stehe mitten auf dem Highway und schreie: »Verständigen Sie den Sheriff.«

Schließlich hält ein Wagen zehn Meter die Straße rauf an. Ich fange an, darauf zuzuhumpeln, während die Insassen die Seitenscheiben herunterkurbeln. Als ich näher komme, brüllt einer von ihnen mich an: »Besorg dir 'n Job, du Penner!« Jemand anderes schreit: »Loser.« Der Fahrer tritt aufs Gas und läßt mich humpelnd allein auf dem kahlen Highway zurück.

Obschon empört, verstehe ich ihre Entscheidung, mich nicht mitzunehmen. Wahrscheinlich habe ich ihnen Angst gemacht und sie veranlaßt zu glauben, ich sei ein wahnsinniger Wüstenwanderer, der ziellos über den Highway irrt. Hundert Meter weiter nördlich taucht links von der Straße ein Wohnwagenplatz auf. Überschäumend vor Hoffnung, als ich dort einen Lastwagen neueren Typs entdecke, beschleunige ich meine humpelnden Schritte und laufe auf den dunklen, glänzenden Laster zu. Jetzt, fünfzig Meter entfernt, denke ich: »Er wurde gerade gewaschen. Er zeigt keine Spuren von Wüstenflecken und -staub. Es ist das einzige Fahrzeug auf dem Areal. Dieser Laster muß demjenigen gehören, der hier wohnt und das Gelände instand hält.«

Gerade in diesem Augenblick zieht knapp fünfhundert Meter die Straße runter ein in südlicher Richtung fahrender Lastwagen auf den Seitenstreifen in Richtung Norden. Die Fahrertür schwingt auf, und ein Mann klettert heraus. Mit einem Auge weiter den stillen Wohnwagenplatz beobachtend, studiere ich neugierig die Bewegungen des Fahrers. Warum hat er seinen Truck entgegen der Fahrtrichtung auf dem Seitenstreifen abgestellt?

Während der Fahrer zum hinteren Teil seines Lasters geht, zieht er ein Paar Handschuhe an. Er muß seinen Sattelauflieger in Ordnung bringen oder irgend etwas einstellen, was mir möglicherweise genug Zeit gibt, zu ihm aufzuschließen, ehe er die Straße hinunter davonfährt. Ungefähr in der Mitte des Truck-Unterbaus bückt der dunkelhaarige Mann sich und beginnt ein paar längliche, dünne Gegenstände hin und her zu schieben. Als er sich anschließend wieder aufrichtet, rufe ich: »Hey. Hilfe. Hilfe. Hilfe.« Entweder weil er mich nicht hören kann oder weil er den Landstreicher, der auf ihn zugehumpelt kommt, ignoriert, jedenfalls fängt der Mann an, etwas einzuladen, das aussieht wie Straßenschilder, die in einem Haufen neben dem Highway aufgestapelt sind und darauf warten, abgeholt zu werden.

Endlich hole ich ihn ein. Ich zeige auf die schneebedeckten Berge und sage: »Ich sehe beschissen aus, und ich rieche beschissen, aber bitte hören Sie mich an. Ich bin am Sonntag vor zwei Wochen in den Bergen mit dem Flugzeug abgestürzt, und da sind noch Überlebende. Ich bin hermarschiert, um Hilfe zurückzubringen. Würden Sie mir bitte helfen?« Sein Unterkiefer klappt herunter. Da ich weiß, daß ich ihn kalt erwischt habe, gebe ich ihm ein paar Sekunden, um zu antworten. Während ich nach Luft ringe, versuche ich meine aufgestauten Emotionen zu bekämpfen, als meine Augen plötzlich in Tränen schwimmen, die mir über die Wangen laufen.

Der Mann antwortet: »Was soll ich machen?«

Auf das Schild deutend, sage ich: »Bringen Sie mich zum Ranch House Café, damit ich den Sheriff anrufen kann!«

Der Mann überlegt, dann sagt er: »Es ist gegen die Firmenvorschriften, jemanden im Truck mitzunehmen, der nicht bei der Firma beschäftigt ist.«

»Da sind Leute, die könnten sterben. Und wenn wir jetzt keinen Rettungstrupp zusammenbekommen, dann werden sie sterben!«

Da ich das Widerstreben des Mannes errate, ziehe ich meine Brieftasche heraus und flehe um Hilfe: »Hey, Mann, schauen Sie sich meinen Führerschein an. Ich bin ein gepflegter Bursche, wenn ich nicht mit einem Flugzeug abgestürzt und gezwungen gewesen wäre, dreizehn Tage in der Wildnis zu überleben.«

Weil ich spüre, daß der Mann weiter überzeugt werden muß, greife ich in die Jackentasche und hole das Geld heraus, das ich mir aus dem Flugzeug geschnappt habe. »Ich habe hier 295 Dollar. Sie gehören Ihnen für gerade mal zwei Meilen die Straße rauf zu diesem Café. Bitte helfen Sie mir.«

Jetzt, da er erkennt, daß ich die Wahrheit sage, reagiert er mit Mitgefühl: »Also gut! Was soll ich machen?«

»Nehmen Sie mich mit zum Ranch House Café, damit ich die Polizei anrufen kann. Von dort kann ich mich selbst um alles kümmern.«

Der Mann öffnet die schwere Tür des Führerhauses, dann versucht er, mir in den Truck zu helfen, indem er meinen von Knochenbrüchen übersäten Körper stützt und schiebt. Weil ich fürchte, daß er mich nur noch mehr verletzen wird, stoße ich leise hervor: »Ich kann alleine einsteigen. Danke für die Hilfe.« Ich klettere hoch und setze mich auf den gepolsterten Sitz, Zentimeter entfernt von einem Wildfremden, während ich meine dankbaren Gefühle im Zaum halte.

Nachdem wir auf den Parkplatz des Cafés gerollt sind, klettere ich von dem Truck herunter und humple zu einer

Telefonzelle. Ich schnappe mir den Hörer, und dann habe ich eine Mattscheibe und bin außerstande, mich an die Nummer meiner Telefonkreditkarte zu erinnern. Während ich versuche, meinem Gedächtnis auf die Sprünge zu helfen, tippe ich schnell auf die Zifferntasten, aber mir fällt nicht eine Zahl ein. Ich starre auf die Tasten und versuche, mich an meine Privatnummer oder meine Büronummer zu erinnern, aber ich entsinne mich keiner von beiden. Verlegen, weil ich kein Telefon benutzen kann, sage ich zu dem Fahrer: »Ich kann mich nicht an die Nummer meiner Telefonkreditkarte erinnern. Ich kann dieses Telefon nicht benutzen.«

Schnell antwortet er: »Gehen wir rein und benutzen das Telefon drinnen.«

An der Eingangstür des Cafés starren ein Vater, eine Mutter und drei schöne kleine Mädchen auf mein ungepflegtes Äußeres. Der Fahrer hält hinter der fünfköpfigen Familie die Tür auf, während wir das von Plauderei erfüllte Café betreten. Der Fahrer geht voraus zur Theke mit den Barhockern und sagt dann zu den beiden Kellnerinnen, die hinter der Theke arbeiten: »Er hatte einen Unfall und muß die Polizei erreichen.«

Schnell wählt eine der Kellnerinnen die Nummer der Polizei und reicht mir dann den Hörer mit dem Freizeichen, während ich mich an die Theke setze. Jemand nimmt ab. Ich sage: »Mein Name ist Peter DeLeo. Ich bin vor zwölf Tagen mit einem Flugzeug abgestürzt. Die Hecknummer des Flugzeugs ist N5629-Juliet.«

Das Geschnatter in dem kleinen Wüstencafé erstirbt langsam.

Der Officer erwidert: »Juliet?«

»Ja, Juliet für J. J bedeutet Juliet. Das ist die Hecknummer eines Flugzeugs. N5629-Juliet, J. Vielleicht hat man die Passagiere schon gerettet. Vielleicht sucht man gerade nach mir. Ich habe ein paar Flugzeuge in dem Gebiet gesehen. Vielleicht hat man die Passagiere schon gerettet.«

Als ich ihn seufzen höre, wird mir klar, daß er wahrscheinlich glaubt, es handle sich um einen Juxanruf. Ich sage: »Die Beschreibung meines Flugzeugs lautet: weiß und rot mit einem schwarzen Streifen. Die Tragflächen sind oben und unten weiß. Der Rumpf ist oben weiß, die Unterseite des Rumpfs ist rot. Die Seiten des Rumpfs sind rot und weiß mit einem schwarzen Streifen in der Mitte. Haben Sie das Flugzeug gefunden?«

Seine Stimme klingt nachdrücklicher. »Nein, aber wir suchen schon nach Ihnen.«

»Das Flugzeug ist nordöstlich des Kern-County-Flughafens runtergegangen und in großer Höhe in dichtbewaldetes Gebiet gestürzt. Was wir brauchen, ist einen Helikopter oder ein Flugzeug, um nochmals hinfliegen zu können, wegen meiner Freunde. Können Sie einen Helikopter zu dem Café schicken, um mich abzuholen, damit wir hinfliegen können, wegen meiner Freunde?«

»Nein, aber ich kann in zwanzig Minuten einen Kollegen mit einem Streifenwagen dort haben.«

Als ich der kreidebleichen Kellnerin den Hörer zurückgebe, merke ich, daß die Augen aller Gäste in unmittelbarer Nähe auf mich gerichtet sind. Rasch wandert mein Blick zu einer Uhr. Sie zeigt 12.15 Uhr.

Mitfühlend fragt die Kellnerin: »Kann ich Ihnen was zu essen oder zu trinken bringen?«

»Ich brauche bloß irgendein Glas Saft.«

Sie erwidert: »Orangensaft, Apfelsaft, Grapefruitsaft, Tee, Kaffee, Milch?«

Da mein Magen von zwölftägigem Hungern geschrumpft ist, entsinne ich mich, wie meine Mutter mir, als ich noch ein Junge war, sagte, Apfelsaft sei gut auf leeren Magen wegen des niedrigen Zitronensäuregehalts. »Apfelsaft bitte.«

Dann bietet die freundliche Kellnerin an, mir ein Sandwich, einen Burger oder eine Suppe zu machen. Da ich aus Angst, mich zu übergeben, nichts Schweres zu mir nehmen möchte, bestelle ich eine sämige New-England-Clam-Chowder-Suppe und zwei Scheiben Brot.

Während ich abwechselnd langsam den Saft und die heiße Suppe schlürfe, breche ich in Tränen aus. Ich berge den Kopf in den Armen und lasse meine Empfindungen in die Abgeschiedenheit meiner Arme und die glatte Thekenoberfläche des Cafés strömen. Als ich mich wieder fange, denke ich an den Anruf bei der Polizei und an Waves und Lloyds bevorstehende, über Leben und Tod entscheidende Rettung.

Ich puste gerade auf einen Löffel voll Suppe, als ich durch das Klingeln des Telefons an der Wand unterbrochen werde. Ich weiß, daß das der Officer ist, der zurückruft, um meine Informationen zu bestätigen, also warte ich, daß die Kellnerin an den Apparat geht. Sie gibt mir schnell den Hörer weiter. »Ja, hier spricht Peter DeLeo.«

Der Officer fragt: »Wie war Ihr Name doch gleich?«

»Peter DeLeo.«

»Und Sie sagen, Sie sind mit einem Flugzeug geflogen, das abgestürzt ist?«

»Ja. Eine Maule. Das ist ein Buschflugzeug. Hecknummer N5629-Juliet, J für Juliet.«

»Und dieser Absturz ist wann passiert?«

»Am Sonntag vor zwei Wochen, ich war gezwungen, mit meinem Flugzeug mitten in den Bergen der Sierra Nevada bruchzulanden.«

»Und Sie sagen, Sie sind allein aus den Bergen raus hierhergewandert?«

Ich verliere langsam die Geduld und antworte: »Ja.«

Überall im Café blicken mich glotzende Gesichter an. Bemüht, keine Szene zu machen, frage ich den Officer: »Wann wird Ihr Kollege hiersein? Ich habe gerade vor fünf bis sieben Minuten mit Ihnen gesprochen, und Sie sagten mir, er sei unterwegs.«

»Er wird in zehn bis fünfzehn Minuten dort sein.«

Ich bin jetzt die Attraktion der Mittagspause. Als ich fortfahre, an meinem Saft zu nippen und meine Suppe zu schlürfen, spricht mich die andere Kellnerin an. »Möchten Sie gern woanders sitzen?« Sie nimmt meinen Saft und die Suppe und begleitet mich zu einem abgeschiedenen Bereich hinter einer Kette, der nur für private Feiern oder wenn viel los ist benutzt wird. Nachdem sie Saft und Suppe hingestellt hat, setzt sie sich mir gegenüber in die Nische.

Da mein Körper noch immer an Unterkühlung leidet, konzentriere ich mich darauf, die heiße Suppe zu schlürfen, und versuche, mich von innen zu wärmen, während ich gegen den gelegentlichen Drang zu weinen ankämpfe.

Die Frau fragt: »Sie sind mit dem Flugzeug abgestürzt?«

»Ja. Wir sind vor zwölf Tagen mitten in den Bergen abgestürzt. Meine beiden Freunde sind am Leben und noch an der Stelle mit dem Wrack. Ich muß jetzt einen Rettungstrupp für sie zurückbringen.«

»Sie haben zwölf Tage in den Bergen überlebt?«

»Ja.«

»Was hat Sie durchhalten lassen?«

Ich sehe ihr ins Gesicht. »Ich mußte am Leben bleiben, um Hilfe für meine beiden Freunde zu holen.« Aber ich habe den Satz noch nicht beendet, als ich sehen kann, daß die Frau mit den Tränen ringt.

Dann reißt sie sich von ihren Gefühlen los und fragt: »Kann ich Ihnen noch Saft oder Suppe bringen?«

»Noch etwas Apfelsaft, bitte, und, ja, noch einen Teller Suppe.«

Als sie mit einer weiteren Portion an den Tisch zurückgekehrt ist, leistet die Kellnerin mir weiter Gesellschaft, während ich ununterbrochen esse und trinke. Wieder klingelt das Telefon. Die andere Kellnerin nickt mir zu, und nachdem ich zur Theke gehumpelt bin, reicht sie mir den Hörer.

Der Officer fragt: »Ihr Name ist Peter DeLeo?«

»Ja, Peter DeLeo.«

»Sie haben ein Flugzeug geflogen, das abgestürzt ist?«

Ungehalten antworte ich: »Ja. Eine Maule. Das ist ein Buschflugzeug. Hecknummer N5629-Juliet, J für Juliet.«

»Und dieser Absturz ist wann passiert?«

Ich explodiere jeden Moment. »Wie ich Ihnen schon zweimal erzählt habe! Am Sonntag vor zwei Wochen, ich war gezwungen, mit meinem Flugzeug mitten in den Bergen der Sierra Nevada bruchzulanden. Meine Freunde sind noch an der Stelle mit dem Wrack. Wann werden Sie einen Helikopter abflugbereit haben, um eine Rettungsaktion zu starten?«

»Wir arbeiten gerade dran. Sie sagen, Sie sind alleine aus den Bergen raus hierhergewandert?«

Bis an die Grenze des Frusts getrieben, sage ich dem Officer: »Hören Sie zu, schaffen Sie jetzt einfach Ihren Kollegen her! Okay?«

Der Officer entgegnet: »Okay«, dann legt er auf.

Ich kehre zu der Nische zurück und habe kaum den Löffel hochgehoben, als das Telefon erneut klingelt. Ich humple zurück zur Theke und nehme den Hörer. Als der Officer anfängt, mir zum viertenmal hintereinander genau die gleichen Fragen zu stellen, unterbreche ich ihn: »Was soll das? Sie rufen mich ständig alle fünf Minuten an und stellen mir immer dieselben Fragen. Was soll das? Schaffen Sie jetzt einfach Ihren Kollegen her!«

Während mich jetzt jeder Gast und Angestellte in der Wüstenoase anstarrt, als sei ich ein wahnsinniges wildes Tier, bitte ich die Kellnerin, mir meine Suppe und meinen Saft nach vorne zur Theke in die Nähe des Telefons zu bringen, falls der Officer in zwei Minuten wieder anrufen sollte. Unter den wachsamen Augen aller Anwesenden sitze ich auf dem Barhocker und konzentriere mich darauf, meinem Körper so viele Nährstoffe zuzuführen, wie ich kann, bevor die Rettungsaktion beginnt.

# Die Rettung

## 9. Dezember

Während ich auf die Ankunft des Sheriffs warte, verstreichen die Minuten wie lange, ängstliche Stunden. Ich schlürfe die heiße Suppe, starre dabei auf den Sekundenzeiger der Uhr und beobachte, wie das Tageslicht mir entschwindet. Heute noch eine Rettungsaktion zu starten wird bald nicht mehr in Frage kommen.

Ein Mann tritt von hinten an mich heran und sagt: »Hey!« Ich erkenne ihn sofort als den Vater der drei Mädchen, die zur gleichen Zeit hereinkamen wie ich.

»Ja.«

»Es war nicht meine Absicht mitzuhören, aber wie ich verstanden habe, sind Sie mit einem Flugzeug abgestürzt und brauchen einen Rettungstrupp für Ihre Freunde, und die Polizei macht Ihnen möglicherweise Schwierigkeiten.«

»Ja.«

»Ich erzähle Ihnen das, weil ich mich prima mit China Lake verstehe, und ich kann in dreißig Minuten zwei Helikopter startklar haben.«

»Großartig! Gehen Sie nirgendwohin. Setzen Sie sich hierher. Wenn die Polizei mir Schwierigkeiten macht, dann werden wir in diese Helikopter steigen, und schon sind wir weg.«

Während ich mich wieder meiner Suppe widme, stelle ich mir Wave vor, wie er im Innern eines Forts, das er aus Teilen der Maule gebaut hat, neben einem Lagerfeuer sitzt. Als ich versuche, Lloyds körperliche Verfassung vorauszuahnen, habe ich kein Glück. Die einzigen Vorstellungen, die ich entwerfen kann, sind die von Lloyd im Billardzimmer und von seinen letzten Worten an mich an der Absturzstelle, während er eingeklemmt auf dem Kopilotensitz der Maule saß. Plötzlich sagt eine der Kellnerinnen, meine Träumerei unterbrechend: »Der Sheriff ist da!«

Der Sheriff, ein Mann mittleren Alters, kommt direkt auf mich zu und holt seinen Ermittlerblock heraus. Mit einem Kugelschreiber in einer Hand schlägt er den Block zu einer leeren Seite um. Noch bevor er eine Chance hat, ein Wort zu sagen, frage ich: »Was wollen Sie machen, einen Bericht aufnehmen?«

»Ein paar kurze Fragen.«

»Wie lange werden Sie brauchen?«

»Bloß ein paar Minuten.«

»Na schön.«

Als er anfängt, mir die gleichen Fragen zu stellen, die der andere Officer vorher schon gestellt hat, unterlasse ich es loszupoltern. Ich bin auf seine Hilfe angewiesen, um Wave und Lloyd zu retten. Weil ich fürchte, er wird glauben, ich stünde unter Schock, oder mich in ein Krankenhaus transportieren wollen, schiebe ich ihm meinen Führerschein hin. »Sie können mir jede Frage stellen, die Sie wollen, aber stellen Sie sie gleich.«

Während er sich meine Führerscheinangaben notiert, füge ich hinzu: »Hey, hören Sie zu, diese ganze Fragenstellerei hat Ihr Freund am Telefon gerade schon erledigt.«

Der Sheriff sagt: »Ich bin soweit. Sie sind derjenige, der ißt.«

Sofort schiebe ich mein Essen beiseite. »Hey, hören Sie zu, ich esse nicht.«

Ich frage die Kellnerin: »Wieviel schulde ich Ihnen?«

»Nichts«, sagt sie.

Ich sage: »Ich kann Sie nicht dieses Essen für mich bezahlen lassen. Bitte, sagen Sie mir, wieviel.«

»Nein, nein, bitte nehmen Sie's an.«

Ich gehe voran und schleife meinen zerschmetterten Knöchel durch die Eingangstür des Cafés, während ich vor Schmerz aufstöhne. Der Sheriff, der meine körperliche Verfassung bemerkt, sagt: »Wie wär's, wenn wir uns einfach ein paar Minuten auf die Bank da setzen und uns unter vier Augen unterhalten, okay?«

Als ich vor dem Café auf der Bank sitze, fährt er fort: »Ich muß Sie wirklich in ein Krankenhaus bringen. Sagen Sie mir, wo das Flugzeug liegt, und wir können jemanden raufschicken, um es ausfindig zu machen, während wir beide ins Krankenhaus fahren. Sie brauchen jetzt ärztliche Behandlung.«

»Wenn ich Ihnen sage, wo das Flugzeug ist, was ich gerne tun werde, werden Sie trotzdem nicht in der Lage sein, es zu finden. Es liegt in dichtbewaldetem Gebiet. Die Tragflächen sind weiß, so daß sie mit dem Schnee harmonieren. Außerdem hat es in den letzten zwei Wochen nichts als geschneit. Das Flugzeug ist wahrscheinlich unter dem Schnee begraben. Wenn Sie es bis jetzt nicht gefunden haben, werden Sie es auch nicht finden, es sei denn, ich bringe Sie hin. Hören Sie, am schnellsten retten wir meine beiden Freunde, wenn ich Sie hinbringe, also gehen wir.«

»Ich muß zusehen, daß Sie ärztlich behandelt werden. Sie stehen unter Schock. Ich bin mir sicher, daß Sie zahlreiche Verletzungen haben, von denen Sie noch nicht einmal etwas ahnen. Sagen Sie mir, wo das Flugzeug ist, okay?«

»Na schön. Es liegt etwa eine halbe Stunde nordöstlich vom Kern Airport in knapp dreitausend Metern Höhe.« Ich sehe ihm ins Gesicht und sage: »Hören Sie, wenn ich jetzt noch nicht tot bin, werde ich auch nicht sterben. Ich habe keine inneren Verletzungen, die mich umbringen werden. Ich habe dreizehn Tage lang meinen Urin, meinen Speichel und mein Rektum auf Blut untersucht. Wenn ich eine Kopfverletzung hätte, wüßte ich es nicht; das stimmt. Aber ich glaube nicht, daß ich an einem Punkt bin, wo ich sterben werde, okay? Als ich über mehrere stürmische Gipfel geklettert bin, war ich in Höhen, wo die Luft dünner ist. Trotzdem konnte ich atmen. Also glaube ich, daß mir nichts fehlt.«

Weil ich mir sicher bin, daß Wave und Lloyd die beste Chance haben, wenn ich die Rettungsaktion leite, sage ich: »Ich bin Ihrer Meinung. Mein Körper steht unter Schock, aber nicht mein Verstand. Ich bin geistig fit. Ich brauche Ihre Hilfe, um ein Rettungsteam für meine Freunde zusammenzustellen. Wenn sie in Sicherheit sind, gehe ich mit Ihnen ins Krankenhaus. Wenn Sie mir nicht helfen können, macht das nichts, weil in dem Café ein Mann ist, der meinte, er könne in dreißig Minuten zwei China-Lake-Helikopter startklar haben.«

Der Sheriff erwidert: »Kommen Sie, wir setzen uns in den Wagen, okay?«

Während wir auf den Wagen zugehen, bin ich mir sehr unschlüssig, ob ich einsteigen soll. Trotzdem mache ich es, als der Sheriff die Beifahrertür öffnet. Er geht schnell um den Streifenwagen herum, öffnet seine Tür, dann schwingt er sich hinein. Tief in Gedanken lehnt er sich nach vorn, wobei seine Brust auf dem Lenkrad ruht, während sein Kopf über dem Armaturenbrett hängt und beinahe die Windschutzscheibe berührt.

Er unterbricht das Schweigen und sagt: »Ich habe folgendes Problem. Ich weiß nicht, in welchem Bezirk das Flugzeug abgestürzt ist, also weiß ich nicht, wen ich anrufen und wen ich in die Suche einbeziehen soll. Das ist der Grund, warum wir im Moment ein Problem haben.«

»Gut, was auch immer zu tun ist, lassen Sie es uns tun.« Weil ich versuchen will, ihn zum Handeln zu zwingen, füge ich hinzu: »Wenn Sie überhaupt daran interessiert sind, Leben zu retten und zu schützen, dann werden Sie mich jetzt auf der Stelle in ein Flugzeug oder einen Helikopter lassen, damit ich Ihnen zeigen kann, wo das Flugzeug liegt. Das ist genau das, was wir tun müssen. Ich weiß es, und Sie wissen es.«

Dem erschrockenen Gesichtsausdruck des Sheriffs kann ich entnehmen, daß er merkt, daß ich es ernst meine. »Okay, aber warten Sie einen Moment. Ich muß einen Anruf tätigen.«

Über denselben Münzfernsprecher, den ich zu benutzen versuchte, als ich an dem Café ankam, führt der Sheriff rasch ein Telefongespräch, dann kehrt er zum Wagen zurück. »Ich werde Sie zum Lone Pine Airport bringen. Es ist eine halbstündige Fahrt. Wenn wir dort ankommen, wird eines unserer Flugzeuge startklar sein.«

»Was für ein Typ?«

»Eine Cessna 182.«

Wir rasen auf der 395 in Richtung Norden und veranstalten auf dem Weg zum Lone Pine Airport ein Wettrennen gegen das noch verbliebene Tageslicht. Bei der Fahrt durch die Stadt Lone Pine bahnt der Sheriff sich mit heulender Sirene und blinkendem Blaulicht einen Weg durch den Kleinstadtverkehr, bis wir den Flughafen erreichen. Als wir das Flughafenbüro betreten, sagt Bill Woodward, der Betreiber des Flughafens: »Ich freue mich, Sie zu sehen. Wie haben Sie es geschafft? Hatten Sie irgendwelche Lebensmittel bei sich?«

»Ich habe sie Lloyd und Wave dagelassen.«

Wieder fragt Bill: »Wie haben Sie das geschafft?«

Während ich einen plötzlichen heftigen Schmerz verspüre, antworte ich Bill mit einem leisen animalischen Knurren: »Pure Entschlossenheit.«

»Susan, Ihre Freundin, hat mich jeden Tag angerufen, um zu erfahren, ob wir Sie gefunden haben.«

Ich frage: »Wo ist das Flugzeug des Sheriffs?«

»Es wird in einer halben Stunde hiersein«, entgegnet Bill.

Ich gehe rüber zum Lüftungsschlitz der Heizung und hebe meine erfrorenen Füße hoch, nahe an die heiße Luft. Dann ziehe ich meine nasse Jacke aus und drapiere sie in der Nähe des Schlitzes.

Ich starre die Uhr an, als sie auf 13.20 Uhr geht, und sage: »Bill, kann ich etwas Wasser bekommen?«

Er entgegnet: »Ja. Trinken Sie das Wasser aus der Flasche.«

Während ich einen kräftigen Schluck nehme, kann ich den Blick nicht von den Schokoriegeln an der Theke abwenden. Ich müßte meinen Organismus mit Zucker aufladen. Es ist schnelle Energie. »Bill, kann ich ein paar von diesen Schokoriegeln essen?«

»Klar.«

Ich nehme mir vier Schokoriegel, stopfe zwei in meine Jackentasche und ziehe dann von einem das Verpackungspapier ab und lasse die zuckersüße Schokolade im Mund zergehen. Als ich mit dem zweiten Riegel fertig bin, werde ich ungeduldig. »Wir verlieren Tageslicht. Wo ist das Flugzeug?«

Bill sagt: »Wir warten auf Deputy Dog.«

Ein anderer Officer und Bill breiten ein paar Karten auf dem Bürotisch aus. »Wo ist das Flugzeug abgestürzt?«

»Wissen Sie, wo der Wasserfall ist, nördlich vom Kern Valley Airport?«

»Nein«, erwidern Bill und die beiden Polizisten.

»Wissen Sie, wo die heißen Quellen sind? Dort stehen mehrere Gebäude. Ein Baum ist umgestürzt und hat eine Blockhütte bei den heißen Quellen zerdrückt. Kennen Sie den Ort?«

»Nein.«

Ich frage: »Kennen Sie die Reihe von Blockhütten genau auf der anderen Seite vom Olancha Peak?«

»NEIN.«

Frustriert frage ich: »Warum setzen wir uns nicht mit der Forstverwaltung in Verbindung? Dort müßte man diese Plätze, die ich Ihnen gerade beschrieben habe, kennen. Dort weiß man mit Sicherheit, wo die heißen Quellen liegen. Von dort aus können wir das als Bezugspunkt nehmen, um die Absturzstelle leichter ausfindig zu machen.«

Doch nachdem er mit der Forstbehörde gesprochen hat, sagt der Officer: »Sie kennen weder die heißen Quellen noch die Gebäude, die Sie beschrieben haben, oder den Wasserfall. Sie können uns nicht helfen.«

Deputy Dog kommt herein und füllt die ganze Bürotür aus. »Wie geht's Ihnen?«

Ich antworte dem hünenhaften Mann und sage: »Ganz gut.«

Er blickt auf die Karte. »Können Sie uns auf dieser Karte zeigen, wo die Absturzstelle ungefähr liegt?«

»Kennen Sie die heißen Quellen, wo eine Gruppe von Blockhütten steht, von denen eine durch einen riesigen Baum zerstört wurde, der auf ihr Dach gestürzt ist? Kennen Sie die Hütten auf der anderen Seite vom Olancha Peak am östlichen Talausgang?«

Deputy Dog schüttelt den Kopf. »Nein.«

Wir warten immer noch, daß das überfällige Flugzeug eintrifft. Es ist 13.55 Uhr; eine Stunde und 40 Minuten sind jetzt vergangen, und ich bin noch immer am Boden. Ich bestürme Bill und Deputy Dog und sage: »Wir müssen sehen, daß wir in die Luft kommen. Wir verlieren Tageslicht.«

Bill entgegnet: »Der Bursche hat recht! Wir verlieren Tageslicht. Wir müssen sehen, daß wir sofort in die Luft kommen!«

Da das Flugzeug des Sheriffs nicht aufkreuzt, sagt Deputy Dog zu Bill: »Wie schnell können Sie mit Ihrer Maschine startklar sein?«

»Ich bin in fünf Minuten startklar.«

Denise überfliegt zur selben Zeit einen Abschnitt des California Aqueduct Systems und sucht nach Spuren von Wave, Lloyd und mir, als ihre Maschine folgenden Funkspruch von der CAP-Einsatzzentrale erhält: »Kehren Sie sofort zum Suchstützpunkt zurück!«

Da Denise das Flugzeug privat gemietet und Stephen bezahlt hat, die Maschine zu fliegen, ist sie der CAP nicht verpflichtet, und weil man sich dort weigert zu erklären, warum man ihr Flugzeug zum Flugplatz zurückbeordert, weist sie den Piloten an, über Funk mitzuteilen: »Nein. Wir werden die Suche fortsetzen.«

Die CAP ersucht sie weiter, zum Stützpunkt zurückzukehren. Denise, die noch immer nicht versteht, warum, weist Stephen an, den Befehl der CAP erneut über Funk abzulehnen. Stephen betätigt den Funkschalter und sagt dann: »Nein, wir werden weitersuchen. Wir werden nicht landen.«

»Landen Sie sofort!«

»Nein!«

»Landen Sie sofort auf Fox Field.«

Das winzige Cockpit der Cessna 172 wird still. Es dämmert Denise und Stephen, daß die CAP Informationen über Maule N5629J hat, aber fürchtet, daß die Medien vielleicht die Funkkanäle abhören und versuchen, die Geschichte publik zu machen.

Während das Schwesterflugzeug von Maule N5629J aus dem Hangar gerollt wird, versuchen Deputy Dog, Bill und ich auf der Karte die heißen Quellen, den Kern River, die Blockhütten oder den Wasserfall nördlich des Lake Isabella zu finden. Weil wir nur den Kern River ausfindig machen können, sage ich: »Bringen Sie mich einfach zu dem Wasserfall. Von dort aus kann ich meinen Flug rekonstruieren und uns zu dem Gebiet mit dem Wrack bringen.«

Bill sagt: »Ich weiß nicht, wo der Wasserfall ist.«

»Aber ich. Er ist genau nördlich vom Kern Valley Airport, nördlich von einer Brücke.«

Der Deputy sagt: »Okay, Bill, wir nehmen Ihr Flugzeug.«

Als wir aus dem Flughafenbüro treten, fragt Bill mich: »Möchten Sie jemanden anrufen, bevor wir losfliegen?« Als ich bejahe, zeigt er mir das Telefon.

Da ich weiß, daß mein Dad an meinen Geschäfts- oder Hausanschluß nicht rangehen wird, wähle ich die Nummer von X-ALLOY und setze darauf, daß Kevin oder Rick im Büro ist und Verkaufstelefonate führt. Nachdem ich es zweimal lange habe durchklingeln lassen, hinterlasse ich frustriert eine Voice-Mail-Nachricht: »Hier ist Pete, euer Partner. Ich bin mit dem Flugzeug abgestürzt. Ich bin zu Fuß hermarschiert. Ich werde hierbleiben, bis wir meine beiden Freunde gerettet haben.«

Da ich jemanden erreichen muß, rufe ich Susan in ihrer Firma an: »Susan, hier ist Pete.«

Sie antwortet mit einem Schrei: »Wer ist da? Das ist ein grausamer Scherz! Wer ist da? Rocco, bist du's?«

Sie bricht in Schluchzen aus, als ich sage: »Susan, hier ist Peter, okay? Ich bin's. Ich bin mit dem Flugzeug abgestürzt. Ich muß los. Ich fliege wieder hin wegen Wave und Lloyd. Bye.«

Susan verliert keine Zeit und ruft bei mir zu Hause an, aber der Anruf wird zur Voice Mail weitergeleitet. Entschlossen, die Neuigkeit zu verbreiten, ruft sie bei Jack's Aircraft an und fragt: »Ist Rocco DeLeo da?«

Als er an den Apparat geht, schreit sie: »Dein Bruder lebt! Peter hat mich gerade angerufen. Hier ist Susan. Das ist alles, was ich weiß.«

»Okay, danke. Ich fahre gleich jetzt zum Haus, um es meinem Vater zu sagen.«

Ich sehe Bill bei der Erledigung der letzten Kontrollen vor dem Flug zu, während seine Helfer das Auffüllen der Haupttreibstofftanks beenden. Um 14.20 Uhr besteige ich die Maule und setze mich mitten auf den Rücksitz, dann schnalle ich mich fest an. Der Deputy setzt sich vorne hin, und er und Bill füllen den vorderen Bereich der Maule mit Köpfen, Händen, Armen und breiten Schultern aus, so daß ich mir vorkomme wie eine Sardine in der Büchse.

Wir überfliegen das Owens Valley mit südlichem Kurs und

steigen auf die erforderliche Höhe, um vom Osthang aus in die Sierra Nevada zu gelangen, als der Deputy mich fragt: »Wo sind Sie über diese Berge gekommen?«

Ich zeige auf den hohen, schneebedeckten Gipfel unter uns. »Den da bin ich nachts runtergekommen.«

»Was ist Ihrer Ansicht nach passiert? Wieso sind Sie abgestürzt?«

»Ich denke, es war eine Windscherung.«

Als wir die verschneite Monache Meadows überfliegen, entdecke ich im Schnee den dunklen Bärenkot, den ich am Mittwoch sah. Ich nehme den Kot als Bezugspunkt und blicke aus dem Fenster zu meiner Rechten. Kurz darauf erspähe ich an der Ostseite des Tals die Blockhütten. »Das sind die Blockhäuser, von denen ich gesprochen habe. Das da ist die Außentoilette, in der ich die Nacht verbracht habe. Dort ist das Geröllfeld.«

Der Deputy deutet nach Süden, auf ein Gebiet, das als Kennedy Meadows bekannt ist, sagt aber nichts.

Bill sagt: »Lassen Sie uns versuchen, Ihre Fußabdrücke im Schnee auszumachen und ihnen zurück zu dem Flugzeug zu folgen.«

Das ist aus mehreren Gründen unmöglich. Da es fast jede Nacht geschneit hat, wären meine Spuren verdeckt. Zweitens ist es aus der Luft unmöglich, Abdrücke im Schnee zu verfolgen, wenn sie in dichtbewaldeten Gebieten verschwinden. Schließlich würde uns der Treibstoff ausgehen oder das Tageslicht, weil wir immer weiter kreisen und versuchen würden, meine Spuren zu entdecken, nachdem wir sie verloren hätten.

»Hey, hören Sie zu«, sage ich, »die einzige Möglichkeit, die wir haben, ist, direkt zu dem Wasserfall zu fliegen, dann nach Norden abzudrehen und dem Fluß zu folgen. Wo er sich gabelt, schwenken Sie nach rechts.«

»Kommt Ihnen irgendwas bekannt vor?« fragt Bill.

»Aus der Luft sieht alles völlig anders aus. Lassen Sie

uns zu dem Wasserfall fliegen und meinen Flug rekonstruieren.«

Bill dreht sein wettergegerbtes Gesicht um, so daß er mir direkt ins Gesicht sieht: »Ich bin absolut zuversichtlich, daß Sie uns zu dem Flugzeug bringen können. Ich weiß, daß Sie es können.«

Als Denise und Stephen von der Landebahn des General Fox rollen, sieht Denise zwei CAP-Angehörige am Flaggenmast des Flughafens stehen. Sie stellt fest, daß es 14.20 Uhr ist, während sie sich, weil sie Angst vor niederschmetternden Neuigkeiten hat, davon abzuhalten sucht, auf die beiden uniformierten Männer zuzurennen. Sie geht mit ruhigem, rhythmischem Schritt und hoch erhobenen Hauptes.

Sie versucht, den Gesichtsausdruck der Männer zu deuten, aber die beiden nehmen steif Haltung an, bis einer von ihnen sagt: »Ihr Bruder lebt!«

Denise fängt an zu weinen. »Was ist mit Wave und Lloyd?«

Eine lange Pause füllt die Wüstenluft. Dann sagt einer der CAP-Männer: »Wir sind nicht befugt, uns über sie zu äußern.«

Weinend fragt Denise: »Ich will wissen, wo mein Bruder ist. Wie ist sein Gesundheitszustand?«

»Ihr Bruder befindet sich gegenwärtig mit einem Flugzeug in der Luft und führt ein Rettungsteam zurück für Wave und Lloyd. Wir sind zuversichtlich, was die beiden betrifft, aber wir sind uns nicht sicher.«

Denise, die nicht aufhören kann zu weinen, geht in das Flughafenbüro und kommt an den CAP-Fotos von Wave, Lloyd und mir vorbei. Als Denise die Räume der CAP betritt, fragt sie die beiden Männer wieder: »Wo ist mein Bruder? Kann ich mit ihm sprechen? In welcher Verfassung ist er?«

»Er hat jede ärztliche Hilfe ausgeschlagen und führt, wie wir sagen, ein Rettungsteam zu Wave und Lloyd.«

| | | | |
|---|---|---|---|
| / | 2200 | 10/4 | FM CA CAP (Capt. BRENNER) PILOT HAS WALKED OUT! BELIEVES |
| | | | ONE OF THE OTHER OBJECTIVE IS DEAD & THE OTHER IS INJURED |
| | | | BUT ALIVE. INYO CO. SHERIFF HAS THE PILOT. CAP WANTS TO |
| | | | TAKE THE PILOT UP, TO FIGURE OUT WERE THE CRASH SITE IS. |
| | | | ONLY A FEW HOURS OF LIGHT LEFT. BELIEVES A HELO |
| | | | FM FT IRWIN CAN ASSIST. SHERIFF AGREES. NOT A LOT |
| | | | OF INFO @ THIS TIME. WILL ALLOW HIM TO GATHER |
| | | | MORE INFO WHILE I TRY TO FIND A HELO. |

»Ich möchte, daß mein Pilot mich dorthin bringt, wo er ist.«

»Ihr Bruder befindet sich mit einem Flugzeug in der Luft. Fliegen Sie nach Long Beach. Sie müssen bei Ihrem Vater sein.«

Seelisch am Ende wiederholt Denise: »Bitte, bringen Sie mich zu ihm«, aber sie antworten nicht.

Denise ruft Susan an. »Peter lebt! Sie haben ein Rettungsteam für Wave und Lloyd losgeschickt.«

»Ich weiß! Peter hat mich und Kevin angerufen. Ich hab deinen Vater und deinen Bruder Rocco angerufen.«

Weil sie ein paar Minuten allein sein muß, geht Denise in ein kleines Lager, das neben den Arbeitsräumen liegt, wo sie sich auf die Kante eines großen Pappkartons setzt und in Ruhe zu weinen anfängt. Nach zehn langen Minuten fängt sie sich wieder. Sie verläßt den Lagerraum und bittet Stephen, sie zurück zum Long Beach Airport zu fliegen, wo sie die Neuigkeit mit ihrem Vater und ihrem Bruder teilen kann und alle drei als Familie für Waves und Lloyds Rettung beten können.

Nachdem wir 35 Minuten nach Westen geflogen sind, sehen wir direkt nördlich des Kern Valley Airport die Brücke über den Kern River. Wir verfolgen die letzte Route von Maule N5629-Juliet zurück, gehen in eine flache Rechtskurve und fliegen nach Norden über das Wildwasser des Kern River. Als wir die Flußgabelung erreichen, halten wir uns rechts und kommen in die ungefähre Nähe von Wave und Lloyd.

Als ich die umliegenden schneebedeckten Gipfel wiedererkenne, spreche ich in die Bordsprechanlage der Maschine. »Wir sind in dem Gebiet.«

Der Deputy fragt: »Was meinen Sie, in welchem Canyon liegt sie?«

»Sie liegt in einem dieser beiden Canyons hier.«

»Okay, gut.«

Ich blicke aus dem winzigen Fenster des Buschflugzeugs. »Schauen Sie da unten. Das sind die heißen Quellen, und dort sind die Blockhütten.« Ich bin voller Hoffnung, daß wir die Maule noch vor Sonnenuntergang entdecken können. Ich drücke das Gesicht an die Scheibe und suche verzweifelt nach einem Rauchzeichen von Waves Feuer.

Der Deputy fragt: »Sind Sie sicher, daß wir in der richtigen Gegend sind?«

»Sie ist entweder oben in diesem Canyon oder in dem linken.«

Bill fährt die Landeklappen ein Grad ein und steigt den Canyon hoch. Beim Erreichen des Berggipfels gehen wir in eine 180-Grad-Linkskurve, dann fliegen wir den Canyon hinunter zurück. Wir sehen nur dichtbewaldetes, verschneites Gelände. Nachdem wir das Gebiet zweimal abgesucht haben, sagt Bill: »Lassen Sie es uns mit dem Canyon auf der linken Seite probieren, okay?«

Erneut fahren wir die Landeklappen ein und fliegen den anderen Canyon hoch. Am oberen Ende angekommen, gehen wir in eine Linkskurve und fliegen anschließend den Canyon langsam wieder hinunter, aber auch diesmal entdecken wir nichts. Angesichts der allmählich untergehenden Sonne sagt Bill: »Lassen Sie es uns noch einmal versuchen, okay?«

Schnell erwidere ich: »Ja, wir haben noch Zeit.«

Wir fliegen dasselbe Manöver und steigen wieder den Canyon hoch. Als wir am oberen Ende unsere Kehre beenden, sagt Bill: »Ich werde niedrig und langsam fliegen, okay?«

Während Bill das Flugzeug in ein langsames Gleitmanöver bringt und die Maschine direkt über den Baumwipfeln den Canyon hinunterfliegt, versuchen wir alle drei, das Wrack zu entdecken. Ich blicke gerade aus dem linken Heckfenster, als Bill plötzlich, noch bevor ich selbst die Worte bilden kann, sagt: »Da ist es!« Mein Flugzeug ruht auf der linken Tragfläche, und das Heck steht gerade aus dem Schnee hervor. Schockiert durch den Anblick meiner zerstörten Maschine in den gewaltigen, schneebedeckten Bergen, brauche ich mehrere Sekunden, um das Bild in meinem Kopf zu registrieren, bevor ich mit einem traurigen »Ja, ich sehe es« antworten kann.

Da unsere Funkverbindung durch die Berggipfel gestört wird, kann Bill keinen Funkkontakt mit dem China-Lake-Helikopter aufnehmen, der unterwegs zu unserer Position ist. Statt dessen meldet er sich über Funk bei einer CAP-Maschine, die ein paar hundert Meter über uns fliegt, und teilt der Besatzung mit, daß wir die Stelle mit dem Wrack entdeckt hätten. Das CAP-Flugzeug dirigiert den Rettungshubschrauber in das Gebiet, während wir weiter die Stelle umkreisen und nach Spuren von Wave und Lloyd suchen.

Da ich damit rechne, daß Wave zu einer kleinen, verschneiten Lichtung läuft, um uns herbeizuwinken, starre ich durch das Heckfenster des Buschflugzeugs. Ein kaltes, leeres Gefühl überfällt mich am ganzen Körper. Ich denke: »Wave! Wo zum Teufel steckst du? Warum versuchst du nicht, Verbindung mit uns aufzunehmen?«

Obwohl die Sonne jetzt hinter den fernen Berggipfeln verschwunden ist, kreisen wir weiter und versuchen Wave in dem dämmerigen Gebirgsterrain zu entdecken. Der China-Lake-Rettungshubschrauber trifft ein, fliegt direkt oberhalb der Baumwipfel über das Wrack und stoppt dann über einer kleinen, flachen Lichtung im Norden. Der Helikopter schwebt, während die Besatzung die Winde und den Spielraum zwischen den Rotorblättern und den Ästen der Bäume prüft, bevor sie zu landen versucht. Der Spielraum zwischen den rotierenden Blättern des Helikopters und den umliegenden säulengroßen Bäumen reicht gerade eben, und der Pilot geht mit dem Hubschrauber auf der winzigen Gebirgslichtung nieder. Bei kaum noch vorhandenem Tageslicht springen die Retter hinaus in den hüfthohen Schnee, während der Helikopter ein paar Meter über dem Schnee schwebt.

Die Retter – kräftig, sportlich und mit reichlich Ausdauer – beginnen auf das Wrack zuzumarschieren. In der Hoffnung, Überlebende in dem zerstörten Flugzeug zu entdecken, durchsuchen sie zuerst die Maule. Sie finden Lloyd vollständig bekleidet, hartgefroren, vornübergesunken auf dem Kopilotensitz. Eine später von einem Gerichtsmediziner des Tulare County durchgeführte Autopsie ergibt, daß Lloyd an Herzatemstillstand gestorben ist, der durch ein stumpfes Brusttrauma verursacht wurde, das seine Rippen und Brustkorbwand brach und den Brustfellraum auf beiden Seiten mit Luft füllte, ein als Pneumothorax bekannter Zustand.

Da Wave nirgends zu sehen ist, verständigt das Rettungsteam am Boden Bill über Funk: »Lloyd haben wir gefunden, aber wir können Wave nicht finden.«

Der Hubschrauber ruht mit den Kufen im Schnee. Die Retter suchen in dem trüben Licht, das vom Schnee reflektiert wird. Der Deputy, der glaubt, daß ich irgendwelche Informationen haben könnte, die dem Rettungstrupp am Boden weiterhelfen, fragt: »Wo würde Wave hingehen?«

»Er könnte die Überlebensausrüstung mitgenommen haben und zu einem Gipfel im Süden gelaufen sein, wo es wärmer ist. Vielleicht versucht er, einen besseren Platz zu finden, irgendeine Stelle, wo er gesehen werden kann. Wave und ich vereinbarten, daß er beim Flugzeug bleiben und ich mich zu Fuß aus den Bergen aufmachen sollte, aber zwei Wochen sind eine lange Zeit. Vielleicht hat er sich gedacht, ich hätte es nicht geschafft, und ist losmarschiert. Wahrscheinlich würde er nach Süden laufen und zum Kern River stoßen, so wie wir beide es besprochen hatten.«

Ich bin gerade fertig, als das Bodenteam sich über Funk bei Bill meldet: »Wir haben ihn gefunden.«

Der Deputy gibt die Nachricht an mich weiter: »Sie haben ihn gefunden.«

»Geht es ihm gut?«

Mit einem tiefen Seufzer dreht der Deputy sich auf dem Kopilotensitz herum, um mich anzusehen, und sagt dann mit leiser Stimme: »Sie haben ihn ungefähr zehn Meter vom Flugzeug entfernt, im Schnee liegend, gefunden. Er hat es nicht geschafft.«

Waves Leichnam liegt auf dem offenen Schnee, ein Beweis, daß er den zweitägigen Blizzard überlebte, denn die Leiche ist nicht verschüttet. Der Rettungstrupp am Boden trägt meinen Freund zum Helikopter. Es ist inzwischen dunkel geworden, und weil die Retter nicht über die erforderlichen Rettungswerkzeuge verfügen, um Lloyd zu befreien, wird er eine weitere kalte, einsame Nacht im zerstörten Cockpit der Maule verbringen müssen.

Nachdem Bill ein letztes Mal in der Luft über Waves und Lloyds Ruhestätte gekreist ist, bringt er die Tragflächen in eine horizontale Lage, so daß wir in Richtung Lone Pine Airport fliegen. Schweigen erfüllt die Kabine, während wir nach Osten fliegen und dabei zufällig meinen dreizehntägigen Marsch zurückverfolgen. Ich zittere innerlich auf dem Rücksitz des winzigen Buschflugzeugs, und mein einsamer, schaler Sieg ist mir zuwider. Ich weigere mich, den Tod meiner beiden Gefährten zu akzeptieren, schließe weiter die Augen und schüttle dann den Kopf in der Hoffnung, der Schmerz werde vergehen.

Der Deputy, der meinen seelischen Kampf spürt, dreht sich herum. »Hypothermie ist keine schmerzhafte Todesart. Angeblich ist es eine schöne, beruhigte, entspannte Art zu sterben, und wahrscheinlich ist er genau daran gestorben.«

Eine Autopsie erbringt als Waves Todesursache Herzatemstillstand aufgrund von durch Erfrierung verursachter Hypothermie.

Obwohl ich die Bemerkung des Deputys zu schätzen weiß, bin ich außer mir. Ich bin soeben dreizehn Tage lang marschiert, weil ich versuchen wollte, meine zwei Freunde zu retten, habe aber beide verloren. Lloyd hatte keine Chance, aber Wave schon. Er mußte noch nicht sterben. Der Schmerz darüber, daß meine beiden Freunde an Bord meines Flugzeugs gestorben sind, beginnt meine Seele zu erfüllen und macht mich wütend. Als ich an meine beiden Gefährten denke, wie sie allein in der Kälte umgekommen sind, scheinen Bill und der Deputy ganz weit weg zu sein. Meine Augen sehen keine Farbe. Meine Ohren hören keine Geräusche. Meine Haut ist ohne Empfindung. Mir ist, als wäre ich nicht existent. Mir ist, als würde ich nicht dazugehören.

# Medienrummel

Als der gescheiterte Rettungsflug sich seinem Ende nähert, richtet Bill das Buschflugzeug auf die Beleuchtung der Lone-Pine-Landebahn aus. Beim kurzen Endanflug schaltet er die Landescheinwerfer an den Tragflächen ein und legt eine Bilderbuch-Landung hin. Wir rollen rüber zum Flughafenbüro und steigen aus der Maschine.

Während Bill und der Deputy durch die Dunkelheit vorausmarschieren, humple ich hinterher. Mehrere uniformierte Männer warten an der Bürotür unter einem Außenscheinwerfer. Sie kommen auf uns zu und stellen sich als Vertreter der CAP vor. »Tut uns leid wegen Lloyd und Wave.«

Beim Betreten des winzigen Flughafenbüros betäubt mich der plärrende Fernseher, und ich bin erstaunt wegen der Menschentraube, die sich um die Glotze schart. Blicke wenden sich mir zu, und jemand sagt: »Ihre Story kommt gleich im Fernsehen!« Ohne zu verarbeiten, was der Mann sagt, denke ich: »Welche Story? Wovon zum Teufel redet dieser Kerl?«

Nachdem ich dreizehn Tage lang von der Außenwelt abgeschnitten war, bin ich unfähig, das starke Interesse rings um den Fernseher zu begreifen. Ich schrecke auf, als jemand plötzlich die Bürotür zuschlägt. Meine Aufmerksamkeit wird erregt, als ich höre, wie der Nachrichtensprecher im landesweiten Fernsehen zu einem Foto von mir meinen Namen verkündet. Betrübt durch die klingenden Worte »Peter

DeLeo, der einzige Überlebende«, senke ich den Kopf und trauere über den Verlust meiner beiden Gefährten.

Ich spüre, daß ich im Blickpunkt stehe, und suche Zuflucht in der Bürotoilette. Das Geplapper ist jetzt verstummt. Ich kann die Stimme des Nachrichtensprechers hören, während er schwafelt: »Der einzige Überlebende eines Flugzeugabsturzes ist heute zu Fuß aus den eiskalten, schneebedeckten Bergen zurückgekehrt.« Ich schließe die Tür hinter mir und hocke mich auf den Toilettensitz, dann berge ich das Gesicht in den Händen und beuge mich nach vorn. Das Geschnatter in dem Büro setzt wieder ein, aber ich kann nicht verstehen, was gesprochen wird, und will es auch nicht.

Meine nervliche Anspannung legt sich, als der Sprecher meine Geschichte beschließt und zu einer anderen Schlagzeile übergeht. Begierig auf weitere Nachrichten von dem Überlebenden, schaltet die Meute im Büro auf CNN um, wo das Elend wiederholt wird, was mich zutiefst aufwühlt. Der Nachrichtensprecher sagt: »Peter DeLeo, der einzige Überlebende eines Flugzeugs, das vor zwei Wochen in den Bergen hoch oben in der Sierra Nevada abstürzte, ist heute zu Fuß aus der Wildnis zurückgekehrt. Wie verlautet, führte DeLeo einen Rettungstrupp wegen seiner beiden Gefährten Lloyd Matsumoto und Waverly Hatch zurück, aber sie waren tot, als die Retter sie erreichten.«

Ich weine in der Abgeschiedenheit der Toilette und denke, daß Wave und Lloyd gute Menschen waren. Während ich meine Gedanken auf den Tag richte, an dem wir abstürzten, habe ich meine Freunde vor Augen. Lloyd war so stark. Während er all diese Schmerzen erduldete, bat er nicht einmal um Hilfe. Und Wave – wir arbeiteten einen Überlebensplan aus. Wie besonnen er wirkte. Er zeigte keine Furcht. Was zum Teufel ist passiert, nachdem ich wegging?

Fünfzehn lange Minuten vergehen, bevor jemand leise durch die Toilettentür spricht: »Peter, ist alles in Ordnung mit dir?«

Mit betrübtem Flehen sage ich: »Ja, ich muß allein sein.«

»Gut. Wenn du etwas brauchst, laß es uns wissen.«

»Ja. Danke.«

Fünf Minuten vergehen, bevor ich höre, wie sich erneut Schritte der Tür nähern. Wegen des leisen Klopfens glaube ich, daß jemand auf die Toilette muß, also erwidere ich: »Ich komme sofort raus.«

Als ich die Tür aufstoße, stehen die CAP-Leute in der Türöffnung. »Sie müssen jetzt in ein Krankenhaus. Wie wär's, wenn wir Sie in eine hiesige Einrichtung bringen?«

»Ich weiß, daß ich in ein Krankenhaus muß, aber ich will in eines in Long Beach, wo ich wohne, weil die dortigen Ärzte mich behandeln werden, bis ich wieder gesund bin. Ich will nicht hier zu einem Arzt gehen und dann, wenn ich nach Hause komme, mit einem völlig neuen Team von Ärzten wieder ganz von vorn anfangen, okay?«

»Okay.«

Ächzend vor Schmerzen, frage ich: »Kann ich hier irgendwo in der Nähe ein Auto mieten?«

»Warum?«

Körperlich und seelisch ausgelaugt, erwidere ich: »Ich will nach Hause. Es ist eine ziemliche Strecke von hier. Ich muß ein Auto mieten, damit ich nach Hause fahren kann.«

»Nein. Nein. Nein. Wir werden Sie mit einem CAP-Flugzeug ein Stück weit bis Long Beach bringen. Normalerweise befördern wir keine Personen, aber bei Ihnen werden wir eine Ausnahme machen, vorausgesetzt, Sie fühlen sich dem Flug gewachsen.«

»Ja, vielen Dank. Wo werden Sie mich hinbringen?«

»Fox Field in Lancaster. Jemand von Ihrer Familie wird Sie dort abholen.«

Verwirrt erwidere ich: »Wer? Ich habe keine Familie in Kalifornien. Nur meinen Vater, und der kann mich nicht in Lancaster abholen, er ist behindert!« Noch weiß ich nicht, daß mein Bruder und meine Schwester hier in Kalifornien sind.

»Vielleicht kann Ihr Geschäftspartner Sie dort abholen?«

»Vielleicht?«

»Während Sie nach Lancaster unterwegs sind, werden wir das Nötige veranlassen.«

Zu müde und zu traurig, um zu streiten, willige ich ein und denke mir, daß ich bestimmt in Lancaster ein Auto mieten kann.

Nachdem ich Bill und dem Deputy für ihre mutige Hilfe beim Aufspüren von Wave und Lloyd gedankt habe, gehe ich an Bord der einmotorigen Cessna der CAP. Als wir vom Ende der Startbahn abheben und Kurs Richtung Süden nehmen, sitze ich in der Dunkelheit allein auf dem Rücksitz, während die beiden CAP-Angehörigen die Maschine fliegen. Sobald wir auf Reiseflughöhe sind, dreht der Kopilot sich zu mir um: »Es ist uns eine Ehre, Sie zu befördern.« Überrascht und unfähig zu antworten, bleibe ich stumm, während er fortfährt: »Es kommt sehr selten vor, daß wir die Chance haben, uns an einer Suchaktion zu beteiligen, bei der es Überlebende gibt, und allein wegen dieser Gelegenheit, Sie zu befördern, sind all unsere Anstrengungen und die vielen Trainingsstunden der Mühe wert. Wenn wir bei unserer Arbeit für die CAP nur einen einzigen Menschen lebend finden, dann hat sich unser harter Einsatz gelohnt. Ich weiß, daß wir Sie nicht gefunden oder gerettet haben, aber Teil dieser Suchaktion zu sein, jemand zu sein, der sie miterlebt hat, das entlohnt für die ganze Mühe.«

Ich bin schier überwältigt und tief bewegt. Ich möchte ihm und der gesamten CAP danken, aber ich weiß, daß Worte all die lebensgefährlichen Einsätze nicht vergelten können, die sie für Fliegerkameraden durchführen. Als ich den Kopiloten ansehe, der eine Flugkarte festhält, erblicke ich einen Helden. Auf dem Pilotensitz erblicke ich einen weiteren Helden. Sie sind ein Team, und sie fliegen prächtig. Die Männer und Frauen, aus denen die CAP besteht, riskieren ihr Leben, wenn sie mit der geringen Aussicht, das Leben eines Menschen zu retten, den sie nicht einmal kennen, Such- und Rettungseinsätze durchführen.

Als wir uns dem General-Fox-Flugplatz nähern, bittet der Pilot den Kontrollturm über Funk um Landeerlaubnis. Der Tower gibt dem Piloten das OK, informiert ihn aber darüber, daß sich ein Medienzirkus formiert hat. Mitarbeiter lokaler und landesweiter Nachrichtensender treffen in Helikoptern und Übertragungswagen ein, und Rundfunk- und Fernsehteams bauen ihre Kameras und Mikrophone auf. »Es ist ein echtes Chaos hier unten.«

Als der Pilot dem Fox-Kontrollturm über Funk mitteilt, er brauche einen kurzen Moment zum Nachdenken, hören die Nachrichtenkanäle die Funkübertragung mit. Da er mich nicht den Wölfen zum Fraß vorwerfen will, bespricht er mit dem Kopiloten schnell unsere Optionen und ersucht sodann um Genehmigung, durch den Fox-Luftraum zu einem anderen Flughafen zu fliegen. Der Tower erteilt die Genehmigung, aber die CAP-Oberen sind – zusammen mit den Medien – gespannt zu erfahren, wie unser endgültiger Bestimmungsort lautet. Da die CAP-Vorschriften verlangen, daß Pilot und Kopilot unseren Bestimmungsort durchgeben, meldet sich der Pilot über Funk bei seinen Vorgesetzten und beginnt dann in einem vertraulichen Kode zu sprechen, weil er weiß, daß die Medienleute mit ihren Hubschraubern und Wagen anfangen werden, zu unserem Ziel zu hetzen, sobald sie den Code geknackt haben. Nachdem das Gespräch über Funk eine Weile hin- und hergegangen ist, lachen der Pilot und die Chefs der CAP sich eins.

Nachdem wir Fox Field überflogen haben, dreht der Pilot sich zu mir um und schreit über den Motorenlärm hinweg: »Wir fliegen zum Van Nuys Airport. Ich denke, wir haben einen Vorsprung vor den Medien. Die Leute, die Sie am Fox abholen wollten, werden auf dem Van Nuys sein, aber es wird nicht lange dauern, bis die Medien es schnallen. Wahrscheinlich werden sie denken, wir bringen Sie direkt nach

Long Beach. Sie werden in Massen auf dem Long Beach Airport einfallen und dann zu den Flughäfen der Umgebung ausschwärmen.«

Tieftraurig wegen des Verlusts meiner beiden Gefährten, denke ich, während ich im Dunkeln auf dem Rücksitz der kleinen Cessna hocke: Die Medien. Was hab ich damit zu tun?

Nach der Landung auf dem Van Nuys Airport steigen die beiden CAP-Angehörigen aus dem Flugzeug und fragen dann voller Mitgefühl: »Können Sie laufen? Sollen wir Ihnen helfen?«

»Ich schaff' das schon, danke.«

Van Nuys ist ein ziemlich großer Flughafen mit zahlreichen Flugzeughallen, Gebäuden und Büros. Als wir das Hauptgebäude betreten, empfängt uns eine Frau mit den Worten: »Hi, kann ich Ihnen helfen?«

Die CAP erwidert: »Gibt es ein Zimmer oder einen Besprechungsraum, wo wir uns aufhalten können? Wir warten auf jemanden, der uns hier abholt, um diesen Herrn nach Hause zu transportieren, okay?«

Die Frau sieht mich kurz an, und ich merke, daß sie mich aus dem Fernsehen wiedererkennt. Sie bittet uns, ihr zu folgen, und führt uns zu einem feudalen, mit Fernseher, Tischen, bequemen Sesseln und einer kleinen Couch ausgestatteten Besprechungsraum.

Aus einem natürlichen Instinkt heraus humple ich hinüber zu der gegenüberliegenden Wand, von wo aus ich den ganzen Raum und die Tür überblicken kann. Als ich mich hinsetze, lächelt die Frau mich an und verläßt das Zimmer. Wir bleiben alle drei stumm, während die beiden CAP-Angehörigen alle zwei Minuten auf die Uhr schauen, als warteten sie darauf, daß eine Bombe hochgeht. Fünfzehn Minuten vergehen. Es klopft leise an der Tür. Ihren zögerlichen Gesichtern kann ich entnehmen, daß die Piloten befürchten, es seien die Medien. Einer von ihnen macht langsam die Tür auf und stellt fest, daß es die Frau ist, die uns zuvor zu dem Besprechungszimmer gebracht hat. Mit einem Lächeln sagt sie: »Ich hab Ihnen eine heiße Schokolade gemacht und ein paar Plätzchen gebacken. Sie sind nicht so gut wie die, die ich zu Hause mache. Aber auf die Schnelle habe ich sie nicht besser hinbekommen.«

Als die Frau mit der großen Tasse Schokolade zu mir herüberkommt, reicht sie mir einen Teller Plätzchen. »Möchten Sie ein paar mit Schokosplittern? Sie sind noch heiß.«

Ich verliebe mich beinahe in ihre Freundlichkeit und erwidere: »Ja, bitte« und nehme mir ein noch warmes Plätzchen.

Die Frau, die sieht, wie hungrig ich bin, stellt den Teller mit dem Gebäck vor mir auf den Tisch und geht aus dem Zimmer. Da ich ausgehungert bin und mein Körper nach Zucker verlangt, esse ich weiter die Plätzchen, eines nach dem anderen, bis der Teller fast leergeputzt ist und ich Bauchschmerzen habe. Während ich versuche, in kleinen Schlukken die Schokolade zu trinken, denke ich: »Das ist die beste heiße Schokolade, die ich je getrunken habe, aber sie ist so heiß, daß ich sie nicht trinken kann, um die Plätzchen hinunterzuspülen.« Aber bevor ich meinen Gedanken beende, kehrt die Frau lächelnd mit Wasser und Saft zurück. »Hier, bitte. Falls die Schokolade noch zu heiß ist, können Sie die Plätzchen damit hinunterspülen.«

Es ist jetzt gleich 20.30 Uhr, und ich habe seit der Außentoilette vor zwei Nächten nicht geschlafen. Der Zuckerrausch von den Schokoladenplätzchen ist verflogen, und allmählich fallen mir die Augen zu. Plötzlich fliegt krachend die Tür auf, daß es mich fast aus dem Sessel reißt. Lächelnd betritt mein Bruder Rocco den Raum.

»Was machst du denn hier?«

Er unterdrückt die Tränen und kommt schnell auf mich zu. »Ich habe seit letztem Samstag auf Schneeschuhen die Berge der Sierra Nevada nach dir abgesucht.«

Als ich aufstehe, legt mein Bruder die Arme um mich und drückt mich fest an sich. Angesichts meiner von der kräftigen Umarmung meines Bruders knirschenden Knochen, flüstere ich ihm zu: »Sachte, ich habe jede Menge gebrochener Knochen.« Er nickt und verringert den Druck. Ich kann sehen, daß er weint.

Ich lockere diesen sehr gefühlsbeladenen Augenblick auf, indem ich ihm ein paar Plätzchen anbiete und ihn frage, ob er etwas von meiner heißen Schokolade möchte. Während er ißt und an der heißen Schokolade nippt, begrüße ich die beiden Männer, Stephen und Phil, die ihn von Long Beach hergeflogen haben.

Phil, Fliegerkamerad, Bekannter von Wave und Maule-Besitzer, sagt: »Wie geht's dir?«

Mit trauriger Stimme entgegne ich: »Danke, daß du hergeflogen bist, um mich zu holen. Wave hat es nicht geschafft.«

»Ich weiß.«

Stephen sagt: »Ich habe heute schon mit Ihrer Schwester in einem Flugzeug nach Ihnen gesucht, als die CAP uns benachrichtigte, daß Sie zu Fuß aus den Bergen zurück sind. Ihre Schwester ist zu Hause bei Ihrem Vater. Ich hab die Maschine mit Phil und Ihrem Bruder hierhergeflogen.«

»Danke für Ihre Hilfe, Stephen.«

Mein kurzer, gastfreundlicher Aufenthalt auf dem Van Nuys Airport geht zu Ende. Nachdem ich den beiden CAP-Angehörigen aufrichtig für ihre Hilfe gedankt habe, verabschiede ich mich und gehe mit Stephen, Phil und Rocco auf die Cessna 172 zu. Als wir quer über das Rollfeld laufen, bemerkt Phil, daß ich unter Schmerzen langsam humple, und fragt: »Sollen wir die Maschine hierher zu dir schieben, damit du nicht so weit laufen mußt?«

Mit meinem Bruder an meiner Seite, der bereit ist, mich aufzufangen, sollte ich fallen, gehe ich im Schneckentempo weiter. »Nein.«

»Soll ich dich tragen?« bietet Rocco an.

Nachdem ich dreizehn Tage lang in der eisigen Wildnis ums Überleben gekämpft habe, reagiere ich mit einem aufrichtigen Seufzer auf die herzliche, stützende Gesellschaft meines Bruders. »Nein. Ich habe zu starke Schmerzen, als daß ich ertragen könnte, daß mich jemand berührt. Du weißt, was ich meine?«

Rocco, dem Verletzungen nicht fremd sind, sagt: »Ja, ich verstehe. Das hast du gut gemacht. Das hast du wirklich gut gemacht. Ich bin stolz auf dich.«

Tränen laufen mir über die Wangen. »Ich habe zu lange gebraucht, um zu Fuß rauszukommen. Wave und Lloyd sind jetzt tot.«

»Ich war in den Bergen und habe nach dir gesucht. Das Gelände ist zerklüftet und unversöhnlich. Du hast dein Bestes getan. Du hast überlebt! Du hast es raus geschafft!«

Traurig erwidere ich: »Lloyd war schwer verletzt; er hatte keine Chance. Ich dachte, Wave wäre ganz bestimmt am Leben. Ich weiß nicht, was ihm zugestoßen ist.«

Rocco bleibt mit den Armen um mich an meiner Seite und schützt mich, sollte ich fallen. »Es ist Zeit, nach Hause zu gehen.«

Während Phil und Stephen die Maschine zu uns herüberschieben, sagt Rocco: »Laß uns stehenbleiben und warten, bis sie mit dem Flugzeug herkommen, okay?«

Nachdem ich während der vergangenen zwei Wochen gegen die Elemente gekämpft habe, bin ich außerstande, untätig zu sein. »Ich kann nicht. Ich muß weitergehen.«

Beinahe im Flüsterton sagt Rocco: »Ich verstehe.«

Als wir gerade an Bord der winzigen Cessa gegangen sind, schwärmen Helikopter von Presse und Nachrichtensendern herein und landen neben uns. Wir beobachten zu viert aus dem Inneren des Flugzeugs, wie die Teams aus den Hubschraubern steigen und mit ihren schweren Kameras, Stativen und Mikrophonen in der Hand auf das Flughafenbüro zurennen.

Während Stephen die Maschine fliegt, macht Phil den Kopiloten, und Rocco und ich sitzen hinten. Als wir in das Bekken von Los Angeles kommen, denke ich an die Zeit, als ich Straßenrennen gefahren bin, und sage zu Rocco: »Ich werde wieder mit Motorradrennen anfangen.«

Lachend fragt er: »Wieso das?«

»Weil, wenn du verunglückst, direkt dort an der Piste ein Krankenwagen steht. Sie können dich sofort ins Krankenhaus bringen; nichts von diesem Dreizehn-Tage-Überlebensquatsch!«

Aber ich will nicht ins Krankenhaus gebracht werden. Ich will nach Hause.

Als wir uns dem Long Beach Airport nähern, bittet Stephen den Kontrollturm über Funk um Landeerlaubnis. Er nennt dem Tower falsche Hecknummern und bittet darum, zu einem Abfertigungsbetrieb rollen zu dürfen, der nicht mit der Miete des Flugzeugs in Verbindung gebracht wird. Das Flugzeug ist nicht zu identifizieren, während wir über die beleuchtete Landebahn rollen. Da ich diese winzige Cessna schon viele Male gemietet habe, kenne ich die Hecknummer der Maschine, und ich weiß, daß Stephen das Flugzeug dem Kontrollturm soeben untergeschoben hat, aber mir ist nicht ganz klar, warum. Als das Flugzeug in der Dunkelheit in der Nähe einiger Flugzeughallen östlich der Stelle, wo die Cessna normalerweise festgemacht wird, ausrollt, schaltet Stephen den Motor aus. Phil sagt: »Schnell raus!«

Als ich aus dem Flugzeug steige, frage ich Phil im selben Moment: »Was ist los? Was treibt ihr hier? Wie soll ich zu mir nach Hause kommen?«

Phil entgegnet: »Ich habe alles vorbereitet. Mein Cousin wartet direkt da drüben in einem Lieferwagen.« Er zeigt auf ein Fahrzeug, das in etwa fünfundzwanzig Meter Entfernung mit laufendem Motor wartet. Als der Lieferwagen mit ausgeschalteten Scheinwerfern aus der Dunkelheit auftaucht, überlege ich: »Wie hat er seinen Wagen auf das Rollfeld gekriegt? Man braucht eine Genehmigung, um mit einem Fahrzeug aufs Flughafengelände zu kommen. O Mann, ich liebe diese Burschen.«

Phil sagt: »Bei Jack's Aircraft wimmelt es von Medienleuten. Dort können wir nicht hin. Wir haben alles so durchgeplant, daß die Medien nicht über dich herfallen können.«

Mit uns im Führerhaus verläßt der Lieferwagen langsam den umzäunten Flugsteig und kommt mühelos an dem Heer von Medienvertretern vorbei, die darauf warten, daß die Cessna 172 zu Jack's Aircraft rollt. Während wir im Schritttempo die bevölkerte Sackgasse hinunterfahren, sind wir mehrmals gezwungen anzuhalten, als Nachrichtensprecher und Filmteams auf dem Weg zu Jack's die Straße überqueren.

Sobald wir durch meine ruhige Wohnstraße fahren, sind wir wegen eines durch den Medienauftrieb verursachten Staus gezwungen, etwa dreihundert Meter vor meinem Haus anzuhalten. Die Straße – normalerweise abends um 22 Uhr wie leergefegt – ist vollgestopft mit Satelliten-Übertragungswagen, großen Autos und Wohnmobilen. Mit einem Nachrichtenwagen an der hinteren Stoßstange warten wir wie leichte Beute, während die Medienleute mit ihren Fahrzeugen auf Zufahrten, Bürgersteige und über Rasenflächen fahren und eine Gasse freimachen, damit wir passieren können. Unter Gehupe und blinkenden Schweinwerfern schieben wir uns zentimeterweise vor und erreichen im Stop-and-go-Rhythmus schließlich die Vorderfront meines Hauses. Die Häuser meiner Nachbarn und mein eigenes Haus erstrahlen heller als der sonnigste Tag in Südkalifornien, aber wegen der dichten Menschenmenge kann ich meine Eingangstür nicht sehen. Einige Kamerateams haben oben auf ihren Lieferwagen Stellung bezogen, während andere Gerüste aufgebaut haben. Das Summen von Generatoren erfüllt die friedliche Nacht. Wir starren auf die Wagen von ABC, CBS, NBC, Fox und anderen Sendern, von denen ich noch nie gehört habe. Über den Massenaufruhr und das ununterbrochene pumpende Geräusch der Generatoren hinweg sagt einer von uns: »Haben sie uns gesichtet?«

Rocco erwidert: »Nein, würden sie uns sichten, würden sie den Laster überfallen. Sie würden die Autos und Lieferwagen im Weg stehen lassen, so daß wir nicht vorbeikämen, und uns zwingen, zum Haus zu laufen, damit sie ihm Kameras und Mikrophone ins Gesicht drücken können.«

Ein Heer von Menschen hält Kaffee, Notizblöcke, Kameras, Lampen und Mikrophone fest und erwartet meine Rückkehr. Die Teams, die sich darauf einrichten, daß es länger dauern wird, klappen Stühle und Tische auseinander und stellen sie auf Bürgersteigen und Rasenflächen auf wie bei einer Feier zum Unabhängigkeitstag am 4. Juli.

Während wir mit offenem Mund auf das Spektakel starren, fragt Phil: »Wie können wir durch die Hintertür reinkommen?«

Ich antworte: »Fahr mit dem Wagen die Gasse hinter dem Haus runter. Aber laß uns zuerst ein paar Blocks hochfahren, damit wir außer Sicht sind. Dann können wir ein paar Blocks weiter nördlich in die Gasse einbiegen und sie mit ausgeschaltetem Licht hinunterfahren.«

Nachdem wir im Schrittempo anderthalb Blocks weitergeschlichen sind, biegen wir rechts ab und fahren dann sofort wieder rechts die Gasse hinunter. Während wir langsam, lediglich mit den Außenschweinwerfern der Garagen als Beleuchtung, durch die dunkle Gasse rollen, warten wir darauf, daß hinter einem Container, einer Garage oder einem geparkten Wagen Reporter mit gezückten Kameras und Mikrophonen hervorspringen und ein Interview fordern. Überrascht, daß die Medienmeute die hintere Gasse freigelassen hat, flüstert Phil: »Warte hier. Ich checke den Weg zur Hintertür.«

Einen Augenblick später ist Phil wieder da und sagt: »Die Luft ist rein, aber wahrscheinlich nicht lange. Irgend jemand wird uns jeden Moment hören oder diesen Lieferwagen entdecken.«

Rocco hilft mir, um die Garage herum auf die Hintertür zuzuhinken. Als ich die Hintertreppe hochhumple, sehen ein paar Medienleute mich ins Haus gehen. Aber ich schaffe es zuerst hinein. Nachdem die Hintertür sicher hinter mir abgeschlossen ist, schleife ich meinen zerschmetterten Knöchel quer durch meine Küche und fühle mich irgendwie fremd. Ich gehe ins Wohnzimmer in der Erwartung, nur meinen Dad und meine Schwester zu sehen, aber der Raum ist von Wand zu Wand gerammelt voll. Ich sehe Rick, Kevin und seine Freundin Judy, meine Freunde Greg und Linda Hauser, Susan, Denise und viele Freunde meiner Schwester. Ich suche in der Versammlung schnell nach meinem Vater und sehe, daß er still am Eßzimmertisch sitzt. Als ich zu ihm hinüberhumple, entdecke ich unter den Anwesenden mehrere Leute, die ihre Kameras ans Gesicht heben und ein Foto von mir machen wollen. Ich lege Dad meine gesunde Hand auf die Schulter und rufe, in Tränen ausbrechend, laut: »Es ist schön, dich zu sehen!«

Er nickt mit dem Kopf und fängt vor Erleichterung ebenfalls an zu weinen. Während meine Hand noch meinen Vater beruhigt, hebe ich den Kopf, um mir das Gedränge anzusehen. »Macht nichts, wenn ihr mich für tot gehalten habt.«

Bevor ich den Satz auch nur beenden kann, ist mein Wohnzimmer erfüllt von den Seufzern meiner Familie und Freunde. Ohne daß ein Verschluß klickt, werden die Fotoapparate gesenkt. Angesichts der Tatsache, daß mein Körper noch immer völlig unterkühlt ist, sage ich: »Ich muß ein warmes Bad nehmen. Ich muß meinen Körper auf Betriebstemperatur bringen.«

Während ich ins Badezimmer humple, höre ich im Wohnzimmer die Stimmen plappern. »Wir müssen ihn sofort in ein Krankenhaus bringen. Er sieht nicht gut aus!«

Rocco kommt ins Bad, als ich mit dem Reißverschluß meiner Jacke kämpfe. Er will helfen und sagt: »Soll ich dich in die Wanne heben?«

Mit müder, beinahe tonloser Stimme sage ich: »Nein, ich habe zu viele gebrochene Knochen. Ich weiß, was weh tut und wie ich mich bewegen muß, damit der Schmerz so gering wie möglich ist.«

»Okay.«

Ich frage: »Kannst du die Türen von der Dusche aushängen, damit ich leichter in die Wanne komme?«

Nachdem Rocco die Türen an die Wand gelehnt hat, kommen Susan und meine Schwester herein und versuchen, mir ganz langsam meine Sachen auszuziehen. Als sie an meinen zerlumpten, stinkigen Kleidungsstücken zerren, heulen meine Knochen auf vor Schmerz, und ich fauche wie ein wildes Tier. »Faßt mich nicht an! Faßt mich nicht an!«

Denise verläßt schnell das Bad, während Susan fragt: »Wie kann ich dir helfen?«

»Ich muß es selbst machen. Wenn du mich berührst, tust du mir weh.«

Mit weit aufgerissenen Augen sagt sie: »Schon gut.«

In versöhnlicherem Ton sage ich: »Susan, laß die Wanne mit lauwarmem Wasser vollaufen. Es darf nicht heiß sein. Es muß lauwarm sein, sonst verbrennt es mir die Haut.«

Als ich bis auf die Unterwäsche ausgezogen bin, starrt Susan auf meinen ausgemergelten Körper. Wie ich später erfahre, habe ich in den dreizehn Tagen über zwanzig Kilo verloren. Als die Wanne mit handwarmem Wasser gefüllt ist, lasse ich mich hineingleiten und denke an die himmlischen heißen Quellen.

Es ist 23 Uhr. Während ich versunken daliege, klopft irgend jemand heftig an die Haustür. Greg, mein bester Freund, 1,88 Meter groß, 120 Kilo schwer, ehemaliger Soldat, öffnet die Tür. »Ja, können wir Ihnen behilflich sein?«

Ein Reporter fragt: »Können wir eine Erklärung bekommen?«

Den Reporter in Schach haltend, sagt Greg: »Einen kleinen Moment, ich bin gleich wieder da.«

»Danke.«

Ohne mein Wissen verlassen Denise, Rocco und Greg das Haus und steigen auf ein Podium. Im Namen der Freunde und Familie DeLeo gibt Denise eine landesweite öffentliche Erklärung ab.

Die belagernden Medien, die immer noch sehnsüchtig auf eine Überlebensstory warten, harren mit blendendhellen Lampen und starken, geräuschvoll laufenden Generatoren in meinem Vorgarten und der ganzen Straße aus. Selbst nach dieser Erklärung hämmert ein Reporter an die Hintertür und bittet um ein Interview mit mir. Denise seufzt ärgerlich, als sie an die Tür geht, und sagt: »Bitte, es ist Mitternacht. Wir brauchen ein bißchen Schlaf.«

Der Reporter, der ein Exklusivinterview möchte, erwidert: »Ich möchte gern mit Ihrem Bruder Peter sprechen, damit ich einen Artikel schreiben kann.«

Denise, die sich zurückhält, sagt: »Nicht jetzt, es ist spät!«

Verlegen sagt der Reporter: »Oh, oh, na schön, ich werde mich morgen mit Ihnen in Verbindung setzen.«

Susan fährt fort, jene Partien meiner Haut, die der kalten Luft ausgesetzt sind, mit warmen, feuchten Handtüchern abzudecken. Fünfmal wechselt sie während des viereinhalbstündigen Bades das trübe, schmutzige Wasser. Nachdem ich das Gefühl habe, halbwegs aufgetaut zu sein, mache ich mich auf unerträgliche Schmerzen gefaßt, als ich aus der Wanne steige. Rocco kommt herein, stellt sich einen Schritt vor mich hin und hilft mir raus.

In ein Handtuch gehüllt, hinke ich in mein Schlafzimmer und schlüpfe zwischen saubere, frische Laken. Susan, die mich wie ein Baby behandelt und sich in acht nimmt, nicht an meine gebrochenen Knochen zu kommen, zieht mir behutsam die Decke hoch bis zum Hals. Endlich, nach dreizehn grauenhaften Tagen, entspanne ich mich in meinem Bett, als meine Schwester und Greg ins Schlafzimmer kommen. Denise verkündet: »Du mußt auf der Stelle ins Krankenhaus.«

Da ich weiß, daß ich sehr wenig Spielraum habe, sage ich nur: »Ich schlafe mich heute nacht in meinem eigenen warmen Bett richtig aus. Morgen mittag gehe ich ins Krankenhaus.«

Bevor Denise Zeit hat zu antworten, sagt Greg: »Das ist gut, ruh' dich ein bißchen aus. Ich komme morgen wieder und fahre dich hin.«

Als ich im Bett liege, fangen meine Füße und Hände an zu stechen und zu brennen von den Erfrierungen. Bald wachsen die Schmerzen sich zu einem Pochen aus, und ich frage mich, wie viele meiner Finger und Zehen man mir wohl amputieren wird. Ich versuche, die Durchblutung anzuregen, indem ich das nächtliche Ritual meiner Überlebensübungen fortsetze, mit den Zehen wackle und die Finger bewege, während ich in der Geborgenheit meiner Familie und Freunde einschlafe.

Ich liege in leichtem Schlaf neben Susan, als ich plötzlich aufwache und feststelle, daß ich die Füße in das Ende des hölzernen Bettgestells gezwängt habe, als sei es einer der umgestürzten Baumstämme, die mich daran hinderten, den Hang hinabzustürzen, wenn ich während der eiskalten Nächte einnickte. Ohne mir bewußt zu sein, daß ich mich in der Geborgenheit meines Hauses befinde, setze ich mich aufrecht hin und fange mit den Überlebensübungen an. Ich suche die Zimmerdecke nach Sternen ab, während ich in aufgedrehtem, erregtem Tonfall sage: »Wenn du schläfst, stirbst du!«

Erschrocken schnellt Susan unter ihrem Bettzeug hervor und sagt: »Was ist los? Geht's dir gut?«

»Wo ist die Sonne? Die Sonne? Die Sterne?« Schließlich merke ich, wo ich bin.

Ich warte, bis meine Augen sich an die Dunkelheit gewöhnt haben, und lege dann den Kopf wieder aufs Kissen.

Ich starre auf die vier beengenden Wände meines Schlafzimmers und sehne mich nach der offenen Wildnis. Weil ich eine Verbindung mit der freien Natur herstellen muß, reiße ich vom Bett aus mit dem rechten Fuß die Jalousien meines Schlafzimmerfensters ab. Vom Klappern der Lamellen gestört, sagt Susan: »Was tust du da?«

»Ich muß die Sonne sehen, wenn sie aufgeht.«

Schläfrig erwidert Susan, die nichts von meiner Beziehung zur Wildnis weiß: »Okay.«

Während Susan wieder einschläft, starre ich hinaus und warte geduldig auf die winzige Veränderung der Dunkelheit, die ich spüren und lieben gelernt habe. Und obwohl die Veränderung eintritt, schläft die Stadt noch. Bald beginnen die ersten Morgenvögel zu zwitschern. Ihr Gesang entspannt und beruhigt mich und schläfert mich ein.

Nach ein paar Stunden wache ich von Stimmen im Wohnzimmer auf. Susan schläft neben mir weiter, während ich höre, wie Denise sagt: »Er muß sofort ins Krankenhaus.«

Rocco erwidert: »Laß ihn uns wecken, wenn Greg da ist.«

Denise klopft an die Tür: »Schläfst du?«

»Nein, komm rein.«

Als sie ins Zimmer tritt, wird Susan wach. Denise fragt: »Hast du Hunger?«

»Ja, aber ich will nur Daddy's Apfelmus, okay?«

Während ich in der Behaglichkeit meines warmen Bettes mit Susan neben mir das Apfelmus esse und in kleinen Schlucken Apfelsaft trinke, beschließen die unnachgiebigen Medien, daß es Zeit für ein Interview ist. Wir hören es gleichzeitig an Vorder- und Hintertür klopfen. Als Denise die Vordertür öffnet, übergibt ein Bevollmächtigter von Connie Chang, dem Moderator der CBS-Nachrichtensendung *Eye to Eye*, einen großen Obstkorb, während er den Namen und die Telefonnummer einer Kontaktperson auf ein Stück Papier kritzelt, das er aus einem Notizblock herausgerissen hat. Nachdem sie den Obstkorb abgesetzt hat, eilt Denise auf das wiederholte Hämmern hin zur Hintertür. Noch bevor sie ein Wort sagen kann, fragt ein aufgeregter Reporter: »Können wir ein Interview mit Ihrem Bruder Peter bekommen?«

Denise bewahrt ruhig Blut und sagt: »Er schläft noch, aber sagen Sie mir Ihren Namen und bei welcher Zeitung oder welchem Nachrichtensender Sie sind, und ich geb's weiter an ihn.«

Kurz danach kommt Rocco zu mir ins Zimmer. »Wie fühlst du dich?«

»Mir geht's gut.«

»Ich wollte, ich könnte bleiben, aber jetzt, wo du zu Hause bist, muß ich zurück nach Connecticut.«

Da ich mir seine Gesellschaft wünsche, bitte ich ihn: »Bleib ein paar Tage. In zwei, vielleicht drei Tagen werde ich auf sein und herumlaufen.«

Lächelnd sagt er: »Kumpel, du mußt dich eine ganze Weile schonen. Es wird wahrscheinlich drei bis vier Monate dauern, bis diese Verletzungen verheilt sind. Gewöhn' dich jetzt schon mal an den Gedanken. Du bist am Leben. Nimm dir die Zeit, die du brauchst, um richtig gesund zu werden.«

Störrisch erwidere ich: »Ich werde in ein paar Tagen auf den Beinen sein und herumlaufen.«

Mit einem knurrenden Lachen, das ich so gut kenne, sagt er: »Klar! Mann, du siehst aus, als kämst du gerade aus dem Krieg. Warte, bis du geröntgt wirst. Dann werden wir sehen, wie viele gebrochene Knochen du hast.«

»Tja, ich möchte echt nicht, daß du gehst. Ich weiß, du hast recht. Hey, Rock, danke, danke, daß du hierhergekommen bist, um nach uns zu suchen.«

»Keine Ursache. Ich komme wieder her, wenn es dir bessergeht. Dann können wir zum Klettern gehen.«

Rocco umarmt mich brüderlich. Als wir uns die Hände schütteln, sage ich: »Okay, bis bald.«

Denise denkt voraus und ruft im Community Hospital von Long Beach an. »Ich werde in Kürze meinen Bruder in Ihre Notaufnahme bringen. Es wird vielleicht einigen Medienrummel geben, denn er ist der Mann, der gestern zu Fuß aus den Bergen zurückgekommen ist, nachdem er vor zwei Wochen einen Flugzeugabsturz in den Bergen der Sierra Nevada überlebt hat. Wir werden versuchen, die Medienmeute auf dem Weg zum Krankenhaus abzuschütteln. Können Sie vermeiden, daß seine Anwesenheit im Krankenhaus Aufsehen erregt?«

Unterdessen fliegt ein Helikopter der Polizei zurück zur Absturzstelle, um Lloyd aus dem Wrack herauszuholen. Aber trotz einer GPS-Ortung können die Beamten die abgestürzte Maule wegen des dichtbewaldeten Geländes nicht finden. Nachdem sie ermüdet sind von der Suche, setzt sich ihre Dienststelle mit Bill Woodward in Verbindung, der helfen soll, das Wrack ausfindig zu machen. Als man den Hubschrauber endlich in der Nähe der Stelle, wo das Wrack liegt, aufsetzen kann, sägt der Bergungstrupp die Haltegriffe an dem Sitz und einiges an zerfetztem Metall ab, bevor man den gefrorenen Leichnam Lloyds aus dem Flugzeug zieht.

Pünktlich wie immer kommt Greg Schlag zwölf zur Hintertür herein, um mich ins Krankenhaus zu bringen. Weil er glaubt, daß wir den im Vorgarten lauernden Medien aus dem Weg gehen können, hilft Greg mir, aus der Hintertür zu seinem in der Gasse hinter dem Haus parkenden Chevrolet Suburban zu schleichen. Nachdem er mit dem Wagen eine Reihe schneller linker und rechter Haken geschlagen hat, sagt Greg: »Niemand folgt uns.« Im Krankenhaus begleiten Denise, Susan und Greg mich, als ich zur Notaufnahme humple, bis ich plötzlich stehenbleibe. In einem Zeitungskasten sehe ich eine Ausgabe des *Press Telegram* mit meinem Foto auf der Titelseite. Greg wirft ein paar Münzen ein und zieht mehrere Exemplare heraus. »Da noch niemand deine Story hat, wollen wir doch mal sehen, was sie zu erzählen haben.«

**PILOT ÜBERLEBT ZWÖLF TAGE IN DER WILDNIS**

Der Pilot des Kleinflugzeugs, das auf einem Flug von Long Beach zum Lake Isabella seit fast zwei Wochen vermißt wurde, tauchte am Freitag nachmittag verletzt, aber bei klarem Verstand zu Fuß aus einer zerklüfteten Gebirgsgegend im Inyo County auf und kehrte anschließend in einem heldenhaften, aber vergeblichen Versuch, seine beiden Passagiere zu retten, mit einem Hubschrauber-Rettungstrupp in die Wildnis zurück.

Peter DeLeo, 33, wohnhaft in Long Beach, von Freunden und Verwandten als Überlebenskünstler beschrieben, lief zwölf Tage durch die Sierra Nevada, bevor er am Osthang wieder auftauchte...

Ich bringe 53 Kilo auf die Waage. Röntgenuntersuchung und Kernspintomographie ergeben sieben gebrochene Rippen auf der rechten Seite, fünf separate Brüche des linken Knöchels, vier Brüche der rechten Schulter, eine gerissene rechte Rotatorenmanschette, ein gerissenes vorderes Kreuzband im rechten Knie, Erfrierungen, Unterernährung und tiefe Fleischwunden am ganzen Körper. Nachdem man meinem linken Knöchel einen Laufgips angelegt und meinen rechten Arm in eine Schlinge gesteckt hat, entläßt der Arzt mich mit den Worten: »Ich glaube nicht, daß ein Krankenhausbett Ihnen helfen wird. Ich glaube, was Sie brauchen, ist Ihr eigenes Bett in der Nähe Ihrer Familie.«

Denise, die davon ausgegangen ist, daß ich ins Krankenhaus eingewiesen werde, erwidert: »Das ist großartig. Der Kerl ist mit einem Flugzeug abgestürzt und hat sechzehn gebrochene Knochen und schlimme Erfrierungen, und Sie schicken ihn nach Hause?«

»Wenn er bis jetzt noch nicht gestorben ist, wird er auch nicht sterben.«

Frustriert gibt Denise nach: »Na schön, danke, aber vernünftig ist das nicht.«

Als wir wieder am Haus eintreffen, werden wir von Kameras und Mikrophonen belagert, während Greg und Susan mir helfen, mit dem linken Knöchel in Gips und dem rechten Arm in einer Schlinge auf die hintere Veranda zu humpeln. Wir gehen ins Haus, ohne ein einziges Wort zu den Medienleuten zu sagen. Sie hämmern gegen Hinter- und Vordertür und verlangen eine O-Ton-Äußerung.

Denise, die versuchen will, sie zu beschwichtigen, öffnet die Vordertür und wird von einem Bevollmächtigten von Diane Sawyer und Sam Donaldson, den Co-Moderatoren der ABC-Nachrichtensendung *PrimeTime Live*, empfangen. Er überreicht Denise einen großen Obstkorb, ein großes buntes Blumengesteck und einen maschinegeschriebenen Brief von ABC News.

Sobald Denise die Tür zumacht, geht das Klopfen wieder los. Sie nimmt an, daß der *PrimeTime*-Vertreter etwas vergessen hat, und macht noch einmal auf. Diesmal ist es ein Bevollmächtigter von Katie Couric und Bryant Gumbel, den Co-Moderatoren von *Today*. Denise wird mit noch mehr Obst- und Blumenkörben und einem weiteren maschinegeschriebenen Brief beladen. »Katie und Bryant möchten um ein Live-Interview mit Ihrem Bruder für Montag, den 12. Dezember vormittags, bitten.«

Überrascht antwortet Denise: »Danke für das Obst und die Blumen, aber im Moment versuchen wir gerade, als Familie wieder zusammenzuwachsen. Ich werde meinem Bruder den Brief geben.«

Bald haben wir über zehn Riesen-Obst- und Blumenkörbe, genug für sechs Monate. Ich beschließe, nur die zu behalten, die von Freunden und Familie geschickt wurden, und Denise zu bitten, den Rest weniger vom Glück begünstigten Familien in Long Beach zu schenken.

Unfähig, in meinem eigenen Haus zur Ruhe zu kommen, weil ständig Vertreter der Medien gegen die Türen hämmern, beide Telefone ununterbrochen klingeln und Leute in meinem Haus ein und aus gehen, als wäre es ein städtischer Busbahnhof, sehne ich mich danach, in die Abgeschiedenheit der Wildnis zurückzukehren.

Gregs warmherzige Ehefrau Linda bringt einen Topf Braten mit Kartoffelpüree und Möhren vorbei. Von den Farben und dem leckeren Duft bekomme ich beinahe Schaum vor dem Mund. Ich möchte mich auf das Essen stürzen, sage aber: »Linda, wirklich vielen Dank! Aber mein Magen ist noch geschrumpft. Ich kann nur Sachen essen wie Apfelmus, Haferbrei, Pudding und Götterspeise, aber laß dieses Essen bitte gleich hier, dann kann ich kleine Häppchen davon nehmen, sobald mein Magen sich weitet.«

Freudig lachend sagt Linda: »Mach' ich doch gerne. Ich stell' es in den Kühlschrank, und du kannst es dir in der Mikrowelle warm machen, wenn du soweit bist, daß du es essen kannst.«

Am Sonntag verlasse ich um die Mittagszeit mein warmes Bett und krieche auf beiden Knien und der linken Hand in Richtung Badezimmer, als ich die Sonntagsausgaben der *Los Angeles Times* und des *Long Beach Press Telegram* erspähe, die aufgeschlagen auf dem Couchtisch im Wohnzimmer liegen. Beide Blätter gieren nach einer Überlebensstory und bringen auffällige Artikel über mich.

In dieser Nacht sind die Schmerzen von meinen erfrorenen Füßen und Händen nicht auszuhalten. Ich beschließe, diesmal ins Long Beach Memorial Hospital zu gehen. Besorgt, daß Ärzte im sonnigen Südkalifornien nicht viel Erfahrung mit der Behandlung von schweren Erfrierungen haben, bitte ich Susan, bevor wir aufbrechen, mehrere Krankenhäuser in der Nähe von Skiorten anzurufen und sich nach Behandlungsmethoden zu erkundigen. So werden wir bereits im Bilde sein, bevor wir mit den Ärzten im Memorial sprechen.

Ich werde aufgenommen und wieder geröntgt, dann treffe

ich auf ein Team von Ärzten, die meine Fortschritte täglich in meinem Haus kontrollieren wollen.

Am Montag, dem 12. Dezember, bin ich am ganzen Körper bewegungsunfähig. Ich brauche jetzt Hilfe, um mich vom Bett oder von der Couch zum Badezimmer zu bewegen. Spät an diesem Abend liege ich auf der Couch und sehe mit meinem Vater fern. Er bleibt bei einer unserer Lieblingssendungen hängen, *The Tonight Show with Jay Leno*. Ich kichere über seinen Eröffnungsmonolog, als Leno plötzlich anfängt, meine Überlebensgeschichte zum Besten zu geben, wobei er mich und die Geschichte als Witz benutzt, um die Restaurantkette Denny's herunterzumachen. Mein Vater lacht: »Sogar Leno hat ein Stück von dir gebraucht.«

Eine lange Woche ist vergangen, und noch immer parken fünf Medienwagen vor meinem Haus, einer von jedem der großen Nachrichtensender. Täglich fahren weiter Autos meine Zufahrt hinauf, dann klopft jemand an die Tür. Hollywood und die literarische Welt finden den Weg zu meinem bescheidenen Heim und bieten an, die Film- und Buchrechte an meiner Geschichte zu erwerben. Ich lehne alle Interviews und Angebote ab, da ich über den Verlust von Wave und Lloyd trauere.

Nach mehreren gescheiterten Versuchen, meine Geschichte zu bekommen, ruft am zehnten Tag die TV-Sensationsreportagen-Serie *American Journal* an. »Wir müssen eine Story über Sie bringen. Geben Sie uns das Exklusiv-Interview, und wir machen Sie zum Nationalhelden. Aber wenn Sie uns die Story nicht geben, machen wir Sie fertig.«

Aufgeregt ruft Susan mich an, um mir zu sagen: »*American Journal* hat mir gerade 15 000 Dollar für ein Interview geboten, aber ich habe abgelehnt.«

Wegen des Medienrummels nach wie vor außerstande, in meinem Haus zur Ruhe zu kommen, habe ich vor, eine erholsame Nacht bei Susan zu verbringen, aber der Plan zerschlägt sich, als *American Journal* erneut bei Susan zu Hause anruft und eine Nachricht auf dem Anrufbeantworter hinterläßt. »Susan, hier ist *American Journal*. Es ist sehr wichtig, daß wir mit Ihnen reden. Wir werden unsere Story über Peter DeLeo sehr bald senden, vielleicht schon heute abend. Es wird eine negative Story sein, wenn wir keine Informationen bekommen. Wir müssen mit Ihnen reden.«

Als Denise am selben Abend den Müll rausbringt, stellt sie fest, daß die Abfalltonnen in der Gasse überall ausgekippt wurden. Jemand hat ihren Inhalt durchwühlt, Papier für Papier.

Angesichts der Tatsache, daß die Medien Jagd auf mich machen, beschließe ich traurig und widerstrebend, Wave und Lloyd bei ihren Gedenkgottesdiensten nicht die letzte Ehre zu erweisen, weil ich fürchte, sie könnten in ein respektloses Medienspektakel verwandelt werden. Bei Lloyds Gottesdienst sind mehr als vierhundert Verwandte und Freunde zugegen. Denise nimmt, begleitet von meinem Anwalt Patrick Bailey, der die Medien ablenken soll, an beiden Gottesdiensten teil.

Zusammen mit Briefen, in denen um Interviews mit allen großen Namen in der Medienbranche gebeten wird, erreicht uns eine weitere Lawine aus gewaltigen Blumengestecken, riesigen Obstkörben und großen Büchsenschinken. Mein Gesicht flimmert nach wie vor allabendlich über sämtliche Fernsehkanäle. Reporter treiben Leute für Interviews auf, die behaupten, enge Freunde von mir zu sein, aber in Wahrheit sind sie nicht einmal flüchtige Bekannte.

Am Ende der dritten Woche verläßt endlich der letzte Medienwagen mein Viertel. Doch eines Abends gegen halb zwölf rufen meine Nachbarn an, um mich vor einem Herumtreiber zu warnen, der durch meine Fenster spähe, in meinen Briefkasten schaue, meine Zufahrt rauf- und runterspaziere und versuche, meine Autos aufzubrechen. Erbost darüber, daß dieser Mensch jeden Respekt vor meinem Zuhause und meiner Privatsphäre vermissen läßt, schaltet Susan die Außenbeleuchtung an, während sie schnell die Eingangstür öffnet. Überrascht und aufgeschreckt versucht der Mann außer Sicht zu bleiben, indem er sich hinter meinen Fahrzeugen versteckt und dann anfängt, wie eine Maus meine Zufahrt hinunter in Richtung Straße zu krabbeln. Sobald er sich jenseits meiner Grundstücksgrenze befindet, steht er auf und setzt anschließend zu einem albern aussehenden, schuldbewußten Spaziergang an, wobei er so tut, als habe er sich die ganze Zeit auf dem Bürgersteig aufgehalten. Susan brüllt ihn an: »Was wollen Sie?«

Er stammelt: »Mein Name ist David Roberts. Ich schreibe für das *Men's Journal*. Sind Sie Denise DeLeo, Peters Schwester?«

Sie unterbricht Roberts, während der weiterplappert: »Nein, bin ich nicht. Was tun Sie auf diesem Grundstück? Verschwinden Sie, oder wir lassen Sie festnehmen!«

»Ich habe versucht, Sie anzurufen, aber niemand hat mich je zurückgerufen, also bin ich hierhergeflogen.«

Mit strenger Stimme sagt Susan: »Das ist keine Entschuldigung, hier bei uns zu Hause durch die Fenster zu spähen und zu versuchen, unsere Autos aufzubrechen. Es ist fast Mitternacht, und Leute versuchen zu schlafen. Außerdem ist das unbefugtes Betreten!«

»Kann ich ein Interview mit Peter bekommen?«

Verblüfft über die Unverfrorenheit des Mannes erwidert Susan: »Ich glaube nicht. Sie haben keinen Respekt vor nichts und niemandem.«

Ich höre den ganzen Radau von meinem Schlafzimmer aus, und da ich nicht laufen kann, krieche ich ins Wohnzimmer und sage zu Susan: »Komm rein. Laß ihn in Ruhe.«

Während dieser ganzen Zeit schicken Leute aus Long Beach und aus dem ganzen Land herzliche Briefe und farbenfrohe Karten, in denen sie mir den Rücken stärken. Die

Kinder meiner Freunde und Nachbarn zeichnen bunte Bilder für mich, die ich überall im Haus aufhänge.

Ich lese warmherzige Gedanken von meinen Freunden und von Menschen, die ich nicht einmal kenne und die mir in dieser schweren Zeit beistehen. Jedesmal wenn ich eine Karte oder einen Brief lese, rührt mich die Aufrichtigkeit der Zeilen zu Tränen. Die liebevollen Gedanken und Gebete helfen mir, dem Sturm zu trotzen. Einer dieser bewegenden Briefe ist mit freundlicher Genehmigung seines Verfassers auf der nächsten Seite abgedruckt.

Ohne jemals mit mir oder irgend jemandem, den ich kenne, gesprochen zu haben, sendet *American Journal* im Laufe von drei Monaten mehrmals eine Story über mich. Und *Men's Journal* veröffentlicht einen zehnseitigen, im Boulevardstil gehaltenen Artikel von David Roberts, der behauptet, die Geschichte meines Überlebenskampfs zu kennen. Während dieser drei Monate rufen weiter Reporter aus der ganzen Welt bei mir an.

Mir ist jetzt klar, daß ich nie wieder meine Privatsphäre genießen werde, wenn ich nicht einem Interview zustimme. Die Frage ist jetzt, wann und mit wem.

Ein Produzent von der ABC News-Sendung *20/20* namens Rob Wallace ruft an und fragt, ob ich in Betracht ziehen würde, ein Interview mit Barbara Walters zu machen. Da ich weiß, daß *20/20* eine der weltweit bestangesehenen Nachrichtensendungen ist, sage ich Rob, daß ich bislang alle Interviews abgelehnt hätte, daß der Reporter aber, sollte ich mich zu einem Interview entschließen, bereit sein müßte, zurück in die Sierra Nevada zu wandern, um meine Reise nachzuvollziehen. Und wir müßten einen Helikopter mieten, damit wir in den Sierras herumfliegen können. Rob ist einverstanden und fragt, ob er mit mir in Verbindung bleiben dürfe. Während der nächsten paar Wochen ruft er mich regelmäßig an und gewinnt langsam mein Vertrauen. Er schlägt als Gesprächspartner Tom Jarriel vor, wegen seiner

Dear Mr. DeLeo

I know you are exausted after your ordeal and I hope this note isn't a bother to you. I am a nurse in the E.D. I wanted to talk with you but also wanted to respect your privacy so I'll express my thoughts through this note. (You can throw it out if you desire)

This morning as I was sitting in church I heard a very moving sermon about having passion for those who are lost. The reason this sermon was so moving to me was because my pastor told us of your story. With tears in his eyes, he spoke of the nobility of your actions. He told of your passion to rescue the others before you ate or received care. This illustration, your story, will forever be etched in my mind. Because, my story is one of the opposite. I, in the spiritual sense, was rescued, but for years have been content to sit and drink hot chocolate so to speak. Your story, this sermon, has been an awakening for me. Your actions are far reaching - More than you know.

You are in my prayers.

Sincerely
Cheri Aardema.

PS My church is Rosewood Christian Reformed Church in Bellflower on Woodruff & Rose St. [illegible] My pastor is Dan Brink. And I'm sure I can speak for him by saying, thanks for your life changing events. Please call either my self or Dan Brink if we can give back to you any part of what you have given us.

umfassenden Erfahrung und seiner preisgekrönten Beiträge aus abgelegenen Bergregionen und der Dritten Welt.

Im April 1995 fühlen meine gebrochenen Rippen sich geheilt an, aber die gerissenen Bänder und Sehnen, die gerissene Rotatorenmanschette und der zerschmetterte linke Knöchel verursachen mir beim Laufen und wenn ich schlafe nach wie vor stechende Schmerzen. Körperlich noch schwach, humpelnd und mit einem Gewicht von 63 Kilo kehre ich mit *20/20* für fünftägige Aufnahmen in die Berge der Sierra Nevada zurück.

# Mein neuer Weg

Während mein 34. Geburtstag am 22. Januar 1995 näher rückt, ertappe ich mich täglich bei der Frage, warum ich den Absturz überlebt habe und Wave und Lloyd nicht. Ich höre nicht auf, unseren Flug im Geiste immer wieder durchzuspielen, und frage mich: Hätte ich es kommen sehen können? Was hätte ich anders machen können? Wie soll man sich einen Reim darauf machen, daß zwei Männer im Alter von 49 und 57 Jahren sterben, obwohl sie kerngesund sind?

Während ich mit diesen verwirrenden Gedanken ringe, fange ich an, darüber nachzudenken, sämtliche Dinge aus meinem Leben zu streichen, die gefährlich sind. Doch bevor ich meine Motorräder zum Verkauf anbiete, möchte ich noch einmal mit einem von ihnen fahren.

Ich rufe Brad Hazen, den Freund, mit dem ich die Motorradtour nach Kanada machen wollte, bei seiner Mutter im kalifornischen Santa Paula an. Ich bitte ihn herüberzukommen. Mein rechter Arm ruht noch in einer Schlinge, während die vier Brüche in der rechten Schulter dabei sind zu heilen. Jedesmal wenn ich tief atme, verspüre ich einen plötzlichen heftigen Schmerz in der Brust von den sieben gebrochenen Rippen. Der linke Knöchel steckt noch in einem Gips. Immerhin ist die Schwellung im rechten Knie zurückgegangen, und ich kann jetzt mit beiden Augen klar sehen.

Als Brad kommt, humple ich mit ihm raus zur Garage und bitte ihn: »Hilf mir, meine Straßenmaschine aus der Garage auf die Zufahrt zu bekommen, in Fahrtrichtung zur Straße.«

Lachend sagt er: »Wozu?«

»Ich will sie fahren, aber ich kann sie nicht schieben. Sie ist zu schwer.«

»Na schön, aber warum willst du sie fahren?«

»Ich will sehen, ob Motorradfahren mir noch Spaß macht. Wenn nicht, werde ich alle meine Motorräder verkaufen und das Fahren aufgeben.«

»Na schön.«

Als Brad die Maschine aus der Garage schiebt, steckt Denise den Kopf aus der Hintertür. »Du hast doch wohl nicht vor, dieses Ding zu fahren, oder? Du hast noch einen Gips am linken Fuß, und dein Arm ist in einer Schlinge. Wenn die Ärzte dahinterkommen, daß du Motorrad gefahren bist, wirst du ziemlichen Ärger kriegen.«

»Nein«, erwidere ich, »wir lassen sie bloß laufen, damit die Batterie aufgeladen wird und das Öl zirkuliert.«

»Blödsinn!« schreit sie, dann knallt sie die Tür zu.

Nachdem Brad mir beim Aufsteigen geholfen hat, lasse ich den Gang einrasten. Als ich mit 130 PS unter mir die Hauptstraße erreicht habe, fahre ich für eine Ausfahrt auf die Autobahn, reiße das Gas auf, spüre das druckvolle Drehzahlband und lache die ganze Zeit. Aber weil die Fahrt mir heftige Schmerzen bereitet, kehre ich schnell zum Haus zurück. Jetzt bin ich mir sicher, daß meine Motorradleidenschaft weiterlebt.

Ende Januar beginnt die dunkle Farbe meiner erfrorenen Hände und Füße zu verblassen. Das Gewebe wird erhalten bleiben. Die Ärzte klären mich auf, daß mehrere Korrekturoperationen an Knöchel, Schulter und Knie erforderlich sein werden, damit sie wieder normal funktionieren, aber bevor ich mich unters Messer begebe, müsse ich zuerst Gewicht zulegen und meinen Körper so gut wie möglich verheilen lassen.

Ungefähr um diese Zeit erhalte ich einige schlechte Neuigkeiten über den Geschäftsgang von X-ALLOY. Im Juli beende ich meine Beteiligung und entziehe dem Unternehmen meine finanzielle Unterstützung. Meine andere Firma, HyperSoft Integration Systems, floriert weiter, aber die Arbeitsbelastung ist in meiner momentanen Verfassung zuviel für mich, wodurch meine geschäftlichen Angelegenheiten in eine prekäre Lage geraten. Weil meine Tage mit Reha-Maßnahmen ausgefüllt sind, kann ich mich nur um die augenblicklichen HyperSoft-Kunden kümmern und keine neuen Abschlüsse tätigen.

Mein einstmals produktiver Arbeitstag besteht jetzt aus Frühstücken, Lockerung meiner Gelenke durch eine lange heiße Dusche und anschließendem Mountainbike-Training. Danach mache ich Dehnübungen und ein leichtes Krafttraining, gefolgt von einer weiteren heißen Dusche und Schlaf. Nach dem Nickerchen esse ich zu Mittag, mache wieder Dehnübungen, fahre Fahrrad, hebe Gewichte, dusche anschließend noch einmal heiß und lege mich wieder schlafen. Nach dem Abendessen gehe ich spazieren, trainiere, dusche und lasse meinen ganz im Zeichen der Genesung stehenden Tag mit Lachen ausklingen, indem ich mir Jay Leno ansehe, bevor ich mich für die Nacht hinhaue.

Im Sommer, meine gebrochenen Knochen sind jetzt verheilt, mache ich mit ein paar alten Kumpels einen Ausflug in die Wüste, um das weitläufige Terrain auf Geländemaschinen zu durchqueren. Obwohl ich wegen der heftigen Schmerzen in linkem Knöchel, rechter Schulter und rechtem Knie schon nach einem kurzen Spurt gezwungen bin anzuhalten, ist der Abstecher für mich das Größte, weil er die glühende Leidenschaft für Wüstentouren, die ich vor dem Flugzeugabsturz gehegt hatte, neu entfacht hat.

Ein paar Monate später beschließe ich, meine Knöchel und Knie auf den Skipisten der Sierra zu testen. Während ich auf dem Highway 395 in Richtung Norden zum Mammoth Mountain fahre, sehne ich mich danach, den Olancha Peak zu sehen. Als er in Sicht kommt, werde ich mit meinem

Truck langsamer und starre auf die verschneite Bergflanke, die ich in der zwölften Nacht meiner Reise hinabgestiegen bin. Bald kommt das Schild »Ranch House Café 2 miles ahead«. Als ich an dem Café vorbeifahre, lache ich und juble: »Ja, ich habe überlebt! Ich habe es geschafft!«

Ich nehme den Sessellift zum Gipfel des Mammoth. Während ich allein im Lift den Anblick der endlos wogenden, schneebedeckten Gipfel auf mich wirken lasse, werde ich plötzlich von der Furcht überwältigt, in den eisigen Bergen der Sierra Nevada eingeschlossen zu werden. Als der Lift mich oben auf dem Gipfel freigibt, laufe ich rasch hinüber zu ein paar anderen Skiläufern und kehre ins Tal zurück. Auf dem Nachhauseweg überfällt mich eine weitere Welle der Angst. Wenn ich verunglücke und von der Bergstraße abkomme, wie lange werde ich dort auf dem Grund des Canyons frieren, bis mich jemand findet?

Im März 1996 wird mein Knöchel aufgeschnitten, damit der Chirurg eine nicht verheilte Knochenfissur zusammenschrauben kann. Im Mai werden dann, während ich noch immer in einem Gips stecke, die rechte Rotatorenmanschette, Sehnen und Bänder geflickt. Im Juli wird das vordere Kreuzband im rechten Knie durch die Achillessehne eines Organspenders ersetzt. Im Oktober werden die Metallstifte aus dem linken Knöchel entfernt.

Inmitten der operativen Eingriffe und Reha-Maßnahmen bleibe ich hinter der neuen Software-Entwicklung zurück, so daß ich meinen bestehenden Kundenstamm nicht mehr unterstützen kann, und HyperSoft geht ein.

Nach über einem Jahr Reha und anhaltender Trauer über den Verlust von Wave und Lloyd komme ich zu dem Schluß, daß mir eine längere Tour guttäte. Als das Frühjahr 1996 näher rückt, bespreche ich mit Brad die besagte Motocross-Tour durch Kanada und nach Alaska, aber dafür bräuchten wir die Maule. Da ich von den Erfrierungen noch immer nicht ganz genesen bin, tendiere ich zu wärmeren Gegenden.

Als ich die Operationen und die Reha durchmachte, heftete ich mir zwei Weltkarten an die Wand; dann träumte ich davon, wohin ich fahren könnte. Was mich faszinierte, waren die wilden Regionen Mittel- und Südamerikas. Mich reizt die Idee, auf einer Baja, einer leichten, gut zu handhabenden Maschine, von der kalifornisch-mexikanischen Grenze nach Panama und dann weiter in Richtung Süden bis nach Kolumbien zu fahren. Ich kann es kaum erwarten, bis ich wieder kräftig, gesund und unversehrt bin.

Im Frühsommer 1996 kaufe ich mir eine Honda XR 600, eine Geländemaschine und das perfekte Abenteuermotorrad für Mittel- und Südamerika. Ich schaue jeden Tag bei meinem Partner in der Werkstatt vorbei, was mir hilft, die bevorstehende Tour nicht aus dem Auge zu verlieren.

Am 17. Januar 1997 überquere ich, noch immer humpelnd von der Knieoperation, mit Brad Hazen und zwei weiteren Freunden die Grenze nach Tecate, Mexiko. Am fünften Tag der Tour feiere ich in einem winzigen mexikanischen Dorf meinen 36. Geburtstag. Da die Reisezeit meiner Freunde begrenzt ist und ich keine Eile habe, beschließen wir am Nachmittag des zehnten Tages, uns zu trennen. Nachdem ich mehrere Monate durch Mittelamerika gereist bin, erreiche ich die Südspitze Panamas, den Golf von Darién.

Hoch oben in den kolumbianischen Anden, allein auf einer einsamen, unbefestigten Straße, erinnere ich mich an den Stern meiner dreizehntägigen Reise durch die Sierras.

Blitzartig begreife ich, was er bedeutete. Meine Mutter war bei mir. Sie sah, was passierte, und schenkte mir einen Quell der Kraft und der Hoffnung. Mir wurde eine Chance gewährt weiterzuleben, eine hauchdünne Chance. Falls ich mich für das Leben entschiede, müßte ich dafür kämpfen.

Ein Gefühl der Klarheit erfüllt mich, und eine Last fällt von meinen Schultern ab. Während ich auf meinem eisernen Pferd sitze und etwa zwanzig Kilometer von der ecuadorianischen Grenze entfernt die umliegenden Anden betrachte, beschließe ich, daß ich nach Beendigung meines südamerikanischen Abenteuers in die Vereinigten Staaten zurückkehren werde, um über das zu schreiben, was mir in den High Sierras widerfahren ist.

Eineinhalb Jahre später kehre ich zu meinen Wurzeln in Connecticut zurück und bin selig, daß mir eine neue Einstellung zum Leben gewährt wurde. Mit Hilfe des Minikassettenrecorders, den Greg Hauser mir am 10. Dezember 1994, einen Tag, nachdem ich zu Fuß aus der Wildnis zurückgekehrt war, schenkte, damit ich meine Reise aufzeichne, fange ich an, die zwanzig Stunden meines auf Band aufgenommenen Sierra-Abenteuers zum erstenmal abzuspielen.

Als ich mit der Niederschrift des ersten Kapitels beginne, verspüre ich den Ruf der Sierras. Mit jeder vollendeten Seite wächst das unerklärliche Gefühl, in die Berge zurückkehren zu müssen. Sobald ich fünf Kapitel geschrieben habe, wird klar, daß ich, um dem Leser meine Geschichte unterbreiten zu können, während des Winters noch einmal in die Sierra Nevada aufbrechen muß, um meine Reise zurückzuverfolgen und mein dreizehntägiges Martyrium wieder aufleben zu lassen.

Ich fülle einen Winterrucksack mit einem Achttage-Vorrat an gefriergetrockneten Lebensmitteln, Kakaopulver, Tütensuppen, zwei 35-mm-Kameras, einem Stativ, einer 8-mm-Filmkamera, zehn 35-mm-Dia-Rollfilmen, sechs Batterien für die Filmkamera, fünf Extrabatterien für die 35-mm-Kameras, einem Schlafsack, einem Zelt, einer Reservegarnitur Bekleidung, verpackt in einem wasserdichten Beutel, einem Überlebensmesser mit einer 22-Zentimeter-Klinge, einer geladenen Pistole mit 18 Schuß extra, Schneeschuhen, einem knappen halben Liter Benzin, um Lagerfeuer anzünden zu können, und anderem Krimskrams, aber weder Kompaß noch Karte. Meine Freunde Glenn und Carmen Kerns bringen mich per Schneemobil in die Berge hinein und setzen mich nur ungern am Blackrock Mountain ab. Mit Hilfe derselben Techniken zur Standort- und Richtungsbestimmung vollziehe ich meinen Weg nach und mache Fotos, während ich auf Schneeschuhen die Wildnis durchquere. Gelegentlich denke ich laut, lasse die Berge an meinen Gefühlen teilhaben und frage mich, ob auch Lloyd und Wave mich hören können.

Als ich am achten Tag den umwölkten, windgepeitschten Olancha Peak erreiche, stimmt mich der Gedanke traurig, daß mein Wiedersehen mit den Bergen am folgenden Tag vorbei sein wird. Am letzten Tag steige ich im Morgengrauen den Osthang des Olancha Peak hinab zum Wüstenboden. Ich habe meine Ängste besiegt. Ich habe den qualvollen Marsch aus den Bergen nochmals durchlebt. Ich habe mich selbst daran erinnert, daß der menschliche Geist unverwüstlich ist, sogar wenn er sich überwältigenden Hindernissen gegenübersieht. Während ich über die unbefestigte Straße auf den Highway 395 zumarschiere und die schneebedeckten Sierras hinter mir lasse, beginnt mein alter Traum, mit einem einmotorigen Buschflugzeug um die Welt zu fliegen, konkrete Gestalt anzunehmen.

# Dank

Die Entstehung dieses Buches wurde durch die Hilfe vieler Menschen ermöglicht. Hier sind ein paar: Ein großer Dank geht an Greg und Linda Hauser für den Minikassettenrecorder, den sie mir einen Tag, nachdem ich zu Fuß aus den Sierras zurückgekehrt war, schenkten, und für ihre Unterstützung während endloser Stunden, als ich mich mit der Niederschrift des Manuskripts abmühte. Des weiteren an meine liebevolle Schwester Denise, weil sie beharrlich mithalf, uns drei, die wir in diesem Flugzeug saßen, nach Hause zu bringen, und für ihre Bemühungen bei der Beschaffung von Material für das Buch. An Rocco, meinen Bruder, für seine geschwisterliche Liebe bei der Suche nach uns, als wir vermißt wurden, und für die Weitergabe seiner Erfahrungen, als ich das Buch schrieb. Mein tiefempfundener Dank, der niemals vergolten werden kann, gilt meinem Dad, weil er während der Zeit, als wir vermißt wurden, die Hoffnung niemals aufgab und weil er die Niederschrift und Veröffentlichung dieses Buches konstruktiv unterstützte.

Danken möchte ich außerdem Stewart Teed, Paul Kenning, Frank DiScala und George Rose für ihre Unterstützung während meiner Genesung nach dem Absturz und für ihre wiederholte Lektüre des Manuskripts.

Ich danke allen Angehörigen der Civil Air Patrol, weil sie für uns ihr Leben riskierten. Dank auch an Hauptmann C. E. Judd von der CAP für die Weitergabe der Einzelheiten seiner Bruchlandung mit der zweimotorigen Beechcraft bei der Suche nach uns.

Danken möchte ich meinem Agenten, James Fitzgerald, für seine Begeisterung über die Geschichte und meinem Lektor bei Simon & Schuster, Bob Bender.

PIPER

**Joe Simpson**

***Sturz ins Leere***

Ein Überlebenskampf in den Anden. Vorwort von Chris Bonington. Aus dem Englischen von Jürg Wahlen. 243 Seiten und 21 Fotos. Serie Piper

Die beiden Bergsteiger Joe Simpson und Simon Yates brechen auf, um den Andengipfel Siula Grande über die bisher unbezwungene Westwand zu besteigen. Beim gefährlichen Abstieg stürzt Joe ab und zerschmettert sich das Knie. Schwerverletzt hängt der junge Bergsteiger im Seil, gehalten von seinem Freund Simon. Doch der spürt, daß er allmählich seinen Halt verliert. Um sein eigenes Leben zu retten, zerschneidet Yates das Seil …

»Kunstvoll werden die inneren und äußeren Erfahrungen der beiden Protagonisten gegeneinander gesetzt. Die elegante, bildkräftige Sprache ist der geschilderten Grenzsituation gewachsen.«
*Süddeutsche Zeitung*

01/1437/01/R

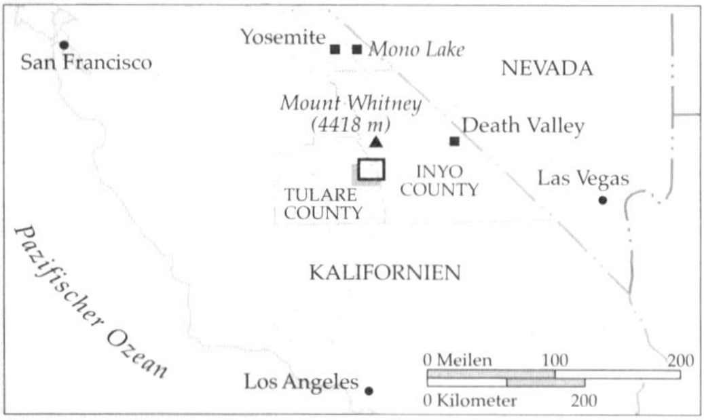

San Francisco
Yosemite
Mono Lake
NEVADA
Mount Whitney
(4418 m)
Death Valley
INYO
COUNTY
Las Vegas
TULARE
COUNTY
KALIFORNIEN
Pazifischer Ozean
Los Angeles
0 Meilen 100 200
0 Kilometer 200


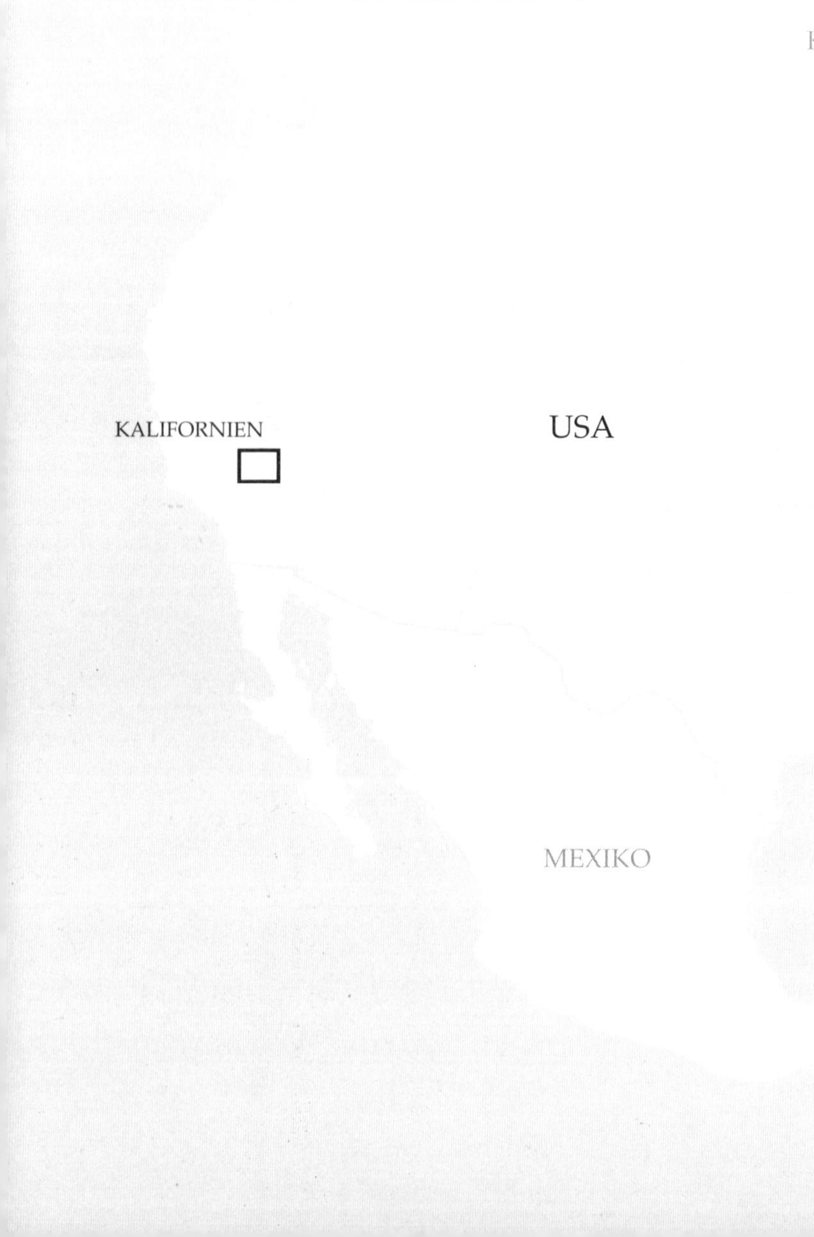

KANADA
KALIFORNIEN
USA
MEXIKO


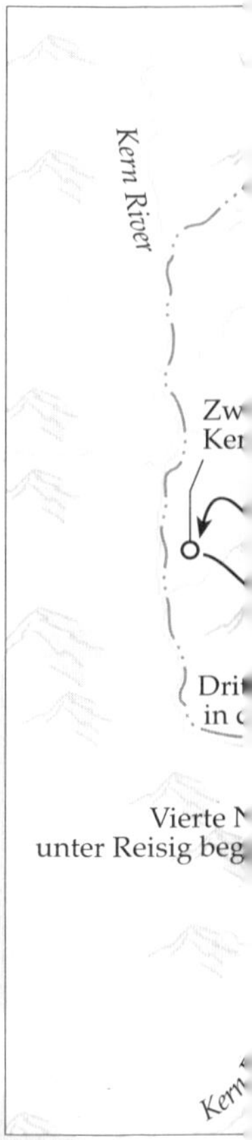

Kern River